Detlef Bald

Die »Weisse Rose«

Von der Front in den Widerstand

Aufbau Taschenbuch Verlag

Mit 32 Fotos, 4 Faksimiles und 2 Karten

ISBN 3-7466-8116-2

1. Auflage 2004
Aufbau Taschenbuch Verlag GmbH, Berlin

Umschlaggestaltung Preuße & Hülpüsch Grafik Design
unter Verwendung eines Standfotos aus dem Film »Die weiße Rose«,
Regie Michael Verhoeven, © defa
Satz LVD GmbH, Berlin
Druck Ebner & Spiegel GmbH, Ulm
Printed in Germany

www.aufbau-taschenbuch.de

Inhalt

Einleitung

»Nichts ist eines Kulturvolkes unwürdiger, als sich ohne Widerstand von einer verantwortungslosen und dunklen Trieben ergebenen Herrscherclique ›regieren‹ zu lassen. Ist es nicht so, dass sich jeder ehrliche Deutsche seiner Regierung schämt, und wer von uns ahnt das Ausmass der Schmach, die über uns und unsere Kinder kommen wird, wenn einst der Schleier von unseren Augen gefallen ist und die grauenvollsten und jegliches Mass unendlich überschreitenden Verbrechen ans Tageslicht treten?«

So heißt es in dem mahnenden Appell an das Gewissen und die Verantwortung der Deutschen, der unter der Überschrift »Flugblätter der Weissen Rose I« am 27. Juni 1942 versandt wurde. Die Verfasser Alexander Schmorell und Hans Scholl brachen damit ihr Schweigen und protestierten gegen die kriegerische Vernichtungspolitik und das Regime des Nationalsozialismus in Deutschland. Das war die Geburtsstunde der »Weissen Rose«.

Dieser Name auf der Titelseite der vier »Flugblätter der Weissen Rose« wurde zum Inbegriff des studentischen Widerstandes in München 1942 und 1943. Ihn sprach Thomas Mann in seiner berühmten Rundfunkrede vom 23. Juni 1943 an, als er, wenige Monate nach der Hinrichtung von Hans Scholl, Christoph Probst, Sophie Scholl und zwei Wochen nach dem Tode von Alexander Schmorell und Kurt Huber, zu einer Apotheose anhob: »Brave, herrliche junge Leute! Ihr seid nicht umsonst gestorben, sollt nicht vergessen sein.«[1]

Der innerdeutsche Widerstand fand sogleich einen internationalen Widerhall. Die Alliierten der Kriegsallianz gegen Deutschland spielten diese Karte aus, als zunächst die sowjetische Seite im Frühjahr die Soldaten der Wehrmacht in der Nähe von Gžatsk per

Lautsprecher über die Todesurteile der »Weissen Rose« informierte und die Amerikaner im August 1943 Tausende von Reproduktionen des Flugblattes »Kommilitoninnen! Kommilitonen!« über deutschen Großstädten abwarfen. Helmuth James Graf von Moltke hatte ihnen den Text zugespielt in der Hoffnung, dieser würde in den Augen der Alliierten andere Gegner des Nationalsozialismus und den Widerstand in Deutschland aufwerten.

Das NS-Regime reagierte nervös; beispielsweise wurde Clara Huber, die Witwe von Kurt Huber, wegen des »großen Schadens«, den der Abwurf der Flugblätter durch die Alliierten in der deutschen Öffentlichkeit angerichtet habe, von der Gestapo vorgeladen.[2] Die Sippenhaft ging über den Tod hinaus, wie später bei den Angehörigen der Hitler-Attentäter.

Thomas Manns Empfindung – »aufs tiefste bewegt« – teilten nur wenige Deutsche. Seine Botschaft wurde zwiespältig aufgenommen: Die einen mißtrauten ihr, weil sie von einem Emigranten kam, der nicht im Reich »tapfer« durchgehalten hatte; andere erkannten in ihr die Moral der westlichen Sieger; manche fühlten ihre skeptische Haltung gegenüber dem NS-Regime bestätigt. Noch lange sah eine Mehrheit der Bevölkerung die Teilnehmer des Widerstandes eher als »Objekte für den Spott und die Ignoranz an deutschen Stammtischen« an.[3]

Zur Erinnerungskultur der »Weissen Rose«

Die im Januar 2003 erschienene Erstausgabe dieses Buches über die Fronterfahrungen der Medizinstudenten der »Weissen Rose« hat überraschend viel Zustimmung und großes Interesse gefunden. Die positive Resonanz in fachlichen Besprechungen zeigte, daß mit Hilfe dieser historischen Analyse eine zeitliche Lücke in der Geschichte des Münchener Widerstandes aus dem Jahr 1942 geschlossen worden war. Ähnliche Eindrücke konnte ich auf Lesungen sammeln, wo Schülerinnen und Schüler ebenso wie ehemalige Kriegsteilnehmer gerade von den konkreten Schilderungen der Kriegswirklichkeit beeindruckt waren, vor deren Hintergrund die zum Teil bekannten Texte der Tagebücher und Briefe zu neuem Leben erweckt wurden. Ebenso überraschte mich, daß Anverwandte von Offizieren (und Kommandeuren) jener Division, über die berichtet wird, sich an mich wandten und aus ihrem persönlichen Wissen die gegebene Darstellung bekräftigten.

Um so verwundeter war ich zu erfahren, daß sich eine zwar kleine, aber bemerkenswerte Gegenposition formierte, die mit heftiger Emphase ihre Kritik vorbrachte: die Erfahrungen an der Ostfront hätten kaum eine oder nur eine unbedeutende Rolle für die Entwicklung des Widerstandes der »Weissen Rose« gespielt. Was sich hinter ihrem Deutungsmuster verbirgt, ist im einzelnen nicht leicht zu erkennen. Für mich ergab sich daraus die Notwendigkeit, einzelne Gedanken zur Geschichte und zur Rezeption der »Weissen Rose« zu vertiefen, um Argumente jener Gegenposition aufzunehmen oder ihre unsachliche Polemik deutlich zu machen. Daher habe ich eine neue Einleitung verfaßt, die solche fachlichen Aspekte in einem gewissen Umfang berücksichtigt und zugleich den Bedürfnissen der interessierten Leserinnen und Leser gerecht werden soll.

Zunächst ein paar Sätze zur politischen Kultur der historischen Erinnerung. Erinnern ist mit Auswählen verbunden. Am Beispiel des Widerstandes ist leicht ersichtlich, daß Erinnern ein Vorgang ist, der komplementär und notwendig auch mit Vergessen verknüpft ist. Die Perzeption des Ortes und der Zeit entscheidet über das Gedenken an die Vergangenheit. Dies ist ein individueller und allgemeiner, ein ganz normaler und auch notwendiger kultureller Vorgang in einer Gesellschaft. Darin liegt, wie Johannes Fried auf dem Historikertag 2000 in Aachen betonte, eine Bedingung für Orientierung und Identität in der Gegenwart. Geschichte wird von den Generationen durch persönliches Zeugnis, Dokumentation, Geschichtsunterricht oder wissenschaftliche Arbeit angeeignet. Gedächtnis und Geschichte, Erinnerung und Erforschung sind nicht kongruent, eröffnen aber Perspektiven auf die Geschichte, die sich dialogisch ergänzen. Fragen an die überlieferten

Bilder des Widerstandes zu richten hat nichts mit einem Mangel an Respekt gegenüber den Taten und Personen oder diesen Nahestehenden und Zeitzeugen zu tun, sondern ist ein Akt der Orientierung aus der Gegenwart.

Dies gilt auch für das Erinnern an die »Weisse Rose«. Ursprünglich waren Angehörige und Freunde fast allein bemüht, den Widerstand dem Vergessen zu entreißen. Mit ihren Aktivitäten und Beiträgen haben sie über Jahrzehnte Ideen und Tat der »Weissen Rose« bekannt gemacht, doch entwickelte sich daraus eine Glorifizierung einzelner Personen. Solche Idealisierung im Zeichen des Selbstopfers fand in der Bonner Republik großen Anklang, da sie nach dem Nationalsozialismus auch dazu beitrug, die bürgerliche Wertordnung zu rehabilitieren.[4] Es versteht sich, daß in der frühen Nachkriegszeit nicht besonders auf die Ostfront eingegangen wurde.

Persönliche Erinnerung und sachliche Analyse werden häufig als Gegensätze verstanden, wenn es um näherliegende und emotional berührende Dinge geht: »Hier die Unschuld und das Pathos der Authentizität, dort das Mißtrauen gegenüber sekundärem Wissen.«[5] Kritik und Fachlichkeit der Wissenschaft schließen jedoch keineswegs die Empathie aus, die Bereitschaft, familienbezogene Erinnerungen oder persönliche Erfahrungen aufzunehmen. Auch bei Zeitzeugen bestehen Widersprüche. So wurde im Fall der »Weissen Rose« schon 1946 beklagt, daß »manche unsicheren und widerspruchsvollen Zeugnisse« keine Eindeutigkeit über die Vorgänge in der Gruppe in den Jahren 1942 und 1943 ergaben.[6] Darüber hinaus ist der Diskurs zum Widerstand generell geprägt vom »Verhältnis von Geschichtsschreibung und Ethik«.[7]

Seit langem wird darum gerungen, wie das Profil einzelner Persönlichkeiten aus dem Kreis der »Weissen Rose« angemessen herauszustellen ist, um den Beitrag aller dieser Individuen am Widerstand darzustellen und die jeweilige Rolle der Einzelnen in den vielfältigen Interaktionen in der Gruppe auszuloten. Die Berücksichtigung »weiterer Mitglieder der ›Weissen Rose‹« hat das Verständnis von der Gruppe differenziert, weist aber den von Anbeginn an einflußreichen Angehörigen und Zeitzeugen eine »veränderte Rolle« zu, nicht mehr sie allein bestimmen die Interpretation.[8] Auch nahmen sich Historiker, die sich bei der Erforschung der »Weissen Rose« allzu lange »auffällig zurückgehalten« hatten, in den sechziger und besonders seit den neunziger Jahren des Themas an.[9] Der in der fachbezogenen Literatur seit weit mehr als einem Jahrzehnt erkennbare Konsens, die Pluralität der Träger dieses Widerstandskreises bewußt zu machen, hat zur prägnanteren Beurteilung der Personen und des Geschehens geführt.

Als der Zirkel einiger weniger Nahestehender das Bild der »Weissen Rose« prägte, standen die »Geschwister Scholl« im Vordergrund.[10] Da die Publikationen nicht den gesamten Personenkreis der Aktiven abdeckten, wurde eine spezifische Homogenität der Rezeption der »Weissen Rose« gefördert.[11] Warum sich die anderen Familien nicht ausreichend oder rechtzeitig mit eingebracht haben und inwieweit es eine biographische »Selbstkonstruktion und -stilisierung« Einzelner gegeben hat, blieb offen. Daraus ergaben sich mancherlei Probleme, die personen- und die realgeschichtlichen Geschehnisse vor 1943 zutreffend zu analysieren.[12]

In den vierziger Jahren, als schon bald nach der Tat »Entpolitisierung, Idealisierung und Romantisierung« die Erinnerung an die »Weisse Rose« bestimmten, wurde nach der Klarheit der Ideale gesucht.[13] Die Transformation der »Weissen Rose« aus der Politik und der Realität des Nationalsozialismus »gewissermaßen ins Überirdische« diente gelegentlich auch dazu, das eigene Verhalten in den dreißiger Jahren und die Verstrickungen in das NS-Regime zu erklären.[14] Ein wichtiger Impuls war zu Beginn der sechziger Jahre vom Institut für Zeitgeschichte ausgegangen, das ein Forschungsprojekt über die »Weisse Rose« auflegen wollte. Die versammelten Nahestehenden akzeptierten eine gewisse Mitverantwortung dafür, seit einem Treffen von 1946 »zu passiv« gewesen zu sein.[15] In der Folge ließ sich Anneliese Knoop-Graf für die Veröffentlichung von Dokumenten und von eigenen Beiträgen gewinnen.[16] Der Benediktinerpater Mauritius Schurr hatte Kontakte zur »Weissen Rose« gehabt und engagierte sich eindrucksvoll: »Ins

Gedächtnis der Nation und in die Geschichte gehen die Münchner nur durch das ein, was gedruckt ist – und das ist bisher die Schollsche Heldenlegende, und sie ist verzeichnet durch die an sich verständliche, aber den Tatsachen nicht gerecht werdende Absicht ad majorem propriae familiae gloriam, durch die, wie schon gesagt, die anderen zu Randfiguren und Statisten degradiert sind.«[17] Mit ähnlichen Worten wandte er sich an Mitglieder der Familie von Christoph Probst, auch etwas gegen die »Legendenbildung und die Leitartikel der terribles simplificateurs« zu tun.[18]

Diese Spannungen bestanden noch vierzig Jahre später fort.[19] Bisher ließ sich nicht erreichen, daß alle zeitgenössischen Dokumente aus dem gesamten Kreis der Aktiven der Öffentlichkeit zur Verfügung gestellt werden. Typisch für die Aufarbeitung des Münchener Widerstandes ist auch, daß Kurt Huber in der Rezeption der »Weissen Rose« weitgehend blaß oder ausgeblendet blieb, obwohl seine Witwe Berichte und Materialien vorlegte, die das Verständnis dieses Mannes hätten vertiefen können.[20] War sein Plädoyer zu politisch und die Persönlichkeit zu komplex, so daß er nicht zu einer griffigen Figur geschliffen werden konnte? Huber paßte wohl nicht in das entwickelte Bild idealistischer Legenden. Sein Name bleibt mit der großen Rede vor dem Volksgerichtshof verbunden, die ihn als politischen Kopf einer auf freiheitlichen Werten gründenden NS-Kritik ausweist.

Der Strang der Literatur, der mit den Familiengeschichten verbunden ist, hat eine Auswahl von Briefen und Tagebüchern von Graf, Schmorell und Scholl der Öffentlichkeit zugänglich gemacht, die auch gewichtige Aufschlüsse über die Eindrücke und Erfahrungen der Monate an der Ostfront geben oder geben könnten. Doch diese Passagen wurden bis zum Ende der achtziger Jahre alles in allem nicht besonders beachtet, allenfalls dienten sie als Fragmente, den Dienst der Medizinstudenten der »Weissen Rose« in der Wehrmacht an der Ostfront zu entpolitisieren oder zu romantisieren. Barbara Schüler erfaßte die verbreiteten Auffassungen über diese Monate insoweit zutreffend: »Entweder werden die romantisierenden, vorwiegend emotionalen Eindrücke der weiten Landschaft und der russischen Seele einseitig herausgestellt oder die politische Ernüchterung durch unmittelbare Kriegserfahrung überbetont.«[21] Doch damit wird die Bedeutung der Ostfront nicht annähernd getroffen.

Da ein Kritiker anmerkte, »Balds Grundthese von der besonderen Wirkung des Fronterlebnisses im Sommer 1942 [ist; DB] zu überprüfen«[22], und sogar behauptet wurde, die Konfrontation mit Verbrechen der Wehrmacht und die Erfahrungen an der Ostfront in der Sowjetunion stelle die bisherigen Erkenntnisse der Forschungen zur »Weissen Rose« »fast ausnahmslos in Frage«[23], erachte ich es für notwendig, die wissenschaftliche Literatur hinsichtlich der Beurteilung dieser Problematik für den Leser etwas genauer aufzubereiten. Nur so kann sich die Haltlosigkeit jener Vorwürfe erweisen.

Es wäre ein leichtes, die Frage nach der »besonderen Wirkung« oder nach dem »entscheidenden Einfluß« der Kriegserfahrung als Bagatelle abzutun, da es wohl offensichtlich ist, daß die Abwesenheit der jungen Männer vom Studienort München in der Zeit vom 23. Juli bis 6. November 1942 – also von mehr als 15 Wochen – eine »besondere Wirkung« haben mußte, weil sie in den Krieg mußten und dort Leid und Tod erlebten. Auch sollten die Ursachen für die Unterschiede des Widerstandes im Sommer 1942 und im Winter 1942/43 erörtert werden. Dazwischen liegt die Zeit des Einsatzes in der Wehrmacht. Der Erfahrung an der Ostfront eine »besondere Wirkung« für das politische Denken und das Bewußtsein der »Weissen Rose« abzusprechen, hat Tradition. In der Haltung, der Kriegswirklichkeit auszuweichen, droht ein altes Klischee in neuer Version aufzutauchen.

Um die aufgeworfene Kontroverse über die in der ersten Auflage dieses Buches vorgetragene Interpretation zur »Weissen Rose« zu klären, werden daher zwei Punkte näher erörtert: der Umfang und die Kommunikation dieses Widerstandskreises, um die Pluralität der Gruppe und den Platz derer, die an die Ostfront mußten, im Gesamtgefüge deutlich zu machen. Anschließend wird beispielhaft geprüft, wie der Einsatz an der Front in der Literatur zur »Weissen Rose« eingeordnet wurde, um zu zeigen, wer tatsächlich die Erkenntnisse der Forschung »fast ausnahmslos in Frage« stellt.

Annäherung an den Widerstandskreis

Im Streit um das Verständnis des Widerstandes der »Weissen Rose« ist als ein wichtiger Punkt die Frage zu klären, wer dazu gehörte. Das klingt einfach, ist es aber nicht. Die alte Legende, mit dem Namen »Weisse Rose« sofort und nur »Geschwister Scholl« zu assoziieren, als seien Hans und Sophie Scholl allein zentral für die Gruppe gewesen und als hätten sie die »Flugblätter der Weissen Rose« verfaßt, hat eine lange Wirkungsgeschichte. Doch mit ihnen zusammen wurde am 22. Februar 1943 vom 1. Senat des Volksgerichtshofes noch Christoph Probst zum Tode verurteilt, dessen Entwurf zu einem Flugblatt Scholl bei seiner Verhaftung am 18. Februar in der Tasche trug. Ein 1991 veröffentlichter Beitrag zur Rezeption hebt die »Jugend« hervor und rechnet nur die Studenten zum Widerstand: »vier Mediziner und eine Biologin bildeten den Kern der ›Weissen Rose‹«.[24] Professor Dr. Kurt Huber wird als ein »von den Nazis beargwöhnter Volksliedforscher und Philosoph« bezeichnet, und seine Autorschaft für das sechste Flugblatt wird übergangen.[25]

Zur »Weissen Rose« gehören auch diejenigen, die am 19. April 1943 vor dem Volksgerichtshof standen: weitere elf Personen – Helmut Bauer, Dr. Heinrich Philipp Bollinger, Eugen Grimminger, Heinrich Guter, Dr. Falk Harnack, Hans Hirzel, Susanne Hirzel, Traute Lafrenz, Franz Joseph Müller, Gisela Schertling und Katharina Schüddekopf; sowie die Angeklagten vor dem Sondergericht 2 des Landgerichts München vom 13. Juli: weitere vier Personen – Harald Dohrn, Manfred Eickemeyer, Wilhelm Geyer und Josef Söhngen. Doch selbst bei dieser Eindeutigkeit ist stark zu differenzieren: Beispielsweise hatten Bauer, Schertling und Schüddekopf auf der einen Seite und Harnack, Lafrenz und Grimminger auf der anderen Seite unterschiedliche Bedeutung für den Münchener Widerstand. Mit der Benennung dieser Verurteilten wird auch deutlich, daß die ›Gruppe‹ der »Weissen Rose« nicht auf München beschränkt werden kann.

Schließlich sollten die Familien nicht nur aus biographischen Gründen mehr beachtet werden, da deren widerständiges Leben (wie beispielsweise bei Robert und Magdalene Scholl) politisch für einige richtungsweisend war. Ebenso ist die Rolle mancher Bekannter und Freunde nicht unerheblich. Ein Beispiel für wichtige Beziehungen der Scholls wären Richard Scheringer oder Otl Aicher aus Ulm;[26] für Graf die alten Freunde aus Jugendzeiten Rudi Alt oder Hermann Krings.[27] Nur unscharf sind jene Menschen am losen äußeren Rand des Umkreises der »Weissen Rose« zu erfassen, die, gleich ob literarisch oder mehr politisch angesprochen, das Vertrauen der Widerständler genossen, ohne weiter involviert gewesen zu sein. Solche Kontakte hatte zum Beispiel Liesel Grote; bekannter hingegen wurden die Eindrücke von Hildegard Brücher, weil sie darüber berichtete.[28]

Zwei Studentenkreise in Berlin und Hamburg beriefen sich etwa zeitgleich auf »Flugblätter der Weissen Rose«, ohne direkt in Kontakt mit dem Kern der Gruppe gestanden zu haben. Die Aufforderung in den Flugblättern, sie weiter zu verbreiten, hatte schon bald Folgen. Hans Leipelt und Marie-Luise Jahn vom Chemischen Institut der Münchener Universität hatten aus eigenem Antrieb später im Jahre 1943 das sechste Flugblatt »Kommilitoninnen! Kommilitonen!« abgeschrieben und mit dem berühmten Zusatz versehen: »Und ihr Geist lebt trotzdem weiter.« Nachdem sie denunziert und im Oktober 1943 verhaftet worden waren, verurteilte der 2. Senat des Volksgerichtshofes am 13. Oktober 1944 in Donauwörth Leipelt zum Tode, er wurde in Stadelheim am 29. Januar 1945 hingerichtet; neben acht weiteren Angeklagten wurde Marie-Luise Jahn zu zwölf Jahren Zuchthaus verurteilt.[29] Der Sprecher der losen Zirkel Hamburger Studenten, Heinz Kucharski, erhielt im November 1942 von Traute Lafrenz das III. der »Flugblätter der Weissen Rose«. Auch Margaretha Rothe und

Reinhold Meyer waren wichtige Kontaktpersonen in Hamburg; sie standen ab Ostern 1943 mit ihrem alten Studienfreund Leipelt sowie mit Marie-Luise Jahn erneut in Verbindung. Ende des Jahres flog diese Gruppe auf; sie wurde noch im April 1945 vom 1. Senat des Volksgerichtshofes abgeurteilt: Kucharski gelang die Flucht, 19 weitere wurden verurteilt.

Zum weiteren Kreis der »Weissen Rose« gehören sicherlich Studienfreunde von Schmorell und Scholl wie Hubert Furtwängler, Hans Goltermann, Otmar Hammerstein, Wolfgang Jaeger, Raimund Samüller (der später an der Ostfront gefallen ist) und Jürgen Wittenstein, die in den Studentenkompanien des Heeres und der Luftwaffe erfaßt waren. Sie sollten nicht ausgeschlossen werden, nur weil es ihnen gelang – von der Gestapo verdächtigt und verhört und z. T. von Ärzten und Vorgesetzten in der Wehrmacht geschützt –, sich der Anklage zu entziehen. Auch ist an Hellmut Hartert zu erinnern, der schon vor seinem Weggang aus München zum engen Freundeskreis von Scholl zählte und dem Wittenstein im Winter 1942/43 Flugblätter zur weiteren Verteilung nach Berlin brachte, dessen Berliner »Gruppe« aber nicht entdeckt und nicht verurteilt wurde.[30]

Es ist wohl unbestritten, daß die sogenannten Mentoren, der Publizist Carl Muth oder der Schriftsteller Theodor Haecker, große Bedeutung für Hans Scholl hatten. Auch einige weniger beachtete Patres hatten eine ungewöhnliche Rolle gespielt, als Schmorell und Scholl in der Stiftsbibliothek der Abtei St. Bonifaz in München im Frühsommer 1942 mit »geradezu wissenschaftlicher Sorgfalt und höchstem sittlichen Ernst« Veröffentlichungen kirchlicher Klassiker und staatstheoretischer Philosophen zum Thema Tyrannenmord studierten.[31] P. Romuald Bauerreiß und P. Mauritius Schurr, der die Schreibmaschine, auf der die »Flugblätter der Weissen Rose« geschrieben wurden, über Jahrzehnte benutzte, bis sie »altersschwach« geworden war, seien namentlich erwähnt.[32] Sie alle, deren Beziehungen und Funktionen erkennbar unterschiedlich sind, zählten zum begleitenden Umfeld, waren wichtige oder unersetzliche Partner in den Dialogen der »Weissen Rose«. Für eine hinlänglich gesicherte Festlegung ihrer Rollen sind weitere intensive Erforschungen erforderlich.

Geht man von den »Tätern« – von den Verfassern der Flugblätter – aus, bildeten im Juni und Juli 1942 nur Schmorell und Scholl den Kern. Sie hielten geheim, daß sie die Urheber dieser Aktion mit dem Aufruf zum passiven Widerstand und zur aktiven Sabotage waren. Traute Lafrenz, Sophie Scholl und wenige andere hatten an Hand von Zitaten einen Verdacht gehegt, wer zu den Verfassern gehörte; aber sie waren nicht beteiligt. Zwei Personen, Eickemeyer und Wittenstein, bekannten später, am Text einiger Flugblätter stilistisch mitgefeilt zu haben. Allein Schmorell und Scholl bildeten also von den ersten Anfängen bis zum Ende des öffentlichen Widerstandes das Zentrum für die sich erweiternde Kerngruppe der »Weissen Rose«. Um sie herum fand sich ein in der Größe schwankender Kreis von musisch, literarisch, religiös und sportlich interessierten Studenten zusammen, die das Entsetzen über Taten und Ideologie des Nationalsozialismus einte. Diesen sich beinah konzentrisch um den Kern fügenden Kreis kann man nach seinen Aktivitäten nicht klar gewichten: Was wiegen Beiträge in Diskussionen oder Vermittlung von Kontakten, Besorgen von Material oder Verstecken der Apparate für die Vervielfältigung, Unterstützen mit Geld oder Hilfe beim Vertrieb, Überbringen von Flugblättern oder Weitertragen der Botschaft?

»Mitglieder« im eigentlichen Sinne des Wortes gab es nicht. Die Gruppe hatte keine gemeinsame Identität stiftende Benennung oder Parole. In der Mehrzahl handelte es sich um Freunde und Freundinnen, Verwandte und Vertraute, Bekannte und Kameraden, deren Gemeinsamkeit sich mal stärker musisch oder auch politisch dokumentierte. Als Regime- und Kriegsgegner besaßen sie bemerkenswerte eigene Prägungen. Die Konturen einer politischen Radikalisierung zeichneten sich im Januar, Februar 1943 – auch in dieser Hinsicht individuell unterschiedlich – immer deutlicher ab.

Da die »Weisse Rose« nicht als Verschwörerkreis organisiert war, trugen persönliche Beziehungen diese Art Netzwerk. Das spannungsreiche Geflecht bot die Voraussetzungen, nicht in Protest, Kritik und Ablehnung des NS-Regimes zu verharren, sondern die Alternative eines politisch und gesellschaftlich freiheitlichen Gemeinwesens ins Kalkül zu ziehen. Menschliche Solidarität und Ethik der politischen Wertvorstellungen gingen ineinander über und führten schließlich zum Handeln. Der aktive Kern und der tragende Kreis konstituierten sich im Winter 1941/42 anders als im Juni 1942 oder im Januar 1943. Einige waren mehr, andere weniger eingeweiht, manche erfuhren bestimmte Fakten erst zu einem späteren Zeitpunkt, einige wurden zufällig in gewisse Aktivitäten hineingezogen, wieder andere hatten etwas geahnt und waren dann selbst involviert.

Die politische Ethik der »Weissen Rose« ist am besten zu verstehen, wenn man sich den Prozeß der Verdeutlichung bewußtmacht, der die beiden Hauptphasen im Sommer 1942 und im Winter 1942/43 inhaltlich verbindet und akzentuiert. Besonders aufschlußreich ist dabei die politische Positionierung gegenüber dem Nationalsozialismus. Welche innere Entwicklung einzelne aus der Kerngruppe durchliefen, bis sie Distanz fanden und dem Widerstand Form gaben, zeigen frühere Bindungen an das NS-Regime, die sich auch aus dem System der Gleichschaltung ergeben hatten. Beispielsweise war Hans Scholl fasziniertes Mitglied der Hitlerjugend und sogar Fahnenträger auf dem Nürnberger Parteitag 1935 gewesen; seine Schwester Sophie war im Bund Deutscher Mädel; Huber war Mitglied der NSDAP geworden. Aus dem weiteren Kreis sei nur Wittenstein erwähnt, der einen Antrag auf Mitgliedschaft in der NSDAP gestellt hatte. Graf verweigerte sich solchen Verstrickungen, da er die illegale Untergrundarbeit katholischer Jugendgruppen mittrug. Diese Fakten sehen heißt, sie den Personen angemessen zuzuordnen und sie im biographischen Werdegang zu würdigen. Denn sie gaben ja wesentliche Anstöße für die Schärfung des Bewußtseins, von dem aus sie das NS-Regime kritisierten. Die sehr heftigen Reaktionen von Schmorell auf seine kurzen Erfahrungen mit SA und HJ belegen dies.

Bei der Deutung ethischer Motive des Widerstandes sind familiäre und religiöse Einflüsse zu beachten, die zeitweilig einem »Ressentiment gegen alles Religiöse« zum Opfer gefallen sind.[33] Die früheren Prägungen in Familie, Schule und Kirche, in Jugendbünden und -vereinen waren Nährboden für Renitenz und Resistenz, politischen Enthusiasmus und freiheitliches Engagement. Von dort kamen sie, nahmen wesentliche Impulse mit, doch – und danach sollte stärker gefragt werden – sie emanzipierten sich auch von dieser Welt früherer Jahre.

Um Schmorell und Scholl herum hatte sich ein studentisches Potential kristallisiert, das sich Schritt für Schritt weiter entwikkelte, bis einige sich für den aktiven Widerstand entschieden. Die Gestapo verhörte mehr als 60 Verdächtige. Inge Scholl schätzte den Kreis der »Weissen Rose« auf rund 80 Personen in München und weitere 50 in Hamburg.[34] Das erscheint sehr hoch gegriffen. Die Angaben sind nicht gesichert, sie beruhen auf ungefähren Schätzungen.

Der Widerstandskreis »Weisse Rose« hatte keine feste Struktur. Aber eine charakteristische Zusammensetzung, Form und Kommunikation läßt sich erkennen, die ihn gegenüber anderen Gruppen des Widerstandes gegen den Nationalsozialismus auszeichnete. Die personellen Beziehungen zeigten folgende Konturen:

1. Die »Weisse Rose« gründete auf jahrelangen Freundschaften und Bekanntschaften in Schul- und Studienzeit.

2. Die Begeisterung für Literatur, Musik und Sport bildete ein wesentliches Band der Gemeinsamkeit.

3. Schmorell und Scholl waren während aller Phasen des Widerstandes die herausragenden führenden Köpfe.

4. Eine kleine Kerngruppe organisierte die Widerstandsaktionen (Flugblätter, Wandparolen und die überregionale Kommunikation).

5. Die Aktionen der Kerngruppe wurden vor allem von einem kleineren Kreis mit vielfältigen Aktivitäten, die fast immer zu Festnahmen oder Verurteilungen führten, direkt unterstützt und

6. darüber hinaus von einem sozial und personell vielschichtigen Umkreis von gleichgesinnten Freunden, Verwandten oder Vertrauten getragen.

7. Diese Gruppen – sowohl der Kern als auch die konzentrischen Kreise um die »Weisse Rose« – differierten in den Hauptphasen des Widerstandes 1942 und 1943 stark.

8. Die eigentlichen Widerstandshandlungen der »Weissen Rose« wurden in hohem Maße gegenüber den Familien und gegenüber dem größeren Kreis der Gruppe geheimgehalten.

Kriegserfahrung

Um jeglichen Mißverständnissen von vornherein vorzubeugen, sei hier ebenso wie in der ersten Auflage festgestellt: Die Frage, welche Bedeutung die Abkommandierung an die sowjetische Front im Sommer 1942 für einige aus dem Kreis der »Weissen Rose« hatte, sollte keinen Zweifel daran aufkommen lassen, daß die religiös-geistige Prägung, die in der Schulzeit und in Jugendbünden entwickelten Bindungen an Natur und Musik und die begeisternde Lektüre russischer Romanliteratur des 19. Jahrhunderts die Erwartungen und Eindrücke der Münchner Studenten vor Ort in der Sowjetunion mitbestimmten.[35] All diese Aspekte haben Wissen, Denken, Fühlen und Handeln der Studenten gewiß individuell geprägt. Mit Recht sind sie vielfältig bei der Betrachtung einzelner Lebensabläufe beleuchtet und vor dem Hintergrund der überlieferten Briefe und Tagebuchnotizen erhellt worden.

1. Über die realen Kriegserfahrungen kann man dies allerdings nicht sagen. Sie wurden im allgemeinen einem idealisierten Bild geopfert, in dem Krieg und Besatzung tabuisiert werden konnten. Eine verniedlichend gedeutete Szenerie des Kriegsschauplatzes korrespondiert mit einer Frieden suggerierenden Interpretation der Famulatur der Sanitätsfeldwebel. Diese Annahme wurde am deutlichsten in der Bemerkung vermittelt, die Medizinstudenten hätten »in einer friedlichen Enklave zwischen Front und Hinter-

land« gelebt.[36] Damit bekommt ihr Einsatz im Krieg die Aura einer eigentümlich fremden Idylle. Auch Christian Petry, einer der frühen Forscher zum Münchener Widerstand, hatte in der 1968 erschienenen umfassenderen Darstellung die These vertreten: »Das Politische wich einem ganz unpolitischen romantischen Rußlanderlebnis.«[37] Das Bild von einem jugendlichen, schwärmerischen Ritt nach Ostland ist zwar einprägsam, aber gleichwohl falsch.

2. In Anlehnung an Fahrten im Kreis der Hitlerjugend oder bündische Einflüsse in den dreißiger Jahre wurden die Kontakte zu Russen im Sommer 1942 in Lagern bei Gžatsk oder Vjaz'ma als Lagerfeuerromantik gedeutet, ohne zu prüfen, welche Realität mit »Lagern« im System einer Besatzungsherrschaft zu verknüpfen ist. Die erwähnten Lager waren für die unter Zwang rekrutierten Arbeiterinnen, Arbeiter und Kriegsgefangene errichtet worden.

Mit dem behaupteten Bild eines friedlichen Intermezzos »zwischen Front und Etappe« konnte die Realität – Besatzung und Krieg, Gewalt und Zerstörung – ausgeklammert und in irreführender Weise eine Scheinwelt des Friedens und der Freude konstruiert werden. Wilfried Breyvogel hob noch im Jahr 1991 in seiner bekannten Analyse der Literatur zur »Weissen Rose« bezüglich der Feldfamulatur im wesentlichen nur persönliche Elemente hervor: zum Beispiel Russisch lernen und sprechen, Beziehungen zu Menschen, intensive Reflexionen von Scholl und wies nur in einem Nebensatz auf »die Erfahrung des Todes um ihn herum« hin.[38] Seine Einschätzung ist charakteristisch für die in der Bonner Republik vorherrschende Tendenz, die Bedeutung von Krieg und Besatzung für die Entwicklung des Widerstandes zu bagatellisieren und damit letztlich die Wirklichkeit des Krieges und den politischen Kontext der Wehrmacht auszublenden.

Dieser Trend prägte auch die Erinnerungskultur in bezug auf die »Weisse Rose«. Wie ein roter Faden zieht sich durch die Literatur die vielfach variierte Bemerkung eines Zeitzeugen, die Zeit an der Ostfront sei eigentlich »nicht soldatisch«, sondern vielmehr

»romantisch und jugendbewegt« zu nennen.[39] Jener Zeitzeuge deutete in späteren Jahren das Geschehen anders als direkt nach dem Erleben im Herbst 1942. Damals beschrieb er Erfahrungen von Krieg und Besatzung in der Sowjetunion noch realistisch: Er erzählte »von der katastrophalen Situation der russischen Zivilbevölkerung (...), von Massentransporten in verschlossenen Güterwagen (...) und von der erbarmunglosen Kriegsführung seitens der deutschen Truppen«.[40] Auf das Ausblenden dieser Fakten angesprochen, reagierte er mit der Frage: »Haben wir das erlebt?« Hier ist nicht der Ort zu entscheiden, was zu dieser Umakzentuierung führte.

3. Ehemalige Mediziner der Wehrmacht versuchten sich von der »Weissen Rose« zu distanzieren. Vorgeblich nahmen sie deren Widerstand mit »Achtung« zur Kenntnis, bewerteten ihn jedoch als »eine einmalige, isolierte und untypische Erscheinung«. Noch 1995 fällten sie das abstruse Urteil: »Was sie zu dieser selbstmörderischen Handlung veranlaßt hat, wird unklar bleiben. Vielleicht war es verzweifelter Übermut unter dem wachsenden Druck ihrer konspirativen Isolation.«[41]

Widerstand und Wehrmacht stehen im Zentrum der Debatten um eine Vergangenheitspolitik, die weit über das Militär hinausreichen und auf nahezu die gesamte deutsche Bevölkerung ausstrahlen.[42] Der Wunsch vieler Menschen ist verständlich, »ihre« Wehrmacht, in der sie gedient haben, möge nicht im direkten Zusammenhang mit Verbrechen gegen das Völkerrecht stehen; das Gewissen, das verdrängt und Schuld abwehrt, sagt: So kann es nicht gewesen sein. Gleichwohl sind die Fakten nicht zu bestreiten: Die Wehrmacht war entschiedener Träger der Vernichtungspolitik aus strategischem Kalkül und an Verbrechen im Krieg beteiligt. Der heftige Disput um Ehre und Tapferkeit der »sauberen Wehrmacht« hält bis in die Gegenwart an.

Da im Fall der »Weissen Rose« zwei vom Wandel der Bewertungskriterien stark abhängige Bereiche – Widerstand und Wehrmacht – miteinander verkoppelt sind, ist kaum verwunderlich, daß der Krieg in der öffentlichen Wahrnehmung der »Weissen Rose«

nahezu völlig vernachlässigt wurde. Obwohl alle zum Kreis der »Weissen Rose« zählenden jungen Männer in den Jahren 1939, 1940 und 1941 in Österreich, in Frankreich, in der Tschechoslowakei und der Sowjetunion, in Polen oder Jugoslawien im Sanitätsdienst eingesetzt und vom Gefreiten zum Feldwebel befördert wurden, gibt es darüber noch keine wissenschaftlichen Untersuchungen.

Das Urteil eines Mitarbeiters des Militärgeschichtlichen Forschungsamtes der Bundeswehr, die zur »Feldfamulatur« kommandierten Studenten hätten den Nationalsozialismus »keineswegs aus betont politischen Gründen« abgelehnt,[43] reduziert die ethischen Beweggründe der »Weissen Rose« auf christliche und humanistische Ideale und verkennt somit die historische Dimension ihrer Aktionen. Die »Weisse Rose« betrieb nicht nur eine »geistige Abrechnung« mit dem NS-Regime, sondern leistete aktiven Widerstand.

4. Schon vor dem Einsatz an der Ostfront hatte die Wehrmacht seit Jahren das Leben der jungen Leute und den Alltag des Studiums bestimmt. Alle Medizinstudenten des Kerns und viele aus dem Kreis der »Weissen Rose« waren nach dem Ableisten des Arbeitsdienstes zur Wehrmacht – Scholl 1937 sogar freiwillig – einberufen worden, hatten Wehrpflicht oder eine verkürzte Grundausbildung hinter sich sowie die obligatorische halbjährige Sanitätsausbildung erhalten. In den Jahren 1938 bis1941 lernten sie die Besatzung in Ost und West kennen. Sie studierten als Mitglieder einer Studentenkompanie der Wehrmacht in Uniform. Nur Graf war noch bis Anfang April 1942 in der Sowjetunion gewesen. Die Erfahrungen der Sanitätsfeldwebel in der Wehrmacht wurden in den zeithistorischen Arbeiten zur »Weissen Rose« nicht angemessen berücksichtigt.

5. Wie wichtig die Perzeption und die Erfahrung »Rußland« für die Akteure des 20. Juli waren, ist unter Historikern nicht umstritten. Das auffallende Schweigen über die Erfahrungen der Sanitätsfeldwebel steht dazu im krassen Gegensatz. Dabei wurde die Bedeutung der Ostfront für die »Weisse Rose« bereits in den

sechziger Jahren hinlänglich herausgearbeitet. Die DDR-Historiker Klaus Drobisch und Karl Heinz Jahnke erklärten schon damals die Unterschiede der zwei Phasen des Münchener Widerstandes aus dem Krieg gegen die Sowjetunion. Ihre Studien wurden im Westen kaum beachtet und die Ansätze, den Widerstand im Winter 1942/43 aus den Erfahrungen der »Hilfsärzte an der deutsch-sowjetischen Front« zu deuten, ignoriert.[44] Formulierungen, die sich zur ideologischen Ausgrenzung nutzen ließen, reichten aus, um im Westen (und natürlich vice versa im Osten) abgelehnt zu werden. So machte sich Drobisch mit der Bemerkung verdächtig, die Münchener hätten »Eindrücke von himmelschreienden faschistischen Verbrechen« bekommen.[45] Die westdeutsche Gesellschaft war trotz aller Umwälzungen nach »1968« offensichtlich überfordert, die angestoßene Diskussion über den Zusammenhang von »Mythos Wehrmacht« und »Weisse Rose« in kritischer Weise aufzunehmen.[46] Bis heute wird auf einen solchen Ansatz mit viel Ablehnung reagiert.[47]

Nicht nur in der Forschung unterlag die Rezeption der »Weissen Rose« der Nomenklatur des Kalten Krieges. Die Gruppe wurde zwar schon früh in beiden deutschen Staaten als Teil des Widerstands gegen den Nationalsozialismus anerkannt, Schulen und Forschungseinrichtungen trugen ihre Namen, doch das historische Geschehen wurde im Westen wie im Osten in Teilen aktualisiert, idealisiert und konstruiert, um jeweils Orientierung für die Gegenwart zu bieten. Man erinnerte zwei unterschiedliche, jeweils auf andere Weise gute Qualitäten der Widerstandstätigkeit derselben Gruppe. Wurde im Osten ein »antifaschistischer Widerstandskampf« in München benannt, konnte die Aussage über 1942 nur als Analogie zur Tagespolitik verstanden werden.[48]

6. Jahnkes Studien über die Bedeutung der Eindrücke von der Ostfront fielen zu Unrecht unter das zeitgenössische Verdikt, wie die im Jahr 2003 von ihm herausgegebene Dokumentation zeigt. Darin ist auch der Ende der sechziger Jahre erschienene Text enthalten, in dem er die zwei Phasen des Widerstandes der »Weissen Rose« folgendermaßen erklärte: »Von gravierender Bedeutung

war der Einsatz an der deutsch-sowjetischen Front. Sie erlebten den Krieg in seiner ganz brutalen Menschenverachtung und ungeheuren Zerstörungskraft. Besonders berührte sie der Terror von deutscher Seite gegen die Zivilbevölkerung in Polen und Rußland.«[49]

Obwohl Nahestehende aus dem Kreis der »Weissen Rose« Jahnkes Auffassung teilten, wurde sie damals kaum beachtet. So hielt es Inge Aicher-Scholl für unerläßlich, den Blick auf die Monate an der Front zu richten, um die Motive der Phase des verstärkten Widerstandes im Winter 1942/43 richtig verstehen zu können. Jahnkes Ansatz fand sie »sehr gut«, und sie unterstützte die Veröffentlichung eines seiner Manuskripte im Westen.[50]

In München setzte sich jedoch Petrys verkürzte Interpretation von dem »Intermezzo« im Osten durch. Petry, der nur einige ältere Aufsätze von Jahnke ausgewertet hatte,[51] zog daraus im Gegensatz zu Inge Aicher-Scholl die bekannten romantisierenden Schlußfolgerungen: Wie gewohnt interpretierte er die Weite der Landschaft, die Naturschönheit und die Musik als die prägenden Eindrücke an der Ostfront.

7. Diese Tendenzen finden sich auch in einem 1999 veröffentlichten biographischen Beitrag über die Einflüsse der russischen Romanwelt auf Alexander Schmorell. Die literarischen Bezüge in Schmorells Äußerungen zu Dostojewski werden darin merkwürdig monokausal gedeutet. Die abschließende Grundaussage, Schmorell habe »romantisch-traditionelle, der westlichen Rationalität radikal entgegengesetzte Ideen in das Denken der ›Weissen Rose‹ eingebracht«[52], mag auf das von ihm vermittelte Dostojewski-Bild zutreffen, aber die These, er habe ein antirationalistisches Moment in das Denken der Gruppe eingebracht, wird seinem Beitrag zum Widerstand nicht gerecht.

Immerhin war er es, der die Einbeziehung harter Fakten in die Textentwürfe der vier »Flugblätter der Weissen Rose« verantwortete. Auf ihn gehen jene Passagen zurück, die rational und realistisch, kritisch und konkret die Verbrechen der Besatzungsherrschaft in Polen durch Wehrmacht und SS sowie die Judenverfolgung benennen und zum passiven Widerstand und zu Sabotage aufrufen.

8. Das Herunterspielen der Bedeutung der an der Front gesammelten Erfahrungen für die »Weisse Rose« korrespondiert mit der Akzeptanz der heiklen Behauptung von einer Tradition soldatischer Ehre und dem Ausblenden der realen Kriegführung der Wehrmacht, der Verfolgung und Vernichtung der Juden sowie des deutschen Besatzungssystems. Dadurch wurden der öffentliche Diskurs und die politische Kultur in der Bundesrepublik lange Zeit geprägt, wie die Reaktionen auf die Hamburger Ausstellung »Vernichtungskrieg. Verbrechen der Wehrmacht 1941–1944« Mitte der neunziger Jahre zeigten.

Die Frage, ob die in diesem Buch vorgenommene Rekonstruktion von Krieg und Besatzung im Bereich der 252. Division den Realitäten des Sommers 1942 entspreche, erinnert an Versuche, das Bild von der »sauberen Wehrmacht« zu erhalten.

Dabei belegt Christoph Rass in seiner Untersuchung über die 253. Division, die damals im Gebiet von Ržev‌ stationiert war, daß dort eine analoge Militärpolitik durchgesetzt wurde wie in der 252. Division bei Gžatsk: Nach der Stabilisierung der Front Anfang 1942 »erfolgte die übergangslose Weiterentwicklung des mobilen Terror- und Unterdrückungsapparates der Division zu einem stationären System« und zur »Kontrolle der Zivilbevölkerung« – mit Jagdkommandos gegen Partisanen, landwirtschaftlicher Ausbeutung, Lagern für Zwangsarbeiter oder Evakuierung der Zivilbevölkerung.[53]

Aufgrund der Brisanz der politischen Tradition bezüglich der Wehrmacht wurden wohl auch 1993/94 richtige Ansätze ignoriert, den Zusammenhang von Fronterfahrung und Radikalisierung des Widerstandes der »Weissen Rose« systematisch darzustellen.[54] Aussagen wie: »Das Erlebnis des nationalsozialistischen Raubkrieges hat mit Sicherheit entscheidend zur Fortführung und Weiterentwicklung ihres Widerstands beigetragen.«[55] oder daß der Faktor Krieg und Kriegführung »für alle Aktionen« der »Weissen

Rose« und alle Flugblätter als »wichtiger« zu bewerten seien als bisher üblich,[56] blieben von der Kritik unbeachtet.

Da diese Linie der Interpretation der »Weissen Rose« nach den Impulsen in den sechziger Jahren in den neunziger Jahren – gleich ob die Erfahrungen an der Front »wichtig« oder »entscheidend« genannt werden – mehrfach vertreten wurde, ist unverständlich, warum nun irreführend behauptet wird, im vorliegenden Buch werde mit überzogenen Thesen die Forschung auf den Kopf gestellt.

9. Kaum zu verstehen ist auch, daß Grafs Erlebnisse beim grausamen Militäreinsatz im Winter 1941/42 an der Front vor Moskau und beim Rückzugschaos in den sommerlichen Gesprächen des Jahres 1942 keine Rolle gespielt haben sollen. In den Publikationen wird durchweg auf Manfred Eickemeyer verwiesen, der über die deutschen Verbrechen an der jüdischen und polnischen Zivilbevölkerung berichtet hatte. Graf war geradezu schockiert, hatte unter dem russischen Trauma – »Ich finde mich einfach nicht zurecht.«[57] – gelitten und noch fast zwei Monate nach der Ankunft in München geklagt: »Ich spüre die Einsamkeit und sehne mich nach Mitteilung.«[58] Die beklemmenden Eindrücke des Krieges konnte er kaum abstreifen, bis er im Juni und Juli 1942 zu den Treffen der »Weissen Rose« eingeladen wurde und bei seinen neuen Freunden, die zugleich Kommilitonen der Medizin und Kameraden der Sanitätskompanie waren, auf offene Ohren stieß.

Graf hatte als »einziger der Gruppe« in der Sowjetunion das »Wüten der ›Einsatzgruppen der Sicherheitspolizei und des SD‹« bei Vjaz'ma miterlebt, wie mit Hinweis auf noch unveröffentlichte Passagen seines Tagebuches festgestellt wurde.[59] Warum sollte er nicht, als er im Sommer 1942 noch unter dem seelischen Druck dieser Ereignisse stand, im vertrauten Kreis davon erzählt haben? Daß Graf in Vjaz'ma seinen Freunden der »Weissen Rose« am 1. August berichtete, was er nur wenige Monate zuvor dort erlebt hatte, scheint nicht spekulativ, zumal überliefert ist, daß er im Januar 1943 in Saarbrücken, heftig und betroffen seinen »Kopf an den Türrahmen« stoßend, »bis in die Morgenstunden die Greueltaten der Deutschen in Rußland« schilderte.[60]

10. Die kritische Einstellung der »Weissen Rose« zu Krieg und Front wird bis heute unterschätzt. Scholl und Schmorell vertraten eindeutig eine Position der Gewaltlosigkeit, die pazifistisch genannt werden kann. Immerhin rief das dritte Flugblatt zu Sabotage, zur »Verhinderung des reibungslosen Ablaufs der Kriegsmaschine« und zum »passiven Widerstand« auf. Schmorell bekundete auch vor der Gestapo, er hätte kein Gewehr in die Hand genommen.[61] Ein Zeitzeuge berichtete, Scholl habe während der Monate an der Ostfront nachhaltig das Prinzip der Gewaltlosigkeit vertreten: »Um den Krieg zu beenden, forderte Hans Scholl Desertion und einfaches Ablegen der Waffen.«[62] Sophie Scholl setzte sich wiederholt dafür ein, daß man keine Waffen in die Hand nehmen dürfe; auch ihre Forderung nach Gewaltlosigkeit entsprach einem pazifistischen Ideal.[63] Meines Erachtens ist unstrittig, daß der »Grundsatz der Gewaltlosigkeit« von den meisten in der Gruppe mitgetragen wurde, zumal Gewaltlosigkeit für manche zum ärztlichen Berufsethos gehörte.[64]

11. Die Erinnerungskultur in bezug auf die »Weisse Rose« hebt sich von anderen Beispielen des Widerstandes in Deutschland noch dadurch ab, daß sie in schwieriger Lage dazu beitrug, Mut zu neuem Widerstand zu machen. In der jungen DDR wurde der antifaschistische Widerstand im Unterricht als vorbildhaft bewertet. Jugendlicher Widerstand in Altenburg und Eisenberg (Thüringen), in Jena und Werdau wurde mittlerweile bekannt, der sich dezidiert auf das Vorbild der »Flugblätter der Weissen Rose« (von den »Geschwistern Scholl«) berief. Den Werdauer Oberschülern war der historische Bezug exemplarisch vor Augen: »Damit erschien der politische Widerstand gegen die NS-Diktatur für uns in einem völlig anderen Licht: Es ging nicht mehr nur um eine überwundene Vergangenheit – es ging auch um die gegenwärtige Entwicklung.«[65] Diese jungen Leute sahen eine Ähnlichkeit zwischen dem NS-Regime und dem Stalinismus im Jahr 1950.

Die jugendlichen Unruhen spielten in den westlichen Medien eine große Rolle, aber das Münchener Vorbild wurde nicht herausgestellt. Diese Traditionslinie der »Weissen Rose« ist einzigartig.

Bemerkungen zur Taschenbuchausgabe

Die »Welt« der Studenten der »Weissen Rose« an der Ostfront gewinnt Konkretheit und Tiefenschärfe, wenn die Interpretation ihrer überlieferten Briefe und Tagebücher mit der Analyse des militärischen Geschehens und mit der Besatzungspolitik der Wehrmacht im rückwärtigen Gebiet bei Gžatsk verknüpft wird. Die Beschreibung der Monate zwischen den Flugblattaktionen vom Sommer 1942 und den Widerstandsaktivitäten im Winter 1942/43 nimmt zwei aus der Literatur zur »Weissen Rose« bekannte Ansätze auf, um das Gemeinsame sowie die Unterschiede beider Phasen zu verdeutlichen.

Das militärische Umfeld der Sanitätsfeldwebel im Spätsommer und Herbst 1942 in dem Brückenkopf um Vjaz'ma wird mit Hilfe erstmals ausgewerteter militärischer Daten rekonstruiert, die in den lückenhaften Akten der Wehrmacht im Bundesarchiv-Militärarchiv überliefert sind. Im Kontext von Besatzungsherrschaft und Kriegführung der Wehrmacht können die bekannten, in Tagebüchern und Briefen von Graf, Schmorell und Scholl festgehaltenen Impressionen und Reflexionen neu gelesen und verstanden werden.

Die anerkannte These mehrerer Historiker, die Ostfront habe prägende Wirkung auf die zweite Phase des Widerstandes der »Weissen Rose« gehabt, stellt den Einfluß aller übrigen Faktoren auf Motivation und Aktion nicht in Frage.

In diesem Buch werden neben den Hauptakteuren aus dem Kern der »Weissen Rose« – Graf, Schmorell und Scholl – nur zwei weitere Personen eingeführt, die mit der Studentenkompanie zur Feldfamulatur abkommandiert wurden: Hubert Furtwängler und Jürgen Wittenstein. Zwar waren aus dem Kreis der »Weissen Rose« noch Raimund Samüller und Hans Goltermann an der

Front, aber von ihnen gibt es keine, für den Historiker verwertbaren neuen schriftlichen Dokumente oder mündlichen Auskünfte. Furtwängler und Wittenstein waren schon lange vor der aktiven Phase des Widerstandes mit Huber, Schmorell, Scholl und Probst bekannt. Beide haben als Zeitzeugen Beiträge aus ihrem Fundus der Erinnerungen übermittelt. Wittenstein hat darüber hinaus seine Skepsis und Zurückhaltung gegenüber der historischen Forschung zur »Weissen Rose« aufgegeben und Auszüge aus seinem Tagebuch aus der Zeit an der Ostfront zur Verfügung gestellt, nachdem er die Erstfassung des Manuskripts gelesen hatte. Da er wie Graf, Schmorell und Scholl über Warschau auch nach Vjaz'ma, Gžatsk und Sosnovka kam, wo alle in unterschiedlichen Intervallen stationiert waren, tragen seine Aufzeichnungen und die von ihm aufgenommenen Fotos zu einem realitätsnäheren Bild von der »Welt an der Ostfront« bei, in welche die jungen Männer der »Weissen Rose« – Hubert Furtwängler, Willi Graf, Alexander Schmorell, Hans Scholl sowie Jürgen Wittenstein – und andere aus ihrem Umfeld abkommandiert wurden.[66]

Die umfangreichen von der Gestapo für die Gerichtsverfahren angefertigten Protokolle der Vernehmungen im Bundesarchiv Berlin sind eine wahre Fundgrube an Informationen und Fakten. Mit Bedacht und Sorgfalt gelesen, erschließt sich über die Dynamik der Verhöre auch Wesentliches über die Persönlichkeiten: Einige bekannten sich zum Widerstand und legten ihre Motive offen; andere konnten sich bedeckt halten oder als bloße Sympathisanten tarnen; manche suchten die Gestapo auf falsche Fährten zu locken und Freunde zu schützen. Hans und Sophie Scholl bekannten sich im Verlauf der Verhöre immer offener zu ihren Intentionen.

Die Verhöre stellten für alle Betroffenen eine extreme Ausnahmesituation dar, auch wenn im Fall der »Weissen Rose« vermutlich keine körperliche Gewalt angewandt wurde, um Aussagen zu erzwingen. Den vom Tode Bedrohten war sicher die Gefährdung ihrer Existenz bald bewußt.

Der Text der Protokolle, die in München angefertigt wurden,

sind je nach Verhörenden und Verhörten ganz unterschiedlich. Es handelt sich zum Teil um die Wiedergabe typischer polizeilicher Ermittlungen von Fakten und Umständen, aber zu einem anderen Teil um hoch komplexe Aussagen. Sie können erst nach Abwägen vieler situativer und biographischer Komponenten, nach Überprüfen und Bestätigungen durch andere Quellen angemessen interpretiert werden. Dennoch ist klar: trotz aller Empathie wie auch Kritik werden solche Versuche – wie auch in diesem Buch – begrenzte, möglicherweise auch unzulängliche Annäherungen an die Wahrheit bleiben.

In den Protokollen fallen Passagen in der begrenzten Amtssprache von Polizei und Behörden auf, in denen die Worte der Verhörten ganz verlorengegangen sind. Andere Texte sind sehr persönlich gehalten. Vor allem die beigefügten »politischen« bzw. »persönlichen Lebensläufe« sind beeindruckende Zeugnisse und vermitteln authentische Begründungen für das widerständige Handeln. Zitate hieraus sind in den Anmerkungen ausdrücklich gekennzeichnet.

Deutliche Unterschiede hinsichtlich Inhalt und Sprache zeigen sich auch im Konvolut der Verhörprotokolle eines Inhaftierten. Manche aus dem Kreis der »Weissen Rose« besaßen den Mut, die Kraft und die Fähigkeit, gegenüber den Trägern des NS-Apparates ihre persönliche Entwicklung hin zum Widerstand zu begründen und mit beeindruckender Deutlichkeit die Motive und die Legitimität ihres Handelns darzulegen.

Weitere Hinweise enthalten die Prozeß- und Justizakten im Bayerischen Hauptstaatsarchiv und im Staatsarchiv München sowie der Nachlaß Huber im Stadtarchiv und nicht zuletzt der Nachlaß Scholl und eine wichtige Sammlung unterschiedlicher Provenienz, darunter Befragungen von Zeitzeugen aus den sechziger Jahren, im Institut für Zeitgeschichte in München.

Über die Sommermonate im Sanitätsdienst an der Ostfront geben die im Bundesarchiv-Militärarchiv in Freiburg lagernden Akten der Wehrmacht, insbesondere die Bestände der 252. Division, Aufschluß. Dieser bislang völlig übersehene Fundus an zeitgenössischer Überlieferung ermöglicht es, das System der Besatzung und der Truppenversorgung, den Umgang mit der russischen Bevölkerung, die Partisanenbekämpfung sowie das Kriegsgeschehen an der Front offenzulegen.

Auch wenn es schon angesprochen wurde, ist abschließend noch einmal darauf hinzuweisen: Natürlich ist die »Welt des Militärs« nicht identisch mit den Erfahrungen eines jeden Einzelnen. In den Briefen und Tagebüchern der Sanitätsfeldwebel der »Weissen Rose« überlieferte Gedanken und Beobachtungen werden in die rekonstruierten Abläufe des Krieges oder der Politik der Wehrmacht eingebettet, um die »Welt« an der Front, von der Willi Graf sprach, für den Leser heute zu verdeutlichen. Damit soll nicht suggeriert werden, diese Studenten und Mediziner seien an jenem Geschehen um sie herum direkt beteiligt gewesen. Sie waren in für sie nicht überschaubare militärische Aktionen eingebunden, nahmen z. B. einen taktischen Kontext nur höchst selektiv wahr. Was in ihrer Nähe geschah, erlebten sie anders, als es in den Stäben der Wehrmacht geplant war oder nach den fragmentarischen Quellen dargestellt werden kann. Sie sammelten Eindrücke vor Ort, hörten Gerüchte – und suchten sich einzurichten.

Einige Kollegen haben den Dialog mit mir gesucht, um abzuwägen, was es mit den Erfahrungen der Sanitätsfeldwebel an der Ostfront des Zweiten Weltkrieges auf sich habe. Ihr wissenschaftlich jeweils unterschiedliches Verständnis war sehr hilfreich, die Dinge multiperspektivisch zu erörtern. Dafür danke ich besonders Bernd C. Hesslein, Karl Heinz Jahnke, Jakob Knab, Winfried Vogel, Wolfram Wette und Johannes Winter. Für ihr Insistieren, im Bild des Historikers von der »Weissen Rose« ein gerechtes Erinnern erkennen zu lassen, sage ich meiner Frau Brunhild Bald herzlichen Dank.

Dem Aufbauverlag und meiner Lektorin Maria Matschuk wird herzlich dafür gedankt, daß nun eine Taschenbuchausgabe für eine breitere Leserschaft vorliegt. Die fachlichen Aspekte historischer Arbeit haben zu Ergänzungen und Korrekturen gegenüber der

Erstausgabe geführt. Zusätzliche Ausführungen zur Darlegung der Kriegsereignisse in den Flugblättern – mit der Zuspitzung »Stalingrad« – vom Januar und Februar 1943, der Abdruck der Texte aller Flugblätter und ein Literaturverzeichnis werden das Verständnis vom Widerstand der »Weissen Rose« vertiefen.

München, im Dezember 2003 Detlef Bald

1. Der Aufbruch im Sommer 1942

Alexander Schmorell und Hans Scholl lernten sich im Herbst 1940 während ihres Studiums in München kennen. Zwei junge Männer, die nach Klarheit in ihren politischen Ansichten über Hitler und den Nationalsozialismus suchten und einander bald vertrauten. Sie nannten sich »Freunde«. Eine tiefe Beziehung, deren persönliche und historische Tragweite damals niemand ahnen konnte, bahnte sich an. Ihre Auffassungen von einer politischen Ethik der persönlichen Verantwortung festigten sich in einer schon länger bestehenden offenen Gruppe von aktiven Studenten, die sich über Politik, Krieg und Ideologie des NS-Regimes entsetzten. Beide beflügelte im Sommer 1942 die Idee, ein deutliches Zeichen des Widerstehens zu setzen, andere mit einem moralischem Appell politisch aufzuklären und aufzurütteln. Gemeinsam konzipierten sie die vier »Flugblätter der Weissen Rose«. Jürgen Wittenstein und Manfred Eickemeyer halfen nach ihrem eigenen Zeugnis mit, die Entwürfe der Flugblätter zu redigieren. Die tatsächliche Autorschaft blieb anderen bis Ende Juli 1942 unbekannt.

Die »Weisse Rose« – ein revolutionärer Anspruch

Laut Protokoll der Verhöre der Gestapo in München vom 20. Februar 1943 hatte Scholl den Namen »Weisse Rose« im Sommer 1942 »gefühlsmäßig (...) gewählt«, weil er »einen guten Klang« besaß und sich dahinter »ein Programm« verbarg. Damals habe er »unmittelbar unter dem Eindruck der ›Spanischen Romanzen‹ von Brentano ›Die Rosa Blanca‹« gestanden.[67]

Diese Hinweise auf die Ursprünge des Namens wurden nicht

entschlüsselt. In der Anklageschrift des Volksgerichtshofes hieß es verkürzend: »Der Name ›Die Weisse Rose‹ ist (...) willkürlich gewählt und geht auf die Lektüre eines spanischen Romans mit dieser Überschrift zurück.«[68] Die »Spanischen Romanzen« von Anfang des 19. Jahrhunderts firmierten seitdem in gängigen Interpretationen als der zeitgenössische »spanische Roman La Rosa Blanca«. Der Bezug zur Geschichte eines mexikanischen Indianers, der im Kampf um Freiheit und Überleben tragisch endete, schien naheliegend, da Scholl B. Travens Werk kannte und schätzte. Da gibt es zur weißen Rose jenen Satz, der schlüssig erscheint: »Und der Beginn der Reife soll der Anfang der Befreiung des Landes und seiner Bürger sein, damit wir ein Land besitzen, in dem eine jede Rose, ob weiß oder rot, die Freiheit haben soll zu blühen.«[69] Doch diese Deutung verfälschte den Hintergrund der Namengebung und damit auch die Intentionen der »Weissen Rose«.

Im nachhinein läßt sich Scholl natürlich nicht präzise interpretieren, er soll auch hier nicht festgelegt werden. Möglicherweise finden sich mehrere Wurzeln, die schließlich 1942 zu einer Bekräftigung durch das Werk von Brentano führten. Der Wortwägende und Literaturbewußte ist aber ernst zu nehmen und einfühlsam zu deuten. Scholl hatte sich über ein Jahr mit der Frage der Legitimität des NS-Regimes auseinandergesetzt, verzweifelt seine eigene Klärung vorangetrieben und seine Gewissensentscheidung fest begründet. Die Namengebung hatte für ihn eine sinnstiftende Bedeutung. In den »Spanischen Romanzen« mischen sich existentielle, persönliche religiöse Motive und intime Gefühle, die mit vielem verbunden waren, was Scholl ganz nahe stand. Ein Aspekt hat ihn gewiß bei der Wahl des Namens besonders beeinflußt: die ethischen Wurzeln einer Lebensentwicklung, aus denen das Politische wachsen konnte.

Der Protokollant der Gestapo notierte in Scholls Antwort auf die Frage, warum er den Namen gewählt habe, nicht »Weisse Rose«, sondern »Weise Rose«. Möglicherweise gibt die Schreibung den Kern von Scholls Aussage korrekt wieder und liefert einen Hinweis zum Verständnis.

Welche Bezüge zur ethischen, religiösen und politischen Dimension der »Flugblätter der Weissen Rose« enthalten die auf Gestalten und Geschehnisse aus der Bibel zurückgehenden »Romanzen vom Rosenkranz«? Der Dichter, selbst Figur des politischen Widerstandes und der religiösen Erneuerung im Zeitalter der Restauration zu Beginn des 19. Jahrhunderts, bot sich mit seiner idealistischen Auffassung von Reinheit und Einheit als glaubwürdig an. In einer faszinierenden Sprache setzt sich Brentano in dem Versepos von Liebe, Schuld und Erlösung mit der Erbsünde auseinander. In seiner Deutung sind Opfer und Sühne nicht vergeblich, der Bußgang wird für andere aufgenommen. »Weiß« gilt in der romantischen geistlichen Lyrik als Siegeszeichen des Friedens, die Rose versinnbildlicht Maria, Inbegriff für eine geistliche Liebe in Vollkommenheit, Unschuld und Gerechtigkeit.[70] Die folgenden Verse mögen das geheimnisvolle und mystisch verklärende Geschehen im Epos illustrieren, aber auch die religiöse Welt der »Weissen Rose« erhellen:

»Hoffnung ihm entgegen lacht / Geht bereiten er das Opfer.« Der von tragischen Verstrickungen Gezeichnete erfährt Hoffnung in Form der Erlösung durch die »Weisse Rose«: »Und die fromme Rosablancke, / Die mit goldner Flut der Locken / Möchte alle Schuld bezahlen«. Erlösung vollzieht sich konkret und direkt: »Was dir bleibet, Rosablancke / Gieb den Armen, oder opfre, / Gehe hin in Gottes Namen!« Und sie ist mächtig, da sie für eine andere Welt bestimmt ist: »Und die weise Rose zagend,/Gleich dem Geiste einer Nonne / (...) fromme Tochter / Sei gesegnet an dem Tage / Da du bist zum Licht geboren!«[71] Sie, die »weise« und »Weisse Rose«, symbolische Trägerin einer unbefleckten und heilbringenden Zukunft in einem schicksalhaft in Schuld verstrickten Leben, symbolisiert den teleologischen, guten Wandel in der Welt.

Warum konnte Scholl dieser Text so tief berühren? Es geht in dem Versepos um Natur und Ordnung, Individuum und Gemeinschaft: Wie bedroht ihre Einheit ist, wurde an der Schwelle zur Moderne offenkundig. Auch die Jugendbewegungen der zwanziger und dreißiger Jahre des 20. Jahrhunderts empfanden dieses

Chaos. Sie versuchten ihm durch ein neu belebtes Natur- und Gemeinschaftsgefühl zu begegnen und griffen dabei bewußt auf die Romantik zurück. Scholl hatte dadurch wichtige Prägungen erhalten, die sein Vermögen, persönliche Verantwortung zu tragen und Kraft zum politischen Protest aufzubringen, förderten.[72]

Das im Juni 1941 von den NS-Behörden eingestellte katholische Organ »Hochland« hatte sich mit Brentano beschäftigt. Die Rückbesinnung auf diesen Dichter und die Auseinandersetzung mit der Literatur des Katholizismus der dreißiger Jahre sowie mit den Reformkreisen des Protestantismus bestätigten Scholl in seiner Auffassung, Kirche als reformierbar beziehungsweise Religion als Ausgangspunkt von Reformen zu begreifen. All dies spricht dafür, daß ihm der Begriff »Weisse Rose« aus der revolutionären Zeit der Romantik Anfang des 19. Jahrhunderts im Kontext der dreißiger Jahre mit Leben gefüllt schien und er ihn deshalb im Sommer 1942 als Überschrift für seine Flugblätter auswählte.

Sophie Scholl erwähnte gegenüber der Gestapo ein Gespräch, das ihr Bruder Ende Juni 1942 mit mehreren Studenten in der Universität geführt hatte. Damals habe er erklärt, daß »während der französischen Revolution die verbannten Adeligen eine Weisse Rose als Symbol auf ihren Fahnen geführt hätten«[73]. Unter der Weissen Rose – sub rosa – hätten sie als verschworene Gemeinschaft in der revolutionären Epoche gekämpft: Zeichen für Sieg und Frieden.

Den politischen Aspekt in seiner Motivation zum aktiven Widerstand verdeutlichte Scholl selbst in einem anderen Gestapo-Verhör. Dort stellte er die Aktionen von 1942 und 1943, von der Gestapo Agitation genannt, in den Kontext des Umbruchs vom Kaiserreich zur Weimarer Republik.

»Frage: Wie denken Sie über den Inhalt dieses Flugblattes?

Antwort: Ich denke, wie ich als Soldat zu denken habe.

Frage: Wollen Sie sich nicht näher erklären?

Antwort: Ich schätze das Verhalten dieser Agitation im Innern ähnlich ein, wie das Verhalten der Revolutionäre im Jahre 1918.«[74]

Es verblüfft, mit dem Symbol »Weisse Rose« diese politische Sinnstiftung zu verbinden. So bietet Scholl zwei Deutungen für den Kampf gegen eine illegitime Herrschaft an: die »Weisse Rose« als eine religiöse Zuversicht zu begreifen, auf die sich der Wandel hin zu einer guten Ordnung entsprechend den »Spanischen Romanzen« von Brentano gründet, oder als ein politisches Ereignis in der Tradition der Freiheitskämpfe zu verstehen, um Deutschland von Grund auf demokratisch zu gestalten.

Studium und Militär: der engere Kreis der »Weissen Rose«

Die Männer des engeren Zirkels der »Weissen Rose« in der Studentenkompanie hatten den gleichen Weg von der HJ oder einem Jugendbund bis zur Wehrmacht hinter sich. Im sechsten Flugblatt heißt es, die HJ habe ihre »fruchtbarsten Bildungsjahre« zu »uniformieren« und zu »narkotisieren« versucht. Dabei sammelten sie erste Erfahrungen mit der »rücksichtslosen Knebelung jeder freien Meinungsäußerung« durch das NS-Regime, das ihren persönlichen Werdegang steuerte. Um so klarer stellten sie sich auf eigene Füße und artikulierten ihren Protest.

Gleich nach dem Abitur hatten sie sich zum Arbeitsdienst verpflichten und anschließend »freiwillig« ihren Wehrdienst ableisten müssen, um einen Studienplatz zu erhalten. Aus diesen schon im Frieden von oben bestimmten Abläufen konnte man seit Kriegsbeginn noch weniger ausscheren, weil die Wehrmacht Personal benötigte. Eine ganze Generation junger Männer mußte Umwege einschlagen, bevor sie einen Beruf ausüben konnte. Wehrpflichtige, die Medizin studieren wollten, waren vom regulären Militärdienst befreit, wurden aber nach der verkürzten militärischen Grundausbildung zum Sanitäter geschult. Zu den Voraussetzungen für das anschließende Studium der Medizin gehörte außerdem die »volle Eignung zum Offizieranwärter«[75]. Schon bald nach Kriegsbeginn wurden überall in Deutschland Studentenkompanien an den Universitäten aufgebaut. Nur der Sanitätsdienst und die medizinische Praxis in der Besatzung im Westen oder, wie das Beispiel Graf zeigt, im Krieg an der Ostfront ebneten den Weg zum Arztberuf. Am 20. März 1941 wurde die »1. Stud.Kompanie (Med.) München« aufgestellt, die 2. Studentenkompanie, in welcher der Freundeskreis der »Weissen Rose« erfaßt war, am 1. Oktober 1941. Die Kompanien gehörten zur Heeres-Sanitäts-Staffel München, Truppenteil der Sanitäts-Ersatz-Abteilung 7 im Wehrbereichs-Kommando (W. K. VII).

Auch nach dem Sommertrimester 1942 mußten junge Männer eine solche praktische »ärztliche Weiterbildung der Medizinstudenten« im Kriegseinsatz absolvieren.[76] Aus dem Kreis der »Weissen Rose« wurde diese »Feldfamulatur« Studenten »zudiktiert, die durchweg schon an der Front gestanden waren, wobei nicht wenige von ihnen Tapferkeitsauszeichnungen erhalten hatten«[77]. Scholl trug das »Westwallabzeichen«, dem kriegserfahreneren Graf war neben der »Ostmedaille« das »Kriegsverdienstkreuz mit Schwertern« verliehen worden.

Nach der Rückkehr von der Ostfront Anfang November setzten sie ihr Studium in München im Dezember fort. Im Winter 1942/43 absolvierten die meisten das 8. bzw. 9. Trimester, waren also kurz vor dem Examen; einige, wie Wittenstein, Furtwängler und Jaeger, arbeiteten bereits an der Dissertation. Da die Berichte, Briefe oder Tagebücher von Furtwängler, Graf, Schmorell, Scholl und Wittenstein diese Zeit an der Ostfront illustrieren, werden die jungen Männer biographisch etwas genauer vorgestellt.[78]

Hans Fritz Scholl (geboren am 22. September 1918 in Ingersheim bei Crailsheim) hatte nach dem Abitur im Frühjahr 1937 sieben Monate Arbeitsdienst abgeleistet.[79] Eindrucksvolle Jahre in der HJ, vielmehr in dem von Eberhard Koebel bündisch geprägten Jugendmilieu, blieben nicht ohne Einfluß auf sein Führungsdenken und seine Vorstellung, persönlich etwas leisten zu wollen und zu können. Da gab es mancherlei Affinitäten zur NS-Gedankenwelt vom Jugendideal. Nach dieser Zeit meldete er sich im November 1937 für ein Jahr zum Kavallerie-Regiment 18 in Bad

Alexander Schmorell und Hans Scholl

Cannstatt, danach wurde er sechs Monate auf der Sanitätsschule des Heeres in Tübingen zum Sanitäter ausgebildet. Damit erfüllte er alle Voraussetzungen für ein Medizinstudium, das er noch im Frieden begann. Nach einem vollen Semester wurde im Herbst 1939 wegen des Krieges der Trimesterzyklus eingeführt. Seit Kriegsbeginn wohnte Scholl mit Hellmut Hartert, einem engen Freund, in einer Dachbude. Beide teilten nicht nur das Quartier, sondern »sehr eindeutige politische Ansichten« über die mangelnde Legitimität des NS-Regimes.[80] Hartert verließ zwar München bald, doch sie blieben in Kontakt. Er erhielt, übermittelt von Wittenstein, bis Februar 1943 Flugblätter in Berlin.

Den Frankreichfeldzug machte Scholl beim Feldlazarett 615 mit. Die Kriegserfahrungen hinterließen tiefe Spuren in seiner Seele; der Umgang der Besatzer mit den Einheimischen und den Kriegsgefangenen irritierte ihn stark; er suchte persönlichen Kontakt zu den Franzosen.[81] (Dieses Interaktionsmuster sollte später in Rußland noch wichtiger werden.) Dann wurde er zum Studium zurückbeordert, absolvierte im Januar 1941 das Physikum und wurde als Sanitätsfeldwebel der 2. Studentenkompanie zugeordnet.

Das Physikum legten Scholl und Alexander Schmorell (geboren am 16. September 1917 in Orenburg im Ural) gemeinsam ab.[82] Schmorell hatte nach Abitur (1937), Arbeits- und Wehrdienst im Artillerie-Regiment 7 in München die Ausbildung zum Kanonier erhalten. Nach der Sanitätsschule, wo er Wittenstein kennenlernte, nahm er am Einmarsch in Österreich und im Herbst 1938 ins Sudetenland teil, studierte im Sommersemester 1939 Medizin in Hamburg und ab Herbst in München. Er war künstlerisch begabt, modellierte Plastiken und faszinierte mit seiner Kenntnis russischer Kultur. Über Jahre war er mit Angelika, der Schwester seines Schulfreundes Probst, befreundet. Der Unteroffizier Schmorell wurde schon nach zwei Trimestern im April 1940 als Sanitäter des Infanterie-Regiments 315 nach Frankreich kommandiert. Ab Herbst 1940 setzte er das Studium fort. Die Famulatur im Frühjahr 1942 absolvierte Schmorell zusammen mit Furtwängler und Scholl im Lazarett des (aufgehobenen) Klosters St. Ottilien bei Landsberg.[83]

Hubert Furtwängler (am 4. April 1918 in Triberg im Schwarzwald geboren) war in Freiburg Anwärter bei der HJ geworden. Nach dem Abitur mußte er ein halbes Jahr zum Arbeitsdienst. Im Anschluß an die Ausbildung zum Sanitäter diente er im besetzten Frankreich »im Felde bei einem Truppenteil«.[84] Zu Beginn des Sommertrimesters 1942 führte er Willi Graf in den Kreis der »Weissen Rose« ein; vermutlich stellte er ihn mit dem Code »er ist ein guter Mensch« in den abendlichen Runden vor, in denen »sehr gefährliche Unterhaltungen geführt wurden«. Furtwängler und Graf kannten sich seit ihrem gemeinsamen Dienst als Sanitäts-Soldaten einer Krankentransport-Abteilung, im Mai 1940 hatte er seinem Notizbuch anvertraut: »Willi Graf entdeckt.«[85]

Wilhelm Graf (geboren am 2. Januar 1918 in Kuchenheim im Regierungsbezirk Köln) hatte bis dahin als einziger aus dem Kreis der »Weissen Rose« bereits einen direkten Militäreinsatz an der Front erlebt. Nach dem halbjährigen Arbeitsdienst im Winter 1937/38 studierte er vier Semester Medizin in Bonn, bis die Universität wegen des Krieges geschlossen wurde.[86] Im September

Willi Graf

1939 wechselte er nach München, dort wurde er im Januar 1940 zur Sanitäts-Ersatz-Abteilung eingezogen und zusammen mit Furtwängler als Sanitäter ausgebildet. Dann begann eine lange Phase in der Wehrmacht. Nach Einsätzen ab Februar im Operationsgebiet am Oberrhein zum Krankentransport und bei den Pionieren wurde er als Sanitäts-Unteroffizier zur motorisierten schweren Artillerieabteilung 740 ins besetzte Frankreich, an die Kanalküste, nach Burgund und ab März 1941 nach Polen verlegt, anschließend machte er den Angriff auf Rußland in der Heeresgruppe Mitte mit: »der erste Schuß aus den Rohren. Es ist nicht mehr aufzuhalten.«[87] Nach dem Fehlschlag vor Moskau erfolgte der turbulente, mit drakonischer Härte gestoppte Rückzug bis Gžatsk: »Das Durcheinander wird immer undurchsichtiger.«[88] Dort schrieb er seine berühmten Worte über die Greuel nieder: »Der Krieg gerade hier im Osten führt mich an Dinge, die neuartig und fremd wie nichts mir bisher Bekanntes sind.«[89] Nach schier endlosem Warten wurde Willi Graf zum Studium nach München beurlaubt, wo er am 8. April zur 2. Studentenkompanie kam und später Schmorell und Scholl begegnete.

Die Erinnerungen an den leidvollen Marsch nach Moskau und zurück bis Gžatsk legten sein Gemüt in »Fesseln«, das scheinbar »ungestörte Leben« in München lähmte ihn. Entsetzt gestand er sich ein: »Ich finde mich einfach nicht zurecht.«[90] Zwar lernte er viele Menschen kennen, doch er konnte nicht über »Elend« und »Krieg« reden und klagte: »Ich spüre die Einsamkeit und sehne mich nach Mitteilung.«[91] Sogar im Familienkreis in Saarbrücken vermochte er nicht »alles Hemmende« abzustreifen: »Unklarheit überall, viel läßt sich wieder nicht sagen.«[92]

Musik bot Ablenkung, Furtwängler holte ihn deshalb schon am 4. Mai in den Bach-Chor: »Endlich wird gesungen.« Literatur und Kunst ließen Graf aufleben, es drängte ihn zu offener politischer Kritik; aber die belastenden Eindrücke von der brutalen Realität der Ostfront hielten ihn in Bann.[93] Erst im Verlauf des Mai und Juni fand er näher Zugang zur »gespenstischen Friedenswelt mitten im Krieg«, zu groß war der Kontrast zwischen den Erlebnissen des Frontheimkehrers und der literarisch feinsinnigen Welt der »Zimmerherrn aus dem Kreis der Jugendbewegung« (Walter Jens). Allmählich bahnten sich intensivere Kontakte zu Schmorell und Scholl an. Sichtlich gereift, setzte sich Graf mit seinen Kriegserlebnissen auseinander und entdeckte, »in welcher Beziehung diese zurückliegende Zeit mich selber verändert hat, denn das hat sie zweifellos«[94]. Seine Erfahrungswelt verstärkte für die anderen die Diskrepanz zwischen Norm und Wirklichkeit und damit den Nährboden, auf dem der Widerstand der »Weissen Rose« sich entwickelte, bis er »zu entschiedener Aktion« drängte.[95] Im Juni und Juli endlich konnte Graf im Kreis der »Weissen Rose« mit Schmorell und Scholl über die »Schrecken des russischen Krieges« debattieren.[96]

Jürgen Wittenstein (geboren am 26. April 1919 in Tübingen) war seit Jahren in die politischen Erörterungen über das NS-Regime einbezogen. Er gehörte zum »inneren Kreis der Münchener studentischen Widerstandsbewegung«[97]. Nach Abitur, Arbeits- und Wehrdienst lernte er im Winter 1938/39 auf der Sanitätsschule in München Schmorell kennen. In der dortigen Kaserne teilten beide ein Zimmer; sie interessierten sich für Literatur, Musik und Philosophie, verabscheuten Enge und Unfreiheit des Nationalsozialismus, die Pogrome, die Zerstörungen und den Abriß einer evangelischen Kirche und der Synagogen in der Münchener Innenstadt.[98] Ihr politisches Selbstverständnis kommt in Schmorells Äußerung nach einer hitzigen Diskussion in der Kaserne zum Ausdruck, die Wittenstein notiert hat: »Vielleicht wird eines Tages an dieser Tür ein Schild hängen mit der Aufschrift: ›Hier hat die Bewegung begonnen‹.«[99]

Ab Sommer 1939 studierte Wittenstein Medizin und wurde bald von Hartert mit Scholl bekannt gemacht. Er hatte sein Studium breit angelegt, er hörte auch Psychologie und Philosophie. In Psychologie nahm Huber ihn als Doktorand an. Mit Einrichtung der Studentenkompanie traf auch ihn das militärische Reglement. Er führte die Mitglieder der »Weissen Rose« zu den Vorlesungen von Huber. Nachdem Wittenstein Ende Juni 1942 die ersten zwei »Flugblätter der Weissen Rose« mit der Post erhalten und Scholl auf seine Urheberschaft angesprochen hatte, zog dieser ihn ins Vertrauen und schlug ihm vor, weitere Flugblätter stilistisch zu »redigieren«[100].

Christoph Hermann Probst (geboren am 6. November 1919 in

Jürgen Wittenstein beim Schreiben

Murnau) gehörte zu den langjährigen Begleitern von Schmorell und Scholl an der Münchener Universität. Mit Schmorell war er seit der Schulzeit auf dem Einstein-Gymnasium befreundet. Er stammte wie alle im engeren Kreis der »Weissen Rose« aus einem gutsituierten bürgerlichen Haus, in dem Kunst, Literatur und Philosophie das Leben bereicherten. Durch die Nachbarschaft von Paul Klee und Emil Nolde war in Murnau seine Begeisterung für moderne Kunst geweckt worden. Nolde, der vom NS-Regime als »entartet« diffamiert wurde, hatte Probst porträtiert. Schon früh setzte sich Probst mit dem Nationalsozialismus auseinander, da seine aus einer jüdischen Familie stammende Stiefmutter, Elise Rosenthal, unter die Drangsale der rassistischen Nürnberger Gesetzgebung fiel. Nach dem Arbeitsdienst 1937 kam er zur Flak und erhielt bei der Luftwaffe als Gefreiter in Schleißheim bei München seine Sanitätsausbildung. Seit Sommer 1939 studierte er an der Münchener Universität Medizin, wurde jedoch schon im Oktober 1939 als Unteroffizier zur Luftgau-Sanitätsabteilung 7 in München eingezogen. 1941 heiratete er. Das Wintertrimester 1941/42 absolvierte Probst in Straßburg, im Sommer 1942 studierte er wieder im München. Probst blieb Rußland erspart. Die Luftwaffe kommandierte den Sanitätsfeldwebel zur Famulatur an das Kurlazarett am Eibsee bei Garmisch ab. Zum Wintertrimester, also ab Ende November, wurde er zum Studium nach Innsbruck versetzt. Probst hatte im Sommer 1942 an den abendlichen Diskussionen teilgenommen. Trotz der »schon seit längerer Zeit« bestehenden vertrauten Nähe teilte ihm Schmorell erst im Dezember 1942 mit, wer die »Flugblätter der Weissen Rose« verfaßt hatte. Schmorell sagte im Gestapo-Verhör aus, »daß Probst dies längst vermutet hatte und ich ihm also keine Neuigkeit sagen konnte«[101].

Begegnung und Kommunikation im Umfeld der »Weissen Rose« waren über Jahre gewachsen: Zwei Umfelder sind auszumachen, die sich an der Universität in München ergänzten und überlagerten: der Münchener Kreis von Schmorell und der Ulmer von Scholl; das militärisch eingebundene Studium war dabei ebenso wichtig wie das Interesse an Literatur und Kunst. Zu abendlichen Vorträgen lud Scholl ein, Wittenstein veranstaltete literarische Abende. Ein weiter Kreis von Freunden und Bekannten fügte sich an dieses Beziehungsnetz eher lose an. Die vertrauensvollen »Treffen von gleichgesinnten Freunden, die sowohl literarisch interessiert waren als auch antinazistisch gedacht haben«, häuften sich im Sommer 1942; sie stellten eine echte Nische im NS-Alltag dar.[102] Dem Kern der »Weissen Rose« bot sich so ein politisches Forum, das die Kritik am Nationalsozialismus mehr und mehr schärfte. In der Sprache des Regimes lautete das Fazit – zutreffend: in München seien »Kräfte am Werk« gewesen, die »auch gebildet genug« waren, »um den erforderlichen Überblick über die politischen Zusammenhänge zu haben«. Das habe das Gemeinschaftsgefühl unterschiedlicher Personen gestärkt, die sich alle »gegen eine schlechte Regierung richten«.[103]

Im Alltag suchten sich die Studenten aus dem Kreis der »Weissen Rose« der Routine des Militärbetriebs zu entziehen. Die äußere Disziplinierung, wie die Kasernierung in der Bergmann-Schule oder die morgendlichen und manches Mal auch mittags stattfindenden Appelle, war für sie in der zivilen Umwelt der Stadt nur lächerlich, künstlich und dem Studium abträglich. Zeitweilig wurde Übernachtung in der Kaserne »vor allem als Strafe, wenn irgend etwas vorgefallen war«, angeordnet.[104] Die Quartiere waren mit bis zu zehn Personen überbelegt – ziemlich absurd für ein Studium. In geschlossenen Einheiten und in Uniform mußten die Studenten morgens zur Universität marschieren und abends wieder in die Kaserne zurückkehren. Wittenstein empfand dies als typisch preußisch. Er wohnte wie Furtwängler, Schmorell und Scholl ab Mitte Mai 1942, als sie permanenten »Ausgang bis zum Wecken« erhielten, privat; in den Studentenbuden fühlten sie sich endlich frei – »so frei«.[105]

Die Appelle, ein Element der Kontrolle und der alltäglichen Militarisierung des Studiums, blieben ihnen jedoch nicht erspart. Graf war am 11. April, als er gerade den Kriegsalltag der Ostfront hinter sich hatte, maßlos verärgert: »Der Mittagsappell bringt einen blöden Umstand: Kasernierung.« Aus seiner Empörung machte er kein Hehl: »Was kann ich dagegen tun? Ich bin geschlagen – entsetzt. Wäre ich doch hier weg.«[106] Auch nach dem Einsatz an der Ostfront mußten sie zu den »berüchtigten Appellen« wieder antreten, wie Graf schrieb: »Es ist der gleiche Betrieb. Der Kp.-Führer hält eine höchst blöde Rede.«[107]

Die Behinderungen durch das Übergewicht der »militärisch disziplinierten Seite« lösten beträchtlichen Unmut aus, zumal die Chefs keine Autorität besaßen.[108] Die Medizinstudenten hatten in München schon im Winter 1941/42 mehrmals gegen die Willkür der permanenten Appelle protestiert. Als sie in Uniform in der Kaserne »vor versammelter Mannschaft revoltiert«[109] hatten, war es zu einem Eklat gekommen, auf den mit Härte reagiert wurde. Möglicherweise haben diese Vorfälle die Vorgesetzten bewogen, die unruhige Kompanie auszuwählen, als an der Ostfront ärztliches Hilfspersonal gesucht wurde. In diesem Zusammenhang kam wohl das Wort von der »Frontbewährung« in Umlauf.

Am 15. Juli erfuhren Mitglieder der 2. Studentenkompanie, »daß wir im Osten famulieren«[110]. Sie waren alles andere als begeistert.

Eine Woche später, am 23. Juli, hieß es »verladen«, Abfahrt vom Münchener Ostbahnhof. In der kurzen Zeitspanne von etwa zwei Wochen, zwischen dem 27. Juni und dem 12. Juli, hatten Schmorell und Scholl vier »Flugblätter der Weissen Rose« in einer Auflage von kaum mehr als hundert Exemplaren anfertigen und mit der Post verschicken können. Die beiden Flugblätter von Januar und Februar 1943 trugen andere Bezeichnungen; hinter ihnen standen auch mehr und andere Menschen, die sich mit ihrem Inhalt identifizierten. Die Produktion und der Postversand weiterer widerständiger Texte wurde mit der Famulatur an der Ostfront vereitelt. Scholl bestätigte: »Durch meine Abberufung nach Rußland (...) wurde ich an der Herausgabe weiterer Schriften gehindert.«[111]

Die Intentionen der Verfasser der »Flugblätter der Weissen Rose«

Im abschließenden Verhör der Gestapo betonten Schmorell und Scholl, daß sie – allein – die Urheber der »Flugblätter der Weissen Rose« waren. Eine einzigartige Freundschaft verband sie. Scholl bekundete: »Schmorell ist eigentlich mein einziger Freund. Er besucht mich fast täglich.«[112] Aber die »erste Anregung«, sich im Geiste »der christlichen und abendländischen Kultur« an ausgewählte Vertreter der »deutschen Intelligenz« mit Flugblättern zu wenden, sei von ihm ausgegangen, erklärte Scholl.[113] Er war der Ansicht, in der Weimarer Republik und »vor allem 1933« habe »nicht zu sehr die Masse des deutschen Volkes politisch versagt«, sondern gerade diejenige »Schicht eines Staates«, die ein Volk »politisch führen sollte, die Intelligenz«.[114] Es erschien daher sinnvoll, die »Flugblätter der Weissen Rose« nur an Bürgerliche und Gebildete zu verschicken. Unter den mehrheitlich aus dem Telefonbuch ausgewählten Adressaten befanden sich Ärzte, Schriftsteller, Wirte, Buchhändler, Lehrende an Schulen und Universitäten, Juristen, Schuldirektoren.[115] Es war ein »Who is who« der »intelligenteren Schicht« des Bürgertums vorwiegend aus München und Umgebung. Auch einige Wirte waren hinzugekommen, weil Scholl wollte, daß die Flugblätter »populär« würden, und er hoffte, sie würden den Inhalt »an ihre Gäste weitererzählen«.[116]

Schmorell hatte sich sofort zur Mitarbeit an den »Flugblättern der Weissen Rose« bereit erklärt. Es bestand völlige Übereinstimmung zwischen ihnen, »eine Schrift gegen den Nationalsozialismus herauszugeben«. Schmorell sagte aus: »Jeder von uns beiden machte sich daran, einen Entwurf anzufertigen, den wir später gegenseitig verglichen und schließlich als Ergebnis dieser Gedankengänge das Flugblatt ›Weisse Rose‹ herauszugeben (sic).«[117] Das erste Blatt des ersten Flugblatts stammt aus der Feder von Scholl.[118] Diese Methode behielten sie bei, jeder verfaßte einen Entwurf, von dem sie jeweils verschiedene Passagen übernahmen, also in den gemeinsamen Text integrierten.

Ihre Gewißheit, aus eigenem Können die gemeinsame Botschaft zu formulieren, war so stark, daß sie keine Literatur heranzogen: »Wir haben zu unseren Ausführungen keine Quellen gebraucht.« Es gab für sie keine Zweifel, als Staatsbürger konnten sie dem Schicksal des Staates nicht gleichgültig gegenüberstehen, und es drängte sie, dies »nicht nur in Gedanken, sondern auch in der Tat« zu zeigen.[119] Der Übergang zur Tat setzte das Signal, brachte die Unumkehrbarkeit; und die Tat band Scholl und Schmorell schicksalhaft zusammen. Diese »Flugblätter der Weissen Rose« verkörperten ihr »geistiges Eigentum, weil wir alles gemeinschaftlich getan haben«.[120] Die Verantwortung übernahmen sie ohne Einschränkung.

Die beiden Urheber der »Flugblätter der Weissen Rose« waren bestrebt, keine »andere[n] Personen in diese Angelegenheit einzuweihen, dies schon aus Sicherheitsgründen, nicht zuletzt aber, um andere Menschen bzw. Freunde und Bekannte nicht auch mit zu belasten«.[86] Die Absicht, andere zu schützen, korrespondierte mit ihrer »politischen Einstellung« und, wie Schmorell ergänzte, ihrem Verständnis vom »passiven Widerstand«.[121]

Bemerkenswert konsequent wahrten sie das Geheimnis. Scholl

zeigte Flugblatt I der »Weissen Rose« gleich nach der Fertigstellung seiner Freundin Traute Lafrenz in der Universität. Vor der Gestapo sagte sie aus, sie habe dazu angemerkt, dies stamme »von einem geistig ziemlich hochstehenden oder begabten Menschen«. Er aber habe sich völlig bedeckt gehalten, so daß sie »bestimmt kein auffallendes Benehmen feststellen (konnte – D. B.), das auch nur den leisesten Verdacht (...) hätte aufkommen lassen, daß Scholl irgendwie mit der Herstellung und Verbreitung dieses Flugblattes in Verbindung stehen könnte«.[123] Flugblatt IV der »Weissen Rose« erhielt Lafrenz per Post. Sie habe darüber mit Sophie Scholl in der Universität gesprochen, während Scholl und Furtwängler in der Nähe standen. Auch in dieser Situation habe er »weder durch Mienen, Gebärden oder Bemerkungen« zu erkennen gegeben, daß er »irgend etwas« mit dieser Schrift zu tun hatte.[124] Erst Ende des Jahres habe Scholl ihr bestätigt, er habe die Flugblätter verfaßt.

Der Kreis um Schmorell und Scholl, Freunde und Verwandte, Kommilitonen und Kameraden, Gleichgesinnte und Sympathisanten, traf sich im Sommer 1942 – in einer Zeit höchster Aktivitäten – häufig zu literarischen Abenden und ausführlichen politischen Gesprächen. Bei diesen Begegnungen im Juni und Juli fanden auch jene Menschen zueinander, die im Januar und Februar 1943 die massenhaft verbreiteten Flugblätter verfaßten – Hans Scholl und Alexander Schmorell sowie Willi Graf, Sophie Scholl, Kurt Huber und Christoph Probst – und den öffentlichen Protest organisierten. Diese Treffen wirkten bei vielen lange nach. Ihre hinterlassenen Berichte oder Auskünfte gegenüber der Gestapo geben über die Gedankenwelt des Freundeskreises der »Weissen Rose« näheren Aufschluß.

Zwei Personen aus dieser Runde hatten eine herausragende Bedeutung. Sophia Magdalena Scholl, genannt Sophie (geboren am 9. Mai 1921 in Forchtenberg bei Öhringen), hatte nach der Primareife im März 1940 eine Ausbildung zur Kindergärtnerin absolviert und Arbeitsdienst in Krauchenwies bei Sigmaringen abgeleistet, um zum Studium zugelassen zu werden.[125] Als sie, über

Jahre aktiv im BDM, im Herbst 1937 unfreiwillig mit der Gestapo in Berührung kam, hatte sie schon deutliches Profil gezeigt oder zeigen müssen. Alle Geschwister Scholl waren damals von der Gestapo wegen Aktivitäten in der »bündischen Jugend« für einige Wochen in Haft genommen worden.[126] Sie hatten unter der polizeilichen Willkür gelitten, Ohnmacht gegenüber der staatlichen Macht empfunden und – so Sophie Scholl – Erfahrungen gesammelt, wie »die ›geistige Freiheit‹ des Menschen in einer Weise eingeschränkt wird, die meinem inneren Wesen widerspricht«.[127] Danach wurde sie in einem Kinderhort des »Kriegshilfsdienstlagers« Blumberg/Baden eingesetzt, bevor sie Ende April 1942 in München »Naturwissenschaften und Philosophie« studieren konnte.[128] Gerade durch Sophie Scholl gewann der studentische Widerstand im Winter 1942/43 bemerkenswerte Konturen.

Aus dem engeren Freundeskreis ihres Bruders lernte sie zuerst Schmorell und Probst kennen – wohl ohne zu Beginn des Sommertrimesters zu ahnen, daß sie damit in den Nukleus der »Weissen Rose« hineingeraten war. Schon bald traf sie im Atelier des Architekten Eickemeyer Wittenstein und Furtwängler, einen weitläufigen Verwandten des berühmten Dirigenten, der mit Graf im Bach-Chor sang. Mit anderen Gleichgesinnten besuchte sie das Seminar von Huber über Musikpsychologie und Volkskunde, das Thema seiner speziellen Passion. Es war kein Zufall, verband sie alle doch ein hohes Interesse an Literatur und Musik. Eine musische Welt, in deren Umfeld Scholl und Schmorell ein manifestes Einverständnis über Protest und Widerstand einbrachten – wahrlich, eine ganz besondere Nische im NS-Alltag.

Kurt Huber (geboren am 24. Oktober 1893 in Chur in der Schweiz) hatte eine eigentümliche Rolle in diesem Kreis inne, er war so etwas wie ein akademischer Mentor. Sein Leben war der Musik gewidmet, 1917 promovierte er über ein volksmusikgeschichtliches Thema. Er habilitierte sich in Philosophie schon 1921 und wurde von 1925 an berühmt durch seine Volksliedaufnahmen mit Kiem Pauli und Carl Orff im Auftrag der deutschen Akademie. Der Wechsel ans Institut für deutsche Musikforschung

Professor Kurt Huber

in Berlin im Jahre 1937 scheiterte an Querelen mit der SS- und NS-Kulturpolitik, so daß er in München seinen »Lehrauftrag für experimentelle Psychologie, Ton- und Musikpsychologie« wieder übernahm.[129] Nach Jahren erst hatte er eine außerplanmäßige Professur in Philosophie übertragen bekommen. Obwohl er für seine betont »national-liberale Einstellung« bekannt war, bot er in seiner Vorlesung über Leibniz ein Forum der kritischen Offenheit und des akademischen Widerspruchs.[130] Das machte seine Attraktivität für fast 300 Studenten aus. Ihm ging der Ruf voraus, einen akademischen, insofern auch geschützten Raum intellektueller politischer Bildung zu bieten. Die Brisanz der philosophischen Klassiker angesichts der aktuellen Situation des NS-Regimes lag für wache Studenten auf der Hand. Beispielhaft präsentierte Huber den Philosophen Spinoza – hier las er über den Tractatus theologico-politicus – und betonte dabei die Grundlagen für die moderne Gesellschaft und die Notwendigkeit, das Recht der freien Meinungsäußerung zu garantieren. Solche Impulse fanden Anklang. Scholl hatte ihn daher um Erlaubnis gebeten, »mit einigen Freunden« aus der Medizin seine Vorlesungen zu hören, und revanchierte sich. Ab Ende Juni folgte Huber der »Einladung« zu den abendlichen Runden.[131]

Für diese relativ freien politischen Diskussionen eigneten sich sowohl gesellige Abende bei Bekannten von Scholl – Einladungen zu Professor Dr. Mertens, zu Carl Muth und in die Villa der Eltern von Schmorell – als auch Treffen im Atelier von Eickemeyer. Die Beziehung zu Eickemeyer hatte sich wohl erst recht spät, »im Frühsommer 1942« entwickelt, aber Scholl hatte schnell Vertrauen zu dem aus einer künstlerisch und nicht national orientierten Familie stammenden Mann gefaßt.[132] Die anderen aus dem engeren Kreis der »Weissen Rose« betrachteten ihn ebenfalls als glaubwürdig. In den Gesprächen zeigten sich die vielschichtigen Motive der Empörung über das Macht- und Unrechtsregime des Nationalsozialismus. Als sie im Frühjahr Flugblätter mit Auszügen von Predigten des Bischofs von Galen aus Münster in die Hände bekamen, wuchs das Einverständnis darüber, etwas tun zu müssen und »Mittel und Wege zu finden, auf die breite Volksmasse in unserem Sinne einzuwirken. Es tauchte damals auch der Gedanke auf, Flugblätter zu verfassen, herzustellen und zu verbreiten, ohne die Verwirklichung dieses Planes schon ins Auge zu fassen«,[133] sagte Sophie Scholl aus, die ja nach eigenen Angaben im

Sommer 1942 noch nicht wußte, wer die »Flugblätter der Weissen Rose« geschrieben und verschickt hatte. Probst und Huber hätten mit Scholl auf dessen Einwurf hin, er sei imstande, »Plakate anzukleben«, die Frage nach dem Sinn von »Flugblättern und Aktivitäten« erörtert.[134] Das schien zunächst noch spekulativ. Doch sie einte die Überzeugung, aktiv für die Idee einer menschenwürdigen Gemeinschaft einzutreten.

Motive des Aufrufs zum »passiven Widerstand«

An den gemeinsamen Abenden im Juni und Juli schälten sich mehrere thematische Schwerpunkte heraus. Eine Reihen- und Rangfolge wurde nicht festgelegt. Dominant war ein religiöser Ausgangspunkt, wie ihn Graf in geradezu klassischen Worten im »Persönlichen Lebenslauf« formulierte, den er in der Gestapo-Haft niederschrieb: »Jede Ordnung ist von Gott, so die Familie, das Volk, der Staat.«[135] Obwohl er »ganz im Geiste des religiösen Lebens« erzogen worden war, bezeichnete er sich nicht als kirchenabhängig oder klerikal, da Kirche, Kirchenpolitik und Kirchengeschichte ihn zu Kritik und vielfachen Zweifeln veranlaßt hatten. Aber er fühlte sich, aufgewachsen »in der Sicherheit eines starken und überzeugten Glaubens«, religiös, katholisch, gebunden.[136] In ähnlicher Weise bekundeten viele vor der Gestapo, eine kirchliche Sozialisation erfahren zu haben. Die Aussagen von Eickemeyer sind in dieser Hinsicht charakteristisch: »In weltanschaulicher Hinsicht stehe ich dem katholischen Kulturbereich ziemlich nahe, möchte mich aber nicht als strenger katholisch bezeichnen.«[137]

Das Verbindende einer betont religiösen Nähe spiegelt sich auch in Briefen und Tagebüchern wider. Man spürt, daß die Verwurzelung im katholischen Milieu den Kontakt zu Huber erleichterte. Sogar er bezeichnete sich als »in gar keiner Weise engkirchlich eingestellt« und machte vor der Gestapo seiner Empörung über die NS-Kirchenpolitik und deren »immer schärfer werdende Stellungnahme gegen das Christentum« Luft, die vor allem in der »Erziehungspolitik der Jugend« zum Ausdruck komme.[138] Scholl und Graf, der eine evangelisch, der andere katholisch, unterhielten sich öfter »über religiöse Angelegenheiten«, die ihr Interesse besonders fesselten; sie standen sich »in dieser Beziehung sehr nahe«. Und das hatte Konsequenzen für ihre politische Einstellung, wie die Protokolle verraten. Die Behauptung der Gestapo, diese »religiöse Einstellung« hätte sich »bis zur Gehässigkeit auf den Führer gesteigert«, wiesen sie zurück – sie wahrten seit langem eine höchst kritische Distanz.[139]

Scholl hatte sein Wissen über religiöse und kirchliche Fragen vertieft, um ethische Klärung zu finden; er suchte für sich Eindeutigkeit. Seit Oktober 1941 hatte er in der Bibliothek von Carl Muth gearbeitet. Der führende Vertreter eines weltoffenen Reformkatholizismus war der Überzeugung, »daß Glaube und Wissenschaft, Religion und Kultur, Katholizismus und Moderne (...) versöhnbar seien«[140]. Bis Juni 1942 nutzte Scholl wöchentlich zwei- bis viermal die Gelegenheit zum Austausch mit dem Herausgeber der Monatszeitschrift »Hochland« – und fand dabei heraus, was Brentano mit seinen »Spanischen Romanzen« für die dreißiger Jahre bedeuten mochte.

Drängend und zugleich existentiell trieb Scholl und Schmorell das Problem des Gemeinwohls und der Verantwortung des Einzelnen um. Sie bemühten sich, die Legitimität von Herrschaft zu bestimmen und zu klären, was zu tun sei, wenn Regierungen ihrer Aufgabe nicht gerecht würden. Hinsichtlich des NS-Regimes hatte Scholl keine Zweifel: »Der heutige Staat ist kein Staat, sondern ein Staat von Verbrechern«,[141] bekräftigte er im Gestapo-Verhör. Ihre Studien zu diesem Thema betrieben Scholl und Schmorell bei den Benediktinern in München. Die Mönche hatten ihnen im Frühjahr 1942 auf Empfehlung von Muth einen Platz an einem Tisch in der Bibliothek reserviert. Scholl und Schmorell setzten sich mit Thomas von Aquin und anderen christlichen Autoren wegen der brennenden Frage nach dem aus dem Gewissen gebotenen Widerstand gegen den Mißbrauch der Staatsgewalt auseinander, wie der für die Bibliothek zuständige Pater sich erinnerte: »Freilich, ein Problem hat ihn [Scholl] besonders beschäftigt«, erklärte er, »die Frage des Tyrannenmordes.«[142] Dieser Hinweis auf die frühe Radikalität des Denkens und die Bereitschaft, mit absoluter Konsequenz das NS-Regime in Frage zu stellen und dessen unheilvollem »Führer« entgegenzustehen, sollte nicht unterschätzt werden. Scholl und Schmorell hatten sich während ihrer Studien und in den langen Debatten mit der »Weissen Rose« stetig und mit Ausdauer geprüft. Vor dem Beschluß, die »Flugblätter der Weissen Rose« zu verfassen, hatten sie eine Phase der rationalen Überzeugung und der persönlichen Vorbereitung durchlebt. Danach folgten philosophische Vertiefungen mit Muth und Haecker, auch über letzte Fragen wie nach der Theodizee.

Die Vorlesung, die Huber im Sommer über Leibniz hielt, deutete Scholl als »eine umfassende (...) Erklärung des Ursprungs des Bösen bzw. der Erbsünde«.[143] Über die Diskussionen mit Huber im privaten Kreis sagte Scholl, die »Forderung nach einer Metaphysik« sei ihnen als einzig mögliche Alternative erschienen, Tendenzen des zeitgenössischen Materialismus entgegenzuwirken.[144] Damit zielten sie auf eine Ethik des politischen und sozialen Handelns ab, das die gute Herrschaft von der unrechten schied. Hinsichtlich der praktischen Folgerungen gab es zwischen Huber und Scholl Differenzen. Scholl kam aus einem »demokratisch eingestellten« Elternhaus, in dem die Auffassung vertreten wurde, daß »die Völker demokratisch regiert werden müßten«. Es gab für ihn »aus dieser Grundeinstellung heraus« keine Zweifel, sich »gegen den Nationalsozialismus als solchen, bzw. gegen die heutige Staatsführung« zu stellen, sagte Sophie Scholl vor der Gestapo aus.[145]

Huber hingegen erklärte, er komme aus einem Elternhaus, in dem eine »nationale Einstellung (...) den Grund zu meiner politischen Auffassung« bildete. Er hatte eine national-konservativ gefärbte Staatsvorstellung mit typischen Weimarer Zweifeln an der parlamentarischen Demokratie, die zu schwach und undurchsichtig sei. Huber bezeichnete sich mit Blick auf die Verhältnisse im Kaiserreich als »Gegner der unklaren demokratisch bestimmten

Monarchie«. Ein autoritäres »Führertum« strebte er an, »wobei neben der Verantwortlichkeit des Führers seine Wählbarkeit und Absetzbarkeit auch eine unbedingte Disziplin der Gefolgschaft gegenüber dem Führer zu Grunde liegen müsse«.[146] Im April 1940 hatte Huber den Antrag gestellt, Mitglied der NSDAP zu werden.[147] Er war, wie seine Frau Clara bestätigte, auf ihr Drängen hin, um die Familie finanziell abzusichern aus beruflichen Gründen beigetreten.[148] Doch, bekannte er ein wenig gewunden, sei er »keineswegs nur aus Zwang« aktiv geworden.

Hubers eigentliches politisches Motiv speiste sich aus der Tradition eines starken Staates. Daher wollte er »zu dem konservativen Teil der Partei in möglichst enge Beziehung« treten, um die »drohende Linksrichtung« der NS-Politik zu verhindern.[149] Diese vermeintliche Linkstendenz setzte er in den abendlichen Diskussionen im Kreis der »Weissen Rose« mit der »Bolschewisierungswelle« vom »Norden« gleich, dabei stand Norden für Preußen, wohingegen »wir im Süden im Grunde einer ständisch demokratischen Staatsverfassung zugeneigt sind«.

Es wäre problematisch, aus solchen Worten eine stringente Nähe zum Nationalsozialismus abzuleiten. Huber fand in seinem während der Gestapo-Haft »selbst« diktierten politischen Bekenntnis einen »gebundenen Führerstaat der altgermanischen Idee« als Alternative zur Demokratie zwar akzeptabel, fügte aber hinzu: »Die extreme Entwicklung zum autoritären Machtstaat führt zur Auflösung des Volkes als sittliche Substanz.«[150] Für Huber hatte die Gewissens- und Denkfreiheit Priorität. Einschränkungen empfand er als unerträglich. Klar formulierte er im Verhör seine persönlichen Konsequenzen: »Für mich ist es unmöglich, in einem Staatswesen der heutigen Struktur weiter zu leben und einen Beruf als Philosophiedozent auszuüben, der mich täglich und stündlich in die denkbar schwersten Konflikte mit der Staatsauffassung der heutigen Parteiführer bringt.«[151]

Über Wehrmacht und NS-Politik bestanden im Kreis der »Weissen Rose« im Sommer 1942 klare Erkenntnisse. Im Mai und Juni wurde Schmorell und Scholl Vertreibung und Vernichtung der Juden zur Gewißheit. Manfred Eickemeyer, in dessen Atelier verschiedene Treffen und Diskussionsabende stattfanden, war als Architekt dienstverpflichtet und führte in Krakau Aufträge des Generalgouvernements aus. Im Sommer 1942 war er öfter in München. Seine Informationen erhitzten im wahrsten Sinne die Gemüter. Denn er »berichtete bei diesen Gelegenheiten von den Zuständen in Polen, schlechter Behandlung der polnischen Bevölkerung, Erschießungen von Polen und Juden, Konzentrationslagern«.[152] Huber gab gegenüber der Gestapo an, Eickemeyer habe erzählt von »Umsiedlungen und Erschießungen von Juden im Generalgouvernement« und drastische Einzelheiten über »bekannt gewordene Erschießungen von Polen und Russen durch die SS« erwähnt.[153]

Fast alle Beteiligten charakterisierten vor der Gestapo die Gespräche mit den Worten: Es wurde politisiert, oder es wurde wieder von Politik gesprochen. Selbstverständlich kamen am 22. Juli, dem Abschiedsabend im Atelier Eickemeyer, die Greuel in Polen zur Sprache.

Gisela Schertling (geboren am 9. Februar 1922 in Pößneck/Thüringen) zweifelte nicht daran, daß Scholl und Eickemeyer »in ihren politischen Ansichten einig gingen«, wie sie im Gestapo-Verhör erklärte. Sie erinnerte sich an ein Gespräch zwischen beiden: »Eickemeyer erzählte insbesondere, daß in Polen so viele Juden und Polen erschossen worden wären und daß er so etwas für grausam finde.«[154]

Im Jahr 1964 gab der Architekt an, er habe an »langen Debatten« über »die Formulierungen« einzelner Entwürfe der »Flugblätter der Weissen Rose« mitgewirkt.[155] Vielleicht handelte es sich dabei um die beiden letzten. Dafür spricht, daß er sich zu Beginn des Monats Juli wieder in München aufhielt.

Bei seinen Aussagen vor der Gestapo hielt sich Eickemeyer bedeckt. »Möglicherweise« habe er auch von Umsiedlungen und Erschießungen »erzählt«. Doch wisse er so etwas nur vom »Hörensagen« und nicht so genau, allerdings müsse er zugeben, an der und »einen oder anderen deutschen Maßnahme im Generalgouvernement Kritik geübt« zu haben.[156] Im Urteil des Sondergerichts heißt es, Eickemeyer betreffend: Er habe betont, es sei zwischen ihm und Scholl »nie aber von Politik die Rede« gewesen, er könne sich wohl erinnern, »daß er manchmal von dem erzählte, was er im Generalgouvernement gesehen und gehört hätte, u. a. von alkoholischen Exzessen Angehöriger der SS bei einer Eröffnungsfeier in Krakau«. Die Juden im Ghetto von Warschau seien sicher erwähnt worden, da sie, wie bekannt, »zum großen Teil aus Deutschland ausgesiedelt« worden seien. Die Richter befanden, er habe über die Besatzung behauptet, daß sie Menschen »auf bestialische Weise ermordet« oder in Konzentrationslager zur »Zwangsarbeit (...) verschleppt« hätte.[157]

Am Abend bevor die Fahrt losging, die sie an Orte dieses Geschehens bringen sollte, diskutierten die Medizinstudenten heftig darüber, wie sie sich als Feldwebel im Sanitätsdienst des Heeres in Rußland verhalten sollten. Schmorell vertrat von allen den radikalsten Standpunkt: Man müsse sich »hinsichtlich des Einsatzes an der Front passiv verhalten« und dürfe kein Gewehr in die Hand nehmen.[158] Diese Haltung bekräftigte er vor der Gestapo mit den Worten: »Wenn ich als Soldat mit der Waffe in der Hand (...) kämpfen hätte müssen, dann hätte ich vor der Ausführung dieses Befehls meinen militärischen Vorgesetzten darauf aufmerksam gemacht, daß ich das nicht kann.«[159] Zu diesem Problem konnten sie kein Einvernehmen herstellen, da Huber, der von einer derartigen Konsequenz überrascht war, aus nationalem Verständnis heraus heftig protestierte: Die Wehrmacht sei im Felde ehrenvoll und tapfer. Er nahm sie pauschal in Schutz. Natürlich verabscheute er die Untaten der Besatzung. Ganz in diesem Sinne beklagte er nachdrücklich »die Erschießungen von Polen und Russen durch die SS«[160]. Aber er bekräftigte seine Auffassung, dafür sei allein »die Tätigkeit der SS-Verbände im Felde« verantwortlich, sie würde »das Ansehen der Wehrmacht« beschädigen.

Im Umfeld der »Weissen Rose« empfand man, wie Huber gegenüber der Gestapo mit Bedacht äußerte, eine »weltanschauliche Entfremdung« zum NS-Regime und seinen Trägern; Furtwängler erklärte kurz und bündig: »Die Freundschaft mit Scholl und Schmorell bezog sich auf unsere antinazistische und antimilitaristische Einstellung.«[161] Diese Haltung einte sie, doch die Persönlichkeiten dieses Widerstandskreises unterscheiden sich deutlich; sie lassen sich nicht auf einen Nenner bringen. Ethische Positionen verbanden sie eher als die Einschätzung der politischen Wirklichkeit im Detail. Mit privatem Protest aber wollte sich im Sommer 1942 in der »Weissen Rose« niemand mehr begnügen; die Studenten wollten Flagge zeigen – und Widerstand ausüben. Darüber hatten sie schon früh diskutiert: Die Rede vom »passiven Widerstand« wird in den Verhören der Gestapo erstmals für die große Runde im Juni in der Villa Schmorell dokumentiert. Scholl habe dazu erklärt, da »die derzeitige Führung nicht (...) ein rasches Ende des Krieges anstrebt, d. h. auf Friedensverhandlungen nicht eingehen wolle«, sei der Widerstand der Einzelnen nötig, »um die Regierung aber von diesem Standpunkt abzubringen«. Bei der extremen Entwicklung von Staat und Politik sei »nur ein passiver Widerstand das zweckmäßigste«[162]. Dieser Standpunkt habe nahezu allgemeine Anerkennung gefunden. Mit banger Hoffnung hätten sie über die Auswirkungen einer kollektiven Protestreaktion gesprochen: Was würde passieren, »wenn die Arbeiter in den Fabriken weniger leisten würden«?[163] In diesen Debatten über einen Aufruf zum gesellschaftlichen Widerstand als politisches Mittel gaben sie dem persönlichen Entschluß zum individuellen »passiven Widerstand«, wie sie es nannten, eine neue Perspektive. Insofern ging von ihnen tatsächlich bereits im Sommer 1942 eine Bedrohung für das NS-Regime im Kern aus. Das abschließende Urteil der Gestapo über diesen Kreis konnte daher zwangsläufig nur lauten: Bei der »Weissen Rose« handele es sich »ausschließlich um staatsfeindlich eingestellte Personen«, die sich zu unverantwortlichen Treffen einfanden – und dabei »wiederholt defätistische Pläne« schmiedeten.[164] Der Volksgerichtshof mußte sie verächtlich machen und ihre Schritte diffamieren.

Solche Gesprächsrunden wie jene im Atelier gaben Anstöße zur ethischen Deutung, nach der aus persönlicher Betroffenheit die Bereitschaft zur politischen Verantwortung wuchs. Diese Schritte mußte jeder mit sich selbst abklären. Das bewegte und forderte sie. Darum hatten sie zu ringen – im Wissen um einen vertrauten kleinen Kreis. Auch Sophie Scholl hatte im Sommer 1942 bereits Klarheit und Eindeutigkeit gewonnen und gegenüber ihrem Bruder und Schmorell »gesinnungsmäßig« bezeugt, man müsse »Mittel und Wege« suchen, »auf die breite Volksmasse in unserem Sinne einzuwirken«[165]. Damals konnte sie nur ahnen, daß Schmorell und Scholl diese Idee bereits mit den »Flugblättern der Weissen Rose« konkret in die Tat umsetzten. Die Treffen und Erörterungen stärkten beide in der Gewißheit, auf dem rechten Weg zu sein, wenn sie Flugblätter verfaßten und verteilten. Schmorell bekannte den politischen Charakter ihrer Motive: »Wir sahen um diese Zeit im sogen. passiven Widerstand und in der Verübung von Sabotageakten die einzige Möglichkeit, den Krieg zu verkürzen.«[166] Sie wogen ihre Möglichkeiten ab und entschieden sich, nicht »mit einfachen Parolen« an die Öffentlichkeit zu treten, sondern ihre ernsthafte »tiefere Gedankenarbeit« zu verbreiten, da »es höchste Zeit war, diesen Teil des Bürgertums auf seine staatspolitischen Pflichten aufs Ernsteste hinzuweisen«[167].

Die politische Ethik der »Flugblätter der Weissen Rose«

Eindrücklich hat Scholl in dem Text »Flugblätter der Weissen Rose I« das Aufbegehren gegen das Unrecht des NS-Regimes mit dem moralischen Anspruch der Humanität und der »christlichen und abendländischen Kultur« verknüpft. In der Sprache des deutschen Humanismus erhob er das Wort für die »Freiheit des Menschen« und für seinen »freien Willen«, die in dem vom Faschismus, der »Geißel der Menschheit«, errichteten »geistigen Gefängnis« vergewaltigt würden. Daher der Aufruf: »Leistet passiven Widerstand!« Scholl hatte aus seinem und Schmorells Textentwurf »schließlich als Ergebnis dieser Gedanken« einen gemeinsamen moralischen Appell an die Verantwortung – »ehe es zu spät ist« –

verfaßt.[135] Es gipfelte in einem Goethe-Zitat: »Freiheit! Freiheit! Freiheit!« Wenig konkrete Bezüge auf die realen Verhältnisse tauchten auf, mehr mahnende, knappe Hinweise: »ehe die letzten Städte ein Trümmerhaufen sind, gleich Köln« oder »verhindert das Weiterlaufen dieser ateistischen Kriegsmaschine«.

In »Flugblätter der Weissen Rose II« spürt man diesen Duktus von Scholl schon in der Eingangszeile: »Man kann sich mit dem Nationalsozialismus geistig nicht auseinandersetzen, weil er ungeistig ist.« Eben »ein Krebsgeschwür«, gegen das nur ein Mittel helfen kann: »aufzuklären von Mensch zu Mensch«, um »das Joch abzuschütteln, das die Welt bedrückt«. Und dann folgt im Flugblatt abrupt ein stilistischer Bruch. Man erkennt die andere Handschrift. Der Text stammt wörtlich von Schmorell. Er, der vermeintliche Träumer, erwies sich in diesen Passagen als absoluter Realist.[136] Daten und Fakten reihen sich aneinander. Hier findet sich das Resultat von Eickemeyers Informationen, daß in Polen Juden »umgebracht« wurden. Einhellig waren sie empört gewesen: »Der Antisemitismus der Nazis wurde von uns verabscheut.«[137] Schmorell schrieb, seit der »Eroberung« Polens wurden »dreihunderttausend Juden in diesem Land auf bestialischste Art ermordet« – ein ungeheures »Verbrechen«, einzigartig »in der ganzen Menschengeschichte«. Und er wies auf die »Tatsache« hin, »dass die gesamte polnische adelige Jugend vernichtet worden ist«. Er griff weitere Begriffe aus dem Wörterbuch der »Unmenschen« auf: »Konzentrationslager«, »Zwangsarbeit«, »Bordelle der SS«. Das deutsche Besatzungssystem sei verbrecherisch, da es für die »scheusslichsten, menschenunwürdigsten Verbrechen« verantwortlich sei. Dann folgte der Appell, nicht die Augen zu verschließen und aus dem »stumpfen, blöden Schlaf« der Deutschen zu erwachen, um die Regierung der »braunen Horden« »aus der Welt zu schaffen«. Alles andere bedeute, »Mitschuld« an den Verhältnissen zu tragen. Schmorell hatte eine plastische Sprache gewählt, die seinen ganzen persönlichen Abscheu zu erkennen gab.

Die »Flugblätter der Weissen Rose III« beziehen sich auf die vorigen Texte, enthalten jedoch weitergehende Gedanken, wie man einen passiven Widerstand der Gesellschaft organisieren könnte. Scholl konzentrierte sich im ersten, von ihm gefertigten Teil auf die abstrakte Welt der Normen des öffentlichen Wohls. Am Anfang formulierte er die Botschaft: »Salus publica suprema lex«. Die Wirklichkeit des NS-Regimes, als »Diktatur des Bösen« charakterisiert, wird mit normativen Argumenten in Frage gestellt: »jeder einzelne Mensch hat einen Anspruch auf einen brauchbaren und gerechten Staat, der die Freiheit des Einzelnen als auch das Wohl der Gesamtheit, sichert.« In Verbindung mit diesem ethischen Imperativ einer »idealen Staatsform« reflektierte Schmorell im zweiten Teil des Flugblatts, mit welchen Mitteln die Menschen befähigt werden könnten, »passiven Widerstand« für das Ziel zu leisten, »den Nationalsozialismus zu Fall zu bringen und in diesem Kampf ist vor keinem Weg, vor keiner Tat zurückzuschrecken«. Zögernd noch, aber immerhin fällt erstmals das Wort vom »Umsturz«. Damit wird dem Widerstand die Richtung gewiesen. Zum »Sturz dieses Systems« könne jeder etwas beitragen. Nicht indem individuell gehandelt werde, solle der Boden dafür bereitet werden, »sondern nur durch die Zusammenarbeit vieler überzeugter, tatkräftiger Menschen (...). Wir haben keine reiche Auswahl an solchen Mitteln, nur ein einziges steht uns zur Verfügung – der passive Widerstand.«

In diesen Zeilen, die zum allgemeinen Widerstand in der Gesellschaft aufrufen, verdichtet sich die politische Botschaft der »Flugblätter der Weissen Rose«. An alle Schichten der Bevölkerung wurde appelliert, das reibungslose Funktionieren des Systems der Produktion und Versorgung zu durchbrechen. Sie bezeichneten diesen weitreichenden Aufruf zur Sabotage als »passiven Widerstand«. Hier kristallisiert sich der Kern der politischen Gemeinsamkeit der »Weissen Rose« heraus: »Passiver Widerstand war mehr oder weniger unser Leben.«[171] Schmorell drängte darauf, »Sabotage« in Betrieben, an Schulen, in Laboratorien, in der Kunst, in den Medien und überall sonst, sogar bei Straßensammlungen aller Art, zu betreiben, um das »›Ansehen‹ der Faschisten im Volk« herabzuwürdigen. Die »geistige und wirtschaftliche Versklavung« sowie die »Zerstörung aller sittlichen und religiösen Werte« durch den Nationalsozialismus sollten deutlich werden.

Aufklärung und Mahnung verbanden Schmorell und Scholl mit der Ankündigung, in einem nächsten Flugblatt die »Niederlage der Nationalsozialisten« sowie die »Aussichtslosigkeit« dieses Krieges »beweisen« zu wollen. Die Flugblätter zeugen von der Kraft der jugendlichen Botschaft und moralischer Eindringlichkeit; beide betrachteten sie als ihr »geistiges Eigentum«, weil sie »alles gemeinschaftlich getan haben«.[172]

»Der vierte Teil stammt ganz von mir«, erklärte Scholl vor der Gestapo.[173] Das ist glaubhaft, entspricht dieser Text – »Flugblätter der Weissen Rose IV« – doch ganz seinem Stil, der in den entsprechenden Teilen der übrigen Flugblätter spürbar ist. Der Entwurf ging auf jeden Fall noch durch Schmorells Hände, der ausdrücklich bestätigte, diese »4 Serien hergestellt« zu haben.[174] Das kann gut sein, da es viele realistische Bezüge gibt. Beispielsweise heißt es: »Täglich fallen in Rußland Tausende.« Scholl griff dies in seiner literarischen Art auf und gebrauchte das alte, wohlbekannte volkstümliche Bild: »Es ist die Zeit der Ernte, und der Schnitter fährt mit vollem Zug in die reife Saat.« Alles zielte auf moralische Identifizierung: »Wir m ü s s e n das Böse dort angreifen, wo es am mächtigsten ist, und es ist am mächtigsten in der Macht Hitlers.« Scholl formulierte seine Botschaft mit beklemmender Prägnanz und ließ das Flugblatt nach Zitaten aus den Sprüchen Salomos und von Novalis dunkel und beinahe bedrohlich ausklingen: »Wir schweigen nicht, wir sind Euer böses Gewissen, die Weisse Rose lässt Euch keine Ruhe!« Wie ein Fanal endet der Text.

Während zweier Wochen im Sommer 1942, in einem kurzen Zeitabschnitt, vollbrachten Schmorell und Scholl, ungeheuerlich komprimiert, ihr Werk. Spontan, wie im Rausch. In einem Schub an Energie, der sie trug, legten sie Zeugnis ab. Die Ideen waren längst auf einem soliden Fundament der persönlichen Abklärung und ethischen Formierung gereift. Sie hatten sich zielstrebig und ernsthaft die Klassiker der abendländischen Geistesgeschichte und die Texte der christlichen Tradition angeeignet. Das darf nicht übersehen werden. Es hat dieser langen und mühseligen Kärrnerarbeit bedurft. Beide hatten ihr Tun vorgeklärt, jeder für sich, aber auch in gegenseitigem Vertrauen.

Schmorell und Scholl wollten aufklären und informieren: über Unfreiheit und Knechtung in Deutschland, über Besatzung und Vernichtung, über Vertreibung und Erschießung von Juden, Polen und Russen; sie wollten aufrütteln und den Versuch wagen, »innerhalb dieses Staates die positiven Kräfte derart zu mobilisieren, daß sie im Laufe der Zeit alles Negative überflügelt hätten und zu einem Staatswesen übergeleitet hätten, welches erstrebenswert geworden wäre«[175].

2. Auf der Fahrt: Ghetto und Greuel

Am 23. Juli 1942, am späteren Vormittag und nach einer längeren Verzögerung, fuhr der Zug mit den Sanitätsfeldwebeln der 2. Studentenkompanie um 11 Uhr vom Münchener Ostbahnhof los. Sophie Scholl verabschiedete Furtwängler, Graf, Samüller, Schmorell, Scholl und Wittenstein nach der langen Nacht im Atelier, in der angesichts der Reise an die Front alle Themen und Probleme der »Weissen Rose« noch einmal komprimiert erörtert worden waren. Bedrückt, eigentümlich still wirkten die Gesichter der Gruppe, während sie auf die Abfahrt warteten. Sie alle beschäftigte wohl wie Graf die Frage »Was sollen wir tun ...«?[176]

Zufall und Transportbedingungen der Reichsbahn sorgten für eine lange Reise. Den sechs gelang es, unter sich zu bleiben und gemeinsam ein Abteil zu belegen. Sie nutzen die Umstände: »Unser Abteil ist gut. (...) wir haben Platz und können reden.«[177] Dafür sollten sie viel Zeit haben; es war eine ermüdende Fahrt: »Wir haben ein tolles Marschtempo, daß wir fast mit dem Rad genauso schnell vorangekommen wären.«[178] In den Gesprächen wurde die Urheberschaft der »Flugblätter der Weissen Rose« aufgedeckt.[179] »Sie haben es lächelnd bestätigt«, erinnerte sich Furtwängler, »und versucht, mich zu beruhigen, da ich sie dringend gewarnt hatte, nicht leichtsinnig zu werden.«[180] Auf der langen Bahnfahrt gaben sie sich gegenseitig Halt. Scholl schrieb seinen Eltern während der Fahrt: »mit meinen Freunden (...) die Zeit mit vernünftigen Gesprächen verbracht«.[181] Wittenstein hielt fest, ihre »Wagengemeinschaft« sei »vor allem geistig vollkommen ausgerichtet«. Vier Tage später, noch einige Kilometer vor Warschau, erkannte er vom fahrenden Zug aus, daß die Menschen »alle einen bitteren Zug um den Mund« trugen.[182]

Verabschiedung am 23. Juli 1942 vor dem Transport an die Ostfront.
Im Vordergrund von links: Hubert Furtwängler, Hans Scholl, Naumann, Alexander Schmorell; hinter dem Zaun Sophie Scholl

Im Vordergrund von links: Hubert Furtwängler, Hans Scholl, Willi Graf (mit dem Rücken zur Kamera), Naumann, Alexander Schmorell; hinter dem Zaun Sophie Scholl

Die Route der Bahn führte über Warschau. Graf hatte ihnen von seinen Eindrücken berichtet, als im Jahr zuvor die Juden zwangsweise im Ghetto untergebracht worden waren: »Sehr viel Elend muß man hier erleben, denn überall ist etwas davon zu finden«, hieß es in einem seiner Briefe vom Juni 1941. »Gerade in Warschau stößt man bei jeder Gelegenheit darauf.« War 1941 schon »eigentlich unvorstellbar« gewesen, was er sah: »Ich hätte mir das nie gedacht, einfach nicht vorstellen können«, so bot sich 1942 eine noch gänzlich unbeschreiblichere Szenerie, als am 26. Juli der Zug mit der Studentenkompanie mittags Warschau erreichte und stoppte. Nun erlebten sie eine andere Realität, die sie bereits auf dem Bahnhof erstarren ließ. Ringsum das totale Chaos. Waggons zum Transport von Kriegsgefangenen von der Ostfront kreuzten sich mit den Todeszügen der Juden in die Vernichtungslager im Osten. Die Weiterfahrt des Sanitätszuges verzögerte sich.

In der ganzen Stadt herrschte Betriebsamkeit, überall Polizei, Militärpatrouillen. Bewaffnete SS aus Lublin und Trupps von zwei lettischen Bataillonen aus Riga fielen auf. Sie waren Experten im Umgang mit den Todeszügen, da seit Monaten Transporte aus dem Reich, auch aus Breslau oder schon im April aus München, nach Lublin geleitet worden waren. Von dort aus wurden die Züge zu den Rampen in Sobibor und Treblinka gelenkt, die direkt zu den Gaskammern führten. Die lettischen Bataillone waren nach Warschau entsandt worden, weil die durch die Entfernung zwischen Standort und Einsatzort »geschaffene Beziehungslosigkeit ihre Wirkung« bei der Erfüllung ihres Auftrages tun würde.[184]

Die Münchener Studenten liefen durch die Stadt und kamen an das Tor zum Ghetto, das hermetisch abgeriegelt war: »Alle 15 Meter steht ein Posten mit geschultertem Gewehr. (...) Wenn man sie anspricht, stehen sie zackig still. Mit dem Kopf deuten sie auf das Gitter und sagen: ›Jidden-Ghetto‹. Es sind«, wie Wittenstein auf Rückfrage zutreffend erfuhr, »Ukrainer, dieselben, die in Lublin ein Ghetto mit 35 000 Insassen in anderthalb Monaten geräumt

Am Tor zum Warschauer Ghetto: Offizier mit Peitsche

Offizier tritt einen Juden

hatten«.[185] Dieser sicherlich übertriebenenTat »rühmen sich die SS-Männer«.

Erbarmungslos wurden Kolonnen von jüdischen Bewohnern behandelt, die in nahegelegenen Fabriken für die Wehrmacht arbeiteten. »Alle tragen sie eine weiße Armbinde mit dem Davidstern. Zuweilen sieht man auch welche mit dem gelben Stern, das sind dann solche aus dem ›Altreich‹.« Die »langen Marschkolonnen« wurden auf dem Rückweg von den Fabriken kontrolliert. Widerstrebend zog es die Männer der »Weissen Rose« zum Tor: »Not, Grauen und Elend verbergen sich dahinter.« Sie beobachteten die alltäglichen Mißhandlungen: »Am großen Eingangstor stehen eine Anzahl Polizisten und ein SS-Truppenführer mit einer Reitpeitsche in der Hand. Die Juden müssen ihre Ausweise vorzeigen. Ihre Pakete (an Verpflegung – D. B.) werden geprüft, hatte einer zu viel dabei, so wurde es ihm abgenommen. In beachtlichen Haufen türmten sich diese Sachen. Machte einer der Juden zu langsam oder gefiel dem SS-Mann irgend etwas nicht, so zog er dem Betreffenden mit seiner Reitpeitsche eins über. Ein anderer hatte nichts anderes zu tun, als jedem, der vorüber ging, mit heftigen Fußtritten ins Gesäß zu größerem Tempo anzufeuern.« Wittenstein dokumentierte auf einem Foto eine solche Szene. Etwa 25 000 Juden hatten eine Arbeit außerhalb des Ghettos und konnten daher vorerst hoffen, nicht deportiert zu werden.

Den übrigen Bewohnern des Ghettos drohte, wie die Münchener erfuhren, der Transport »weiter nach dem Osten. Und auch das Ghetto hier soll geräumt werden.« Auch wenn ihnen die Namen Auschwitz oder Treblinka nicht geläufig waren und der Begriff »Vernichtungslager« nicht zu ihrem Wortschatz gehörte, hatten sie begriffen, wohin die Transporte »in Richtung Osten« gingen. Wittenstein notierte in sein Tagebuch das Gerücht, in dem noch ein Keim Hoffnung steckte: »Nur die Arbeitsfähigen erreichen jemals ihr Ziel. Frauen und Kinder sehen es nie.«[186] Aber es war noch schlimmer. Allen Deportierten war der sofortige Tod bestimmt.

Für die SS ging es um viel. Wenige Wochen zuvor hatte sie das (Sonder-)Kommando in der »Judenfrage« übernommen, als exemplarischer Fall sollte zunächst das Ghetto in Warschau geräumt werden. Damit hatte die rassistische Politik der germanischen Besiedlung des »Ostraums« auch Bedeutung für das Generalgouvernement erlangt: In dem entsprechenden Befehl vom 19. Juli über die »Umsiedlung der gesamten jüdischen Bevölkerung« wurde ausgeführt: »Diese Maßnahmen sind zu der im Sinne der Neuordnung Europas notwendigen ethnischen Scheidung von Rassen und Völkern, sowie im Interesse der Sicherheit und Sauberkeit des deutschen Reiches und seiner Interessengebiete erforderlich.« In der Stunde der erhofften Siege im Osten zählten der Mord an den Juden und die germanische Ostsiedlung zu den Motiven, das jüdische Ghetto gewaltsam zu räumen. Außerdem sollte die Gefährdung der »Ruhe und Ordnung« verhindert werden, die von der dortigen jüdischen Widerstandsbewegung, einem – in der amtlichen sozialdarwinistischen Sprache – »moralischen und physischen Seuchenherd«, für die Deutschen ausgehe.[187]

Mit höchster Energie hatte der Leiter des gerade eingerichteten »Aussiedlungsstabes«, SS-Sturmbannführer Hermann Höfle, die Fäden für dieses Kommando in die Hand genommen. Ihm, der in Dachau seine Ausbildung für die SS-Führerlaufbahn absolviert hatte, blieb kaum ausreichend Zeit zur Vorbereitung, keine vier Wochen. Er wollte ein Paradebeispiel gelungener Organisation exerzieren. Denn in Warschau war man sich darin einig, hart durchzugreifen. Hans Frank, der Generalgouverneur im besetzten Polen, hatte in Berlin gedrängt, bei der »Endlösung der Judenfrage« keine »Mitleidserwägungen« aufkommen zu lassen. Schon am 9. September 1941 hatte er vor der deutschen Führung in Polen getönt: »Wir müssen die Juden vernichten, wo immer wir sie treffen.«[188] Damals hatte dies noch keine Priorität. Aber nach dem 20. Januar 1942, dem Tag der Wannsee-Konferenz in Berlin, waren die Räder in Bewegung gekommen. Höfle hatte von SS-Gruppenführer Odilo Globocnik aus Lublin diesen Spezialauftrag für Warschau »im Zusammenhang mit der Judenendlösungsfrage« erhalten, der sogar SS-intern als »reine Vertrauenssache« angesehen wurde und den »ganzen Einsatz« von Höfle erforderte.[189]

Höfle hatte alle Hände voll zu tun, um der Schwierigkeiten Herr zu werden. Obwohl die Strecke Richtung Stalingrad wegen des geplanten Angriffs der Wehrmacht für deren Nachschub vollständig reserviert sein sollte, waren der SS »hier und da ein paar Züge« zum Abtransport der Juden aus Warschau zugesagt worden.[190] Daraufhin war die Bahnstrecke nach Sobibor am Bug völlig zusammengebrochen. Mit größtem Aufwand hatte Obergruppenführer Wolff, Chef des »Persönlichen Stabes Heinrich Himmler«, am 16. Juli beim Staatssekretär des Verkehrsministeriums interveniert und durchsetzen können, daß die Generaldirektion der Ostbahn für die SS statt dessen die Strecke nach Treblinka zur Verfügung stellte. Die zusätzlichen Transporte aus Warschau erhielten insofern Vorrang und wurden mit den Umleitungen der Wehrmacht koordiniert. Schließlich ging es um das ehrgeizige Ziel, wöchentlich etwa 40000 Juden in die Todeslager von Treblinka zu deportieren. Die Verzögerung war für Höfle ärgerlich, auch weil sich Gerüchte über die Todeslager verbreitet hatten. Im Ghetto kam Panik auf, die der Ghetto-Kommissar am 20. Juli nur mit Mühe beschwichtigen konnte.

Das Startsignal hatte sich Höfle persönlich vorbehalten. Am 22. Juli fuhr er morgens mit einer Zehn-Mann-SS-Eskorte beim Vorsitzenden des Judenrats, Adam Czerniakow, vor und verkündete: »Mit dem heutigen Tag beginnt die Aussiedlung der Juden aus Warschau. Ihr wißt, hier gibt es zu viele Juden.«[191] Das Soll von täglich 6000 Personen ließ sich nicht gleich erreichen, da die Bahn den Bedarf an Waggons nicht decken konnte. Auch gab es Ärger wegen der Begleitmannschaften. Die Bahn mußte Waggons und Mannschaften zurückbringen und mit der SS die Kosten korrekt abrechnen. Es dauerte einige Zeit, bis die Fahrpläne mit der nötigen »Routine« eingehalten werden konnten.[192] Die zentrale Steuerung der Planung oblag Franz Novak, als »Fahrdienstleiter des Todes« im Büro von Adolf Eichmann der Experte für reibungslos funktionierende Fahrpläne der Bahn.[193] In der Stadt stauten sich die jüdischen Kolonnen, auf den Gleisanlagen herrschte das totale Chaos. Am Danziger Bahnhof mußten die Juden, nachdem ihr letztes

Warschau, Ende Juli 1942

Hab und Gut in eigens dafür aufgeschlagenen Zelten konfisziert worden war, stundenlang warten. Sie sollten pünktlich in die Züge verladen werden. Die Versorgung der Warschau passierenden Truppen klappte wegen ständiger Verkehrsstaus nicht. Das Beladen der Züge kam nur schleppend voran. Die Kapazitäten der Anlagen in Warschau waren erschöpft. Höfle ließ hart durchgreifen.

Da Adam Czerniakow am 23. Juli Selbstmord beging, wurde der Jüdische Ordnungsdienst als Deportationshelfer benutzt. Wenn die »Tagesrate« nicht erfüllt war, stürmten die SS, die deutsche Polizei und Einsatzkräfte aus der Ukraine und Lettland die Ghettogassen, trieben dort Menschen zusammen oder holten sie aus den Wohnungen. Bis Ende Juli 1942 wurden 65 000 Juden aus dem Ghetto abtransportiert. Höfle leitete zudem die streng vertrauliche »Aktion Reinhard« – so genannt nach dem ermordeten Reinhard Heydrich. Ziel der Aktion war es, von den Deportierten soviel Gold, Geld, Devisen und Juwelen wie möglich, aber auch Möbel, Bekleidung, Bilder und Kunst aller Art zu requirieren. Für diese Aufgabe mußten verschwiegene Leute eingesetzt werden, um Diebstahl zu verhindern. Der Abtransport von »Möbelstücken aus dem jüdischen Wohnbezirk« bereitete große Probleme. Es fielen zu viele an; sie mußten erst einmal auf offene Lastwagen geladen werden; dabei durften die begehrten Objekte nicht beschädigt werden. Die SS-Stellen im Reich warteten ungeduldig auf die Zuteilung.[194]

Die Eindrücke, die die Studenten vom Ghetto erhielten, waren niederschmetternd; im Innern aber, wohin sie nicht kamen, war es noch schlimmer: »Unbeschreiblicher Schmutz, eine graue ausgezehrte Menschenmasse dicht gedrängt in den engen Straßen, hohe Abfallhaufen, die niemals entfernt wurden, halb entblößte Skelette, manchmal nur mit Zeitungen bedeckt, vulgäres Geschrei.«[195]

Die Medizinstudenten erlebten auch andern Orts in Warschau den Horror der Barbarei. »Neben dem Zaun liegt ein Toter, unbegraben, eine kleine Lache Blutes daneben. Kopfschuß. Er hätte sich dem Zaun genähert, meinte der Posten. Wer dem Zaun zu nahe kommt, wird rücksichtslos und ohne Anruf erschossen. Dahinter sterben sie reihenweise an Hunger«, hielt Wittenstein die Schrecken fest.[196]

Graf fand keine Worte mehr. Angesichts der Greuel konnte er nur noch sagen: »Das Elend sieht uns an.«[197] Die deutschen Besatzer stellten ihre unmenschliche Härte und skrupellose Brutalität unter Beweis, wann immer sich Gelegenheit dazu bot. So erfuhren die Münchener Studenten: »Auf Fenster, die der Straße zugewandt sind, wird sofort geschossen, wenn sich ein Jude dahinter zeigt. Ein Polizist«, der Wittenstein eine Reihe solcher Fenster zeigte, »meinte aber ganz gemütlich, sein Kamerad habe sie nicht treffen wollen; er habe nur ins Fenster geschossen, um sie zu vertreiben. Aber für 6 Zigaretten erschieße er sie schon. Die SS-Leute dagegen würden sie sofort ›umlegen‹. Die seien reine Bluthunde. Überhaupt würden diese jeden Tag welche ›umlegen‹. Als auf das Auto des SS-Chefs Steine geworfen wurden, ließ er einen ganzen Häuserblock niederreißen und sämtliche Insassen erschießen.«[198] Die Szenen, die sie sahen oder von denen sie hörten, brannten sich in ihre Seelen ein. Die Nächte verbrachten die Studenten im Zug. Die Stunden des Wartens schienen endlos; sie mußten ausharren: »Denn die direkten Linien scheinen alle verstopft.«[199]

Angesichts der endlosen Transportzüge mit Nachschub für den Vorstoß auf Stalingrad und der verzehrenden Verluste der Wehrmacht, der anrollenden Vernichtung und der permanenten Erniedrigung der Juden läßt sich – an diesem konkreten Beispiel im Sommer 1942 – erkennen, daß in der Politik des Nationalsozialismus eine Etappe erreicht war, in der die Vernichtung Priorität hatte.[200]

Hans Scholl reagierte »krampfhaft«, er empfand totale Ohnmacht. Wenig später, von der Ostfront aus, berichteten die vier mit der gebotenen Vorsicht Huber, ihrem vertrauten Mentor an der Universität, über die Eindrücke aus Warschau: »Die Stadt, das Ghetto und alles Drum und Dran hatte auf alle einen sehr entschiedenen Eindruck gemacht.«[201] Das machte sie krank. »Wir wenden uns ab.« Graf ergänzte: »Hoffentlich sehe ich Warschau nicht mehr unter diesen Vorzeichen und Bedingungen.«[202]

Die Massaker in Kowno

Ihre Reise an die Ostfront führte sie weiter Richtung Kowno, die litauische Hauptstadt. Diese hatte ungefähr ein Jahr zuvor schon traurige Berühmtheit erlangt, als dort ein Exempel statuiert wurde. Einsatzkommandos der SS hatten mit Hilfe einheimischer Hilfskräfte jüdische Bürger in großer Zahl zusammengetrieben und »unter den Augen einer großen Menschenmenge, darunter ungezählten deutschen Soldaten in ihren Uniformen, wie dies erhalten gebliebene fotografische Aufnahmen in abstoßender Weise dokumentierten«, umgebracht.[203] Das war der Auftakt zu »spontanen« Aktionen gewesen, bei denen zwischen dem 25. und 29. Juni 1941 litauische Juden liquidiert worden waren.

Zu Beginn des Rußlandfeldzuges war das Massaker ein Ereignis, das in der Wehrmacht für Unruhe sorgte. Der zuständige General, Franz von Roques, suchte daher nach der Besichtigung von Kowno Generalfeldmarschall Ritter von Leeb auf. Beide vertraten die Auffassung, daß eine »humanere Alternative« zu wählen

Essen fassen auf dem Transport

sei und statt des Massenmordes besser die Massensterilisation der Juden praktiziert werden solle.[204] Die Wehrmacht solle diese Frage »dringend« lösen.[205] Aber ihre Führung orientierte sich an der Sprachregelung von Oberst Rudolf Schmundt, der in Kowno im Hauptquartier der Heeresgruppe Nord seine Nähe zu Hitler demonstrierte: Ein Soldat der Wehrmacht solle sich nicht mit solchen »politischen Fragen« von Massakern an Juden belasten, da es sich um eine notwendige »Flurbereinigung« handle.[206]

Kowno wurde zum Präzedenzfall dafür, daß die Wehrmacht den Gewaltaktionen gegen jüdische Gemeinden und der Dezimierung der jüdischen Einwohnerschaft tatenlos zuschaute. Später sanktionierte die militärische Führung diese »Maßnahmen«. Bis zu diesem Zeitpunkt hatten sich nur einzelne Divisionen direkt beteiligt, »aber die indirekte Unterstützung von Massenerschießungen durch SS- und Polizeieinheiten durch die Wehrmacht war die Regel«.[207] In Kowno gab die Wehrmacht das Signal zur »systematischen, arbeitsteiligen Zusammenarbeit« mit der SS auf lokaler Ebene bei der Vernichtung von Juden, Partisanen oder Banditen.[208]

Kowno hatte noch in anderer Hinsicht eine traurige Rolle gespielt. Ohne es zu wissen, folgten die Sanitätsfeldwebel den Spuren eines Leidenszuges aus ihrer Heimat. Hier war während der ersten umfangreicheren Deportationen von Juden aus dem ganzen Reich im November 1941 der erste Sammeltransport mit tausend Münchener Juden angekommen. Ursprünglich hatte Novak im Büro Eichmann Lublin als Zielbahnhof vorgesehen. In Kowno gewann die Geographie der »Endlösung« weitere Konturen. Die Deportierten wurden unmittelbar nach ihrer Ankunft von Einsatzkommandos erschossen. Diese Massaker waren keineswegs geheim, sondern fanden am Rande der Stadt unter den Augen der Anwohner geradezu öffentlich statt. Jeder in der Stadt wußte, was geschehen war. Die Medizinstudenten passierten in der Nacht des 29. Juli nichts ahnend Kowno. Auf der Weiterfahrt hatten sie den Eindruck: »das Land ist schön und voller Ordnung (...). Man tut nicht viel (...), dazu immer wieder Blicke in das Land.«[209]

Vorbei an Wilna

Eine Durchgangsstation auf dem Wege an die Ostfront war Wilna, ehemals eines der großen geistigen Zentren des Judentums im Osten. Bis zum Sommer 1941 hatten hier 57000 Juden gelebt. Im August und September wurden Ghettos errichtet. Mit der Umsiedlung dorthin war die Selektion nach Arbeitsfähigen und nicht Arbeitsfähigen verbunden. Später wurde die Bevölkerung in mehreren Aktionen liquidiert. Es handelte sich um den ersten großen Massenmord an Juden aus einem Ghetto. 38000 Menschen wurden – wie sich das SS-Einsatzkommando rühmte – umgebracht, noch vor den vergleichbaren Massakern in Kiew.

Aber in Wilna gab es auch Beispiele für Menschlichkeit. So hatte der Feldwebel Anton Schmid spontan jüdischen Mitbürgern aus seinem Umfeld das Leben gerettet.[210] Hannah Arendt berichtete, er habe sogar »Mitglieder der jüdischen Untergrundbewegung« und jüdische Partisanen mit gefälschten Papieren aus der Lebensgefahr gerettet.[211] Schmid bezahlte dafür mit seinem Leben, nachdem er vor die Militärjustiz der Wehrmacht gestellt worden war. Davon wußten die Medizinstudenten auf ihrer Fahrt an die Ostfront nichts; aber sie ahnten, daß ihre Route einer grausamen Blutspur der deutschen Besatzungsherrschaft folgte: »Ich sehe auch das Werk des Menschen, unser Werk, das grausam ist und Zerstörung und Verzweiflung heißt und das die Unschuldigen immer heimsucht. (...) Ist das Maß der Leiden noch nicht bald voll? Warum wird das Leid so einseitig ausgeteilt?«[212]

3. An der Ostfront: Famulatur und Einsatz

Die Frontsammelstelle

Die Sanitätsfeldwebel der 2. Studentenkompanie aus München erreichten nach den Stationen Warschau, Kowno, Wilna und Smolensk am 1. August den Ort Vjaz'ma. 29 Studenten wurden der »Frontsammelstelle« der 252. Division der IX. Armee der Heeresgruppe Mitte zugewiesen, an der Fernstraße nach Moskau, kaum 70 Kilometer hinter der Front. In der Nähe hatte Graf im Winter 1941 eine blutige Kesselschlacht mitgemacht.

Die Studentenkompanie wurde in Vjaz'ma auf die diversen Sanitätslazarette und Einheiten aufgeteilt. Furtwängler, Graf, Schmorell, Scholl und Wittenstein gewannen bei ihrem Rundgang durch die von Zerstörung gezeichnete Stadt einen ersten Eindruck vom Kriegsalltag in der Etappe.

Hier war das mobile SS-Einsatzkommando Nr. 9 stationiert gewesen, das seit November 1941 den rückwärtigen Raum der Front befriedet hatte, und ein Durchgangslager für Kriegsgefangene errichtet worden. In dem großen Stammlager wurden russische Zivilisten und Kriegsgefangene nach Zwangsarbeitern und nach solchen, die zur Liquidation freigegeben wurden, selektiert. Die Heeresgruppe Mitte hatte den Kommandos der SS-Einsatzgruppe innerhalb von zwei Monaten 19 000 Juden übergeben. »Die Armee bemühte sich nach Kräften, der Heydrich Truppe bei der Reduzierung der jüdischen Bevölkerung des Ostens zur Hand zu gehen.«[213] Johannes Gutschmidt, der Kommandant, galt noch als Offizier der alten Schule, der bemüht war, seine Gefangenen »mit Menschlichkeit« zu behandeln, aber er achtete darauf, daß auch in diesem Lager die Juden »auf dem Rücken ihrer Kleidung den gelben Stern« trugen. Man konnte sie gleich identifizieren, wenn sie zusammen mit den Kriegsgefangenen in Kolonnen zu Arbeitseinsätzen in die Stadt oder auf die Felder marschierten. Der Kommandant fand es »entsetzlich«, wenn die Einsatzkommandos Massaker an den »Banden« oder Gruppen aus seinem Lager verübten.[214] Aber gegen ihre Vollmacht und das Wirken der Geheimen Feldpolizei konnte niemand etwas ausrichten. Auch beispielsweise nicht im Mai 1942, als eine Gruppe junger Menschen, Buben und Mädchen, die dem Kommandanten aufgefallen waren, weil sie im Lager gesungen und getanzt hatten, einige Tage später von der Feldpolizei erschossen wurde. Mittlerweile lagen auf dem alten Friedhof mehr als 25 000 Russen; Ende Mai 1942 wurde er ordentlich hergerichtet und die »Hügel mit Rasenplatten belegt«[215]. Grauenhafte Vorgänge.

Die Sanitätsfeldwebel standen unter dem desillusionierenden Eindruck der Öde in der Etappe: »Schmutz, Elend, deutsche Marschmusik, (...) Trümmer.«[216] Abgebrannte und zerstörte Häuserfronten, Lautsprecher an Masten entlang der Straßen, rings um die vielen Stabs- und Kommandostellen der 252. Division und des IX. Armeekommandos waren Unterstände der Sicherheitskräfte aufgebaut worden. Die Division befand sich in einer totalen Umgliederung, »Tag und Nacht« wurden Truppen verlegt und einem anderen Kommando unterstellt.[217] Das regionale Zentrum für die Versorgung des sich von Norden bis Süden erstreckenden, halbkreisförmigen Gebiets, in dem diese Teile der IX. Armee stationiert waren, hatte für die Wehrmacht große logistische Bedeutung, da hier alle Stränge im weiten Brückenkopf gegen Moskau zusammenliefen.

In Vjaz'ma herrschten Hektik und Chaos. Von hier aus mußten fast 100.000 Soldaten der Infanterie und Luftwaffe versorgt werden, im Gebiet der 252. Division waren es etwa 15 000 Soldaten. Die Lieferungen aus dem Reich konnten den Bedarf an Nachschub nicht decken. Die Bahntransporte an die 252. Division illustrieren den logistischen Aufwand. Im Jahr 1942 wurden – ohne Nachschub an Munition und Waffen – 43 Züge zu je 30 Waggons bereitgestellt, aus- und umgeladen; der Mindestbedarf an Selterswasser betrug allein 20 Waggons, an Seife 3 Waggons, an Kerzen

Frontsammelstelle Vjaz'ma

Schild an einem Haus in Vjaz'ma

und Petroleum 15 Waggons und – dieser Posten sollte nicht vergessen und unterschätzt werden – an sogenannter Marketenderware, also an Alkohol, Schokolade und Zigaretten, 40 Waggons.[218]

Die Mitglieder der »Weissen Rose« ließen diese Durchgangsstation auf dem Weg zu den Stellen der medizinischen Versorgung an der Front nur allzu gern hinter sich. Die Bilder der »hart geschlagenen Menschen«, deren Leben von Hunger und Armut bestimmt war, begleiteten sie. Am folgenden Tag wurden sie nach Gžatsk verlegt, nicht einmal zehn Kilometer von der Front entfernt, nahe der Eisenbahnlinie und der Rollbahn nach Moskau. Schmorell und Scholl mit ihrem neuen Freund Graf sowie mit dem alten Freund Furtwängler hatten Glück. Die vier blieben weiterhin zusammen. Sie bildeten in diesen Sommermonaten 1942 in Rußland »ein unzertrennliches Kleeblatt«.[219] Der »bei der Abreise« gefaßte Plan, in Rußland »unter allen Umständen zur gleichen Einheit« kommandiert zu werden, ging auf.[220] Wittenstein begleitete sie bis Gžatsk, mußte aber bald in die Frontstellungen.

Die Erfahrungen in der Wehrmacht sollten sie noch fester zusammenschweißen, »woraus unsere kameradschaftlichen und schließlich freundschaftlichen Beziehungen resultieren«, bestätigte Graf.[221]

Am Haupt-Verbands-Platz bei Gžatsk

Ein anderes Leben erfaßte die Sanitätsfeldwebel schon am ersten Tag nach ihrer Ankunft. In Gžatsk mußten sie wegen des ständigen Beschusses in die Häuserwinkel fliehen und »mitten im Dreck« schlafen.[222] Die vielen Versorgungseinrichtungen der Division bei Gžatsk waren ein lohnendes Ziel für die kaum zehn Kilometer entfernte Artillerie der Roten Armee. Ein »armer Kamerad« aus München, »dessen sonstige Beschäftigung neben der Medizin das Orgelspielen war«, kollabierte. Nur mit Mühe gelang es, ihn »bei seiner Labilität« zu kräftigen, wie Wittenstein in seinem Tagebuch festhielt. »Als dann noch russische Flieger erschienen und nicht weit von uns einige Bomben fallen ließen, klappte er mir beinah zusammen.«[223] Am nächsten Tag erfuhren sie, »daß der kleine Artilleriebeschuß gestern Abend 16 Tote gekostet habe. Immer nach Eintreffen eines Zuges beschossen die Russen die Stadt mit Artillerie, vermutlich arbeitet ein Geheimsender in der Nähe.«[224]

Das IX. Armeekorps der Heeresgruppe Mitte hatte seit Mitte Juli mit »Angriffen auf breiter Front« durch die Rote Armee gerechnet. Seitdem bestand erhöhte Alarmbereitschaft.[225] Gžatsk war für beide Kriegsparteien von strategischem Interesse. Nachdem die Heeresgruppe Mitte im Winter 1941 vor Moskau geschlagen worden war, gelang es erst in diesem Gebiet, die Flucht der eigenen Verbände drakonisch zu stoppen und »Abwehrstellungen« zu errichten.[226]

Von Ende Januar 1942 bis zum 3. April hatte Graf mit seiner Artillerie-Abteilung in der ärmlichen ländlichen Stadt gelegen: »Herumirren (…) kein Lichtblick ist zu sehen.«[227]

Wie Graf berichteten auch andere mit bitterem Unterton vom wirren Rückzug der sich auflösenden Armee: »Tausende von Toten und Verwundeten mußten zurückgelassen werden, die Truppen waren beim Rückzug oft bis zu einer Woche ohne Verpflegung. Ganze Batterien ließen ihre Geschütze stehen, um wenigstens das nackte Leben zu retten. (…) Es war ein riesengroßes Schlamassel.« Wittenstein notierte in seinem Tagebuch die übertriebenen Erzählungen von Landsern, die hinzufügten, dafür hatten die Generäle »das Eichenlaub erworben«.[228]

»Schwere und opferreiche Abwehrkämpfe« hatten die Division dezimiert und »gewaltige seelische Erschütterungen« bei den Überlebenden verursacht. So umschrieb der Divisionspfarrer im April »das Durchlebenmüssen dieses Winters«.[229] Auch die Sanitätsdienste hatten massive Verluste erlitten. 10 Ärzte, 30 Sanitäter und 70 Krankenträger, also Ersatz für fast eine gesamte Kompanie, waren per Fernschreiben angefordert worden.[230]

Im April hatten sowjetische Truppen erneut mit starken Verbänden versucht, durchzubrechen. Mit Mühe war die Front

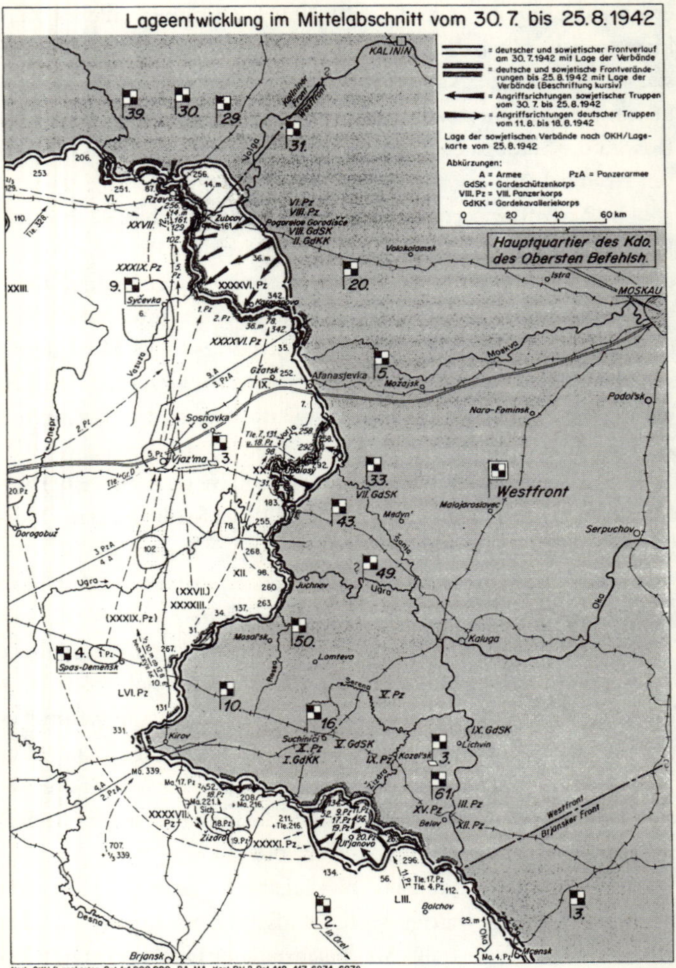

Nach OKH/Lagekarten Ost 1:1.000.000, BA-MA, Kart RH 2 Ost 412, 417, 6874, 6878.

gehalten worden – allein in der Division hatte es mehr als 400 Verwundete und 100 Tote gegeben.[231]

Dieser Frontabschnitt blieb heftig umkämpft; beide Seiten konzentrierten ihre Armeen in der Region, die 252. Division wurde mit frischen Kräften wieder auf 12000 Soldaten aufgefüllt.[232] Der nächste Sturm der Roten Armee setzte am 1. August an zwei Stellen des Bogens um Vjaz'ma ein. Weil die angehenden Mediziner aus München als »Hilfsarzt an der Front« eingesetzt werden konnten, waren sie höchst willkommen.[233]

Die Sanitätskompanie 1/252, zu der die Studenten der »Weissen Rose« kamen, wurde im Sommer 1942 reorganisiert. Am 12. Juni war der Haupt-Verbands-Platz aus der Stadt Gžatsk aus Sicherheitsgründen tief in einen Wald verlegt worden. Enttäuscht sah sich Graf »abgeschlossen im Wald«, umgeben von Eisenbahn, Rollbahn und Flughafen.[234] In erheblichem Abstand vom Haupt-Verbands-Platz wurde ein Feldlazarett für Seuchen errichtet, also vor allem für Soldaten, die an Fleckfieber, Typhus, Diphtherie, Malaria und Ruhr erkrankt waren. Für die unangenehmen Pflegeaufgaben an dem einsamen Ort waren Graf und Scholl eingeplant. Sie wurden sogleich dorthin abkommandiert, obwohl der Umbau auch Mitte August noch nicht abgeschlossen war, da der Nachschub aus dem Reich via Vjaz'ma wegen der Anschläge der Partisanen nicht funktionierte. Das Lazarett blieb folglich vorerst »ohne Arbeit«, wie die Sanitätsleitung resigniert festhielt: »Unterkünfte mangelhaft, Betten noch nicht eingetroffen.«[235] Die Münchener mußten die Verhältnisse hinnehmen und sich in Geduld üben; Graf hatte die Arbeit auf solchen Stationen bereits ein halbes Jahr zuvor kennengelernt, er stöhnte: »Behelfsmäßiges Einrichten, obwohl man sich nicht wohl fühlt.«[236] Ab Ende des Monats August konnte Graf an den morgendlichen Visiten, die nun auch in der Seuchenabteilung abgehalten wurden, regelmäßig teilnehmen.[237]

Anfänglich beeindruckte das ständige Geschützfeuer die Studenten, sogar Graf, den erfahrensten Soldaten unter ihnen. Er notierte am 4. August: »Nachts viel Lärm des Krieges.«[238] Die Lage war riskant. Briefe und Tagebücher lassen die große strategische Gefährdung der Front direkt bei Gžatsk überhaupt nicht erkennen. Diese Kämpfe bedrohten die Sanitätsfeldwebel viel ernsthafter, als ihre Aufzeichnungen verraten. Sie berichteten vom Donnergrollen der Geschütze in taktischer Nähe und schrieben

Divisionslazarett: Infektionsabteilung in Vjaz'ma

nach Hause, man müsse sich um sie keine Sorgen machen, die Kämpfe fänden bei Ržev und Juchnov, also etwa 100 Kilometer im Norden und Süden entfernt, statt. Schmorell suchte seine Eltern zu beruhigen: »Die Russen schießen immer noch, bald am Tag, bald in der Nacht«, aber »unser Lager ist im Wald und ist völlig ungefährdet«.[239] Sie gewöhnten sich schnell an »Lufttätigkeit« und »erhöhte Fliegertätigkeit« – auch am hellichten Tag. Als Wittenstein nachhakte, erfuhren sie den Grund für die nahezu uneingeschränkte Überlegenheit der sowjetischen Luftwaffe: »Die russischen Kampfflugzeuge (Schlachtenflieger genannt) seien so stark, daß kein deutscher Jäger sich herantraue, (...) meist aber drehten die deutschen Jäger früher ab. Die Maschinen seien sehr stark bewaffnet und gepanzert.«[240] Der Tiefangriff eines »russischen Jägers« direkt auf die Sanitätskompanie am 5. August, der einige Schäden verursachte, wurde nicht mehr in den Tagebüchern der Mitglieder der »Weissen Rose« verzeichnet, ebensowenig die Abschüsse von russischen Fliegern bei den Sanitätsbunkern.[241] Die Tage hatten schon nach einer Woche ihren »Gleichklang«. Die militärischen Nachrichten wurden zur Gewohnheit: »Treffer

Wittenstein auf einem abgeschossenen russischen Jagdbomber

von Bordkanone und MG. im Lazarettgebäude und in der Wache.«[242]

In den Baracken des Haupt-Lazaretts der Division nahe der Front wurden Anfang August täglich 50 bis 70 Verwundete versorgt, verbunden, von den Chirurgen operiert und für den Abtransport am folgenden Tag vorbereitet. Infolge der russischen Angriffe und Durchbrüche geriet die Front ernsthaft ins Wanken. Vorbeiziehende Truppen teilten den Münchenern die »noch recht netten Nachrichten« von den russischen Erfolgen sofort mit: »Die Russen seien südlich (...) durchgebrochen (...). 27 Divisionen sollen sie in das Loch geworfen haben. Nun sind sie also bereits nordwestlich von uns und wir ganz vorne in der auf Moskau gerichteten Ausbuchtung.«[243] Der Verlauf der Front südlich von Ržev war auf einer Länge von 50 Kilometern, beginnend etwa 20 Kilometer nördlich von Gžatsk, gefährdet. Im Süden war Juchnov umkämpft. Die Verluste der Wehrmacht auch in den militärischen Anlagen bei Gžatsk häuften sich trotz »Auflockerung des Lagers«; endlich, am 7. August, wurde das Infanterie-Regiment 461, Reserve-Einheit der IX. Armee, im Waldlager bei Gžatsk alarmiert und in Eilmärschen an die nördliche Front verlegt, aber nach verlustreichen Kämpfen wieder direkt bis hinter die Eisenbahnlinie vor Gžatsk zurückgedrängt und schließlich bei Afanasjevka fast ganz aufgerieben.[244]

Die Auswirkungen der verlustreichen Kämpfe spürten die Mediziner »gleich«, weil sie, so Furtwängler, als »Hilfsassistenten bei Operationen« eingesetzt wurden.[245] Auch Schmorell mußte auf der chirurgischen Station arbeiten.[246] In den nächsten Tagen folgten weitere Einsätze am Haupt-Verbands-Platz. Bei »diesen einfachen und behelfsmäßigen Verrichtungen«[247] konnten sie nicht viel lernen.

Wittenstein war von Gžatsk aus gleich in den ersten Tagen direkt an die Front in einen Sanitätsbunker versetzt worden. Es waren die Tage vor den Hauptangriffen der Roten Armee bei Gžatsk. Daß der Sanitätsdienst in militärische Zwänge eingebunden wurde, erschien ihm fragwürdig: »wenn ein Lazarett plötzlich kriegerisch wird, (...) rast der Chef den lieben langen Tag mit der MP auf dem Buckel herum, und die Herren Hilfsärzte dürfen nachts und tags Streifen ausführen (...). Zurückgekehrt geht dann das Operieren los.«[248] Wegen der militärischen Bedrohung wurde der Sanitätsbunker bald aufgegeben. Zwei seiner »Kollegen« kamen »für einige Zeit aushilfsweise zur Nachbardivision. Dort ist der Anfall von Verwundeten so groß, daß man dringend Leute braucht.« Er selbst wurde nach Sosnovka in ein rückwärtiges Lazarett versetzt. Dort war er ebenfalls als Chirurg gefordert: »Gestern mußte ich einem jungen Kerl das Bein amputieren, das ist immer hart, wenn es so junge Leute sind.«[249]

Die Abwehrkämpfe im gesamten Bogen um Vjaz'ma brachten schwerste Verluste trotz intensiver Einsätze. Der Kampflärm von der fünfzig bis achtzig Kilometer entfernten Front drang bis zur Umgebung des Haupt-Verbands-Platzes: »Von fernher hör ich Tag und Nacht bald stärker bald weniger stark gleich einem Gewittergrollen das Trommelfeuer bei Juchnow«,[250] schrieb Scholl. Die IX. Armee verlor im August 15 000 Mann. Für die 252. Division lautete die schreckliche Bilanz: 800 Verwundete, mehr als

Deutscher Panzer beim Angriff

100 Vermißte sowie 159 Gefallene, beinahe 10 Prozent ihres Bestandes.[251] Die Verletzten berichteten von der Ausweglosigkeit und der Erbarmungslosigkeit dieser Kämpfe und daß erst der Einsatz von Panzern, der viel zu spät erfolgt sei, sie »gerettet« habe.[252]

Aus Richtung Ržev und Juchnov, aber vor allem von den nahegelegenen, heftig umkämpften Frontstellungen, brachte man viele Verwundete und Kranke.[253] Während der folgenden Wochen wurden auf dem Haupt-Verbands-Platz ein »täglicher Durchgang von 260 Mann« registriert. An manchen Tagen mußten zusätzlich bis zu hundert Kranke der Division versorgt werden. Die Verwundeten wurden nach der provisorischen Versorgung an der Front in diesem halbwegs ausgestatteten Lazarett operiert. Der bei weitem größte Teil von ihnen wurde anschließend ins Hinterland verlegt.[254] Die Ärzte waren überfordert, die Kapazitäten restlos ausgeschöpft. Ab dem 12. August wurde wegen des »starken Anhaltens des Verwundetenzustroms« täglich ein Lazarettzug sowie ein »behelfsmäßiger Zug« zum Abtransport der Verwundeten – zusätzlich zu den üblichen Krankenfahrten von Gžatsk nach Vjaz'ma – eingesetzt.[255]

Allmorgendliches Entlausen

Eine Entlastung trat kaum ein: »Es bleibt sich alles gleich, die Chirurgen haben (…) viel zu tun.«[256] Manchmal betreute Graf die im Aufbau befindliche Seuchenstation allein, während »die anderen im OP arbeiteten«.[257] Das Elend der Verwundeten, der Geruch von Blut und Verwesung sowie die notdürftige Versorgung der Opfer bedrückten ihn und die anderen Helfer sehr: »eine Menge Arbeit kommt, die manchmal nicht sehr erfreulich ist«.[258]

Im September traf es die 252. Division, die den schmalen Frontabschnitt direkt nördlich der Rollbahn und an der Eisenbahnlinie Richtung Moskau hielt, noch einmal schwer: mehr als 240 Vermißte, davon 30 Offiziere, durch »ununterbrochene« Abwehrkämpfe im nahen Umkreis vor Gžatsk. Die Militärpfarrer in Gžatsk hatten alle Hände voll zu tun und litten heftig »unter dem feindlichen Beschuß«. Gottesdienste konnten sie »in unmittelbarer Frontnähe wegen der starken feindlichen Fliegertätigkeit« kaum noch abhalten. Die Kommandeure verlangten von ihnen dennoch, sich wie im Frühjahr »so oft wie möglich vorn bei der kämpfenden Truppe« aufzuhalten und »Besuche in Gräben und Feuerstellungen« der Regimenter zu machen.[259] Zu ihren Aufga-

Das »Kleeblatt« Hubert Furtwängler, Hans Scholl, Willi Graf, Alexander Schmorell

ben gehörten neben geistlichem Zuspruch und seelischer Aufmunterung die »Ausgestaltung der vorhandenen Friedhöfe«, die Errichtung einer »Gräberverteilstelle« und schließlich die »Planung eines neuen Heldenfriedhofes«.[260]

In all dem Chaos stellte sich für die Studenten bald Normalität her. Sie klagten mitunter über Langeweile, nicht nur auf der Seuchenstation. Das Sterben wurde alltäglich. Die Menschen stumpften ab und nahmen die Opfer mit Gleichgültigkeit und Kälte auf. Scholl hielt entsetzt im Tagebuch fest: »Hier sterben täglich zehn, das ist noch nicht viel, und es wird kein Aufhebens davon gemacht.«[261] Die Famulatur verlief wie geplant, kaum zehn Tage nach der Ankunft begann die medizinische Fort- und Weiterbildung in vollem Umfang. Die Studenten wurden als »Hilfsärzte« eingeteilt, nahmen von Beginn an am Haupt-Verbands-Platz regelmäßig morgens und abends an den Visiten teil und hörten wöchentlich Vorlesungen des Oberarztes – systematisch kam auch Säuglingsernährung[262] dran –, oder sie erhielten den Auftrag, an einem regelmäßig dafür freigegebenen Tag aus dem Lehrbuch zu lernen. Im Zentrum der Famulatur stand jedoch die Behandlung der Verwundeten, an denen es ja nicht mangelte: »Allmählich kleine Prüfungen auf der Station, die schon lehrreich sind, aber häßlich in ihrer Art.«[263]

Der aus medizinischer Sicht schwere und anstrengende Dienst im August verging für Graf »rasch – ohne Sensationen«. Das war maßlos untertrieben. Doch er hatte die militärische Alternative zu ihrem Alltag mit Visiten und Hilfsdiensten in der Chirurgie – die nahe Front – vor Augen. Vergebens wünschte er sich – nun vor sich selbst ganz ehrlich, »daß ich die ganze Zeit hier bleiben kann und nicht zur Truppe versetzt werde«.[264] Sein Verhältnis zu den anderen vertiefte sich: »Das wichtigste ist jedenfalls, daß ich mit den Leuten zusammen bin. Ich stelle mir vor, daß dies für die nächste Zeit große Bedeutung haben wird.«[265]

Am 1. September kam die bittere räumliche Trennung des »Kleeblatts«. Schmorell wurde Patient der Seuchenstation; er hatte sich mit der russischen Version der Diphtherie infiziert, einer sehr hartnäckigen und gefährlichen Krankheit. Furtwängler notierte am 24. September in seinem Tagebuch: »Schurik noch krank.«[266] Er fiel den gesamten Monat für alle Unternehmen aus, briefliche Nachrichten sind von ihm erst wieder ab Mitte Oktober überliefert.

Scholl hatte das Glück, im September in der endlich eingerichteten Seuchenabteilung eingesetzt zu werden. Furtwängler und Graf wurden zum etwa zehn Kilometer entfernt liegenden Infanterie-Regiment 461 direkt in den Sanitätsbunker beim Gefechtsstand an der Front vor Gžatsk abkommandiert. Es eilte ihnen »gar nicht mit dem Wegkommen«. Sie verbrachten noch einen Abend mit den Russen, sangen und tanzten.[267]

Kriegserfahrungen beim Frontdurchbruch

Das seit Anfang des Jahres 1942 in Gžatsk stationierte Infanterie-Regiment 461 der 252. Division besaß einen legendären Ruf. Am 4. März war es als Korpsreserve in die heftigsten Kämpfe gewor-

Trümmer eines abgeschossenen Flugzeugs

fen, in den folgenden vier Monaten nahezu aufgerieben und im Juli wieder auf etwa 2000 Soldaten aufgefüllt worden: »Es sind nicht mehr allzu viele, die von diesen Tagen berichten können«[268], hieß es in einem Kurzbericht vom 22. Juli. Die einzelnen Bataillone gaben im Lager bei Gžatsk ein Paradebeispiel für Aufbau und Ordnung, Disziplin und Durchhalten ab: Formalausbildung, »gründliches Waffen reinigen, Exerzierdienst«, auch Sport und Singen; »das Programm ist sehr abwechslungsreich. Die Männer können wieder einmal für zwei Stunden die Sorgen des Alltags vergessen.«[269]

Feierlich wurde das I. Bataillon am 18. Juli erneut ins Regiment Nr. 461 aufgenommen. Wegen der russischen Flieger erging der Befehl, nachts in der Dunkelheit anzutreten »zu einer Besichtigung durch den Divisionskommandeur in offenem Viereck. (...) Er würdigte den heldenhaften Kampf (...) und dankte jedem durch Handschlag, (...) der durch Hingabe seiner ganzen Person den Russen in den harten Angriffs- und Abwehrkämpfen geschlagen hat.« Das Bataillon erfahre die »Genugtuung«, »endlich wieder im Rahmen der eigenen Division und des eigenen Regiments eingesetzt zu werden«. Da es jedoch sogleich »wieder Korpsreserve« wurde, mußten die Soldaten abermals damit rechnen, dort eingesetzt zu werden, wo die Wehrmacht den Angriffen der Roten Armee nicht mehr standhalten konnte. Ahnungsvoll registrierte das I. Bataillon: »Das klingt nicht sehr verheißend.«[270]

Die Befürchtungen sollten Wirklichkeit werden. Schon Ende Juli gab es erste massive Vorstöße der Roten Armee, die als böses Vorzeichen einer ausgedehnten Offensive gegen die Verbände der IX. Armee gewertet wurden. Alarmbereitschaft wurde angeordnet. Im Norden von Gžatsk bis hinauf nach Ržev und im Süden bei Juchnov braute sich die »Beinahe-Katastrophe« einer Einkesselung durch die Rote Armee zusammen.[271] Am 7. des Monats wurde das Infanterie-Regiment, die »Armee-Reserve«, alarmiert und vom Waldlager in Gžatsk nach Norden zur »Einbruchstelle« in Richtung Peski entsandt und dann wieder zurück in Richtung Rollbahn gedrängt, bis zur etwa 10 Kilometer östlich von Gžatsk gelegenen Front in der Nähe von Afanasjevka.[272] Die Berichte der Bataillone des Infanterie-Regiments 461 lassen ahnen, was sich direkt in der Nähe des Haupt-Verbands-Platzes an der Front abspielte, wo das »Kleeblatt« Verwundete versorgte.

Im folgenden werden die Geschicke des III. Bataillons geschildert. Schon beim Abmarsch vom Waldlager forderte die »äußerst rege Tätigkeit der russischen Luftwaffe« ihren Tribut, obwohl die »Auflockerung der Kolonne« angeordnet worden war.[273] Nach wenigen Stunden kam es nahe bei Gžatsk zu Gefechten mit russischer Infanterie. Heftigste Kämpfe folgten. Einen Tag später, am 8. August, wurde notiert: »Der Zustand der Truppe war bereits um diese Zeit äußerst bedenklich.« Pferde und Fahrzeuge, der gesamte Troß, mußten zurückbleiben. »Wege vollkommen ungangbar«; unter höchstem Druck ununterbrochene Märsche von mehr als 50 Kilometern »auf schlupfrigen Wegen, durch Sümpfe und Wasserstellen und gleichzeitigem starken Gewitterregen«, ohne Schlaf und Verpflegung, unter Artilleriefeuer und unter Beschuß durch russische Panzer. Vorstöße russischer Soldaten. »Die Verluste an Mannschaften waren außerordentlich hoch.« Rückzug nach Süden. Weitere Ausfälle, der Rest der Artillerie und alle schweren Maschinengewehre gingen verloren. Zwei Drittel der Gruppenführer waren tot.

Der letzte vom Kommandeur empfangene Funkspruch lautete: »Die Stellung ist unbedingt zu halten.« Dann brach der Funkkontakt mit der Division ab. Die Kämpfe gingen weiter: Angriff auf Angriff durch die Rote Armee. Einkesselung des Bataillons. Dann das Chaos: Die Soldaten »verließen ohne Befehl ihre Stellungen«; »Panik« drohte, da die Einheiten »sich fluchtartig zurückziehen wollten«. Der Major der Stabskompanie fing die Reste der Truppe »wieder auf und schickte sie (...) teilweise unter Anwendung von Waffengewalt wieder in ihre Stellungen zurück«. Für die Einsatzleitung war die Tat dieses Majors, der bald danach sein Leben verlor, vorbildlich. »Er stellt sich mit der ganzen Kraft seiner Persönlichkeit gegen alle Rückwärtsbewegung, sammelt die zurückflutenden Teile verschiedener Bataillone ein und organisiert neue Widerstandslinie.« In dem an die Einheiten verteilten Nachruf auf ihn hieß es: »Nur seinem persönlichen Schwung ist es zu verdanken, daß die Masse der Kampfgruppe den feindlichen Feuerraum überwindet und der völligen Vernichtung entgeht.«[274]

Die Soldaten bildeten kleine Kampfgruppen für die »Taktik einer igelartigen Verteidigung«, mußten aber die Stellungen erneut aufgeben. Am 14. August übernahm ein Feldwebel die Führung der Reste dieses Bataillons. Es war »nicht mehr marschfähig und durch voraus gegangene Gefechtslage stark erschüttert«, wie er meldete. »Trotz immer wieder vorgetragener Bedenken wurden die Männer unter Hinweis auf den Ernst der Gesamtlage zu Einsatzleistungen herangezogen.« Das III. Bataillon wurde nahezu aufgerieben. Die Verluste machten etwa 75 Prozent des ursprünglichen Bestandes aus: alle 8 Offiziere, 58 Unteroffiziere und etwa 285 Mannschaften.[275] Die verletzten und verstreuten, »noch in verschiedenen Einheiten vorhandenen« 12 Unteroffiziere und knapp 100 Mannschaften sammelten sich bei Afanasjevka, kamen in feste Stellungen, wurden ergänzt und neu geordnet.[276]

In der Diktion des Kriegsberichts spiegelt sich die Dramatik der

Kämpfe wider: »Da raffen sich die Bolschewisten nach zahllosen Einzelaktionen, bei denen sie sich blutige Köpfe holten, auf.« In schwieriger Lage sei der Oberst persönlich »in die Bresche« gesprungen. »Als die Männer den Kommandeur in ihrer Mitte sehen, halten sie den tollwütigen Angriffen der Sowjets (...) stand.« Dunkel wurde über die »Erregung« durch das »Trommelfeuer« spekuliert. Als eine Art Wunderwaffe wurden Panzer und Stukas erwähnt, die ihre Bombenlast auf die sowjetischen Stellungen abgeworfen hätten: »Darunter mußte alles Leben erloschen sein.«[277]

Zu diesen völlig ausgelaugten Soldaten wurden die »Hilfsärzte« abkommandiert, in das, wie sie es nannten, »Welzellager«.[278] Sie wurden dankbar aufgenommen. In den vergangenen Wochen hatte das Regiment zeitweise ohne Sanitätspersonal auskommen müssen. Es war »nicht einmal genügend Verbandsmaterial« vorhanden gewesen, »um die Verwundeten ordentlich zu betreuen«.[279] Als Furtwängler und Graf am 3. September an ihrem neuen Einsatzort eintrafen, herrschte die Ruhe nach der Schlacht. Ein Teil der Verwundeten und Toten des Regiments war durch »frische« Kräfte ersetzt worden. Auf beiden Seiten der Front blieb es zunächst beim »Hin- und Hergeplänkel«[280], wie Furtwängler notierte. Vielleicht hörten sie bei ihrer Ankunft von den zurückliegenden verlustreichen Kämpfen. An jenem Tag wurde dem Kommandeur des Infanterie-Regiments 461 das Ritterkreuz zum Eisernen Kreuz mit den Worten »sein Beispiel soll uns steter Ansporn sein« verliehen.[281] Vier Soldaten erhielten Eiserne Kreuze. Den anderen gratulierte man zum »maßgeblichen Anteil« an »dem »Endsieg in der Abwehrschlacht«. Nur wenige von ihnen erfüllte wohl, wie schon nach ihrem letzten Einsatz angenommen worden war, »stolze Trauer über die hohe Zahl der blutigen Ausfälle«[282].

Furtwängler wurde dem III. Bataillon zugeteilt, Graf kam zum Gefechtsstand des I. Bataillons. Die Soldaten fanden trotz der relativen Ruhe keine Entspannung und Erholung, wie Graf notierte: »Begrüßung. Mächtiges Schießen in der Gegend. Im Sanitätsbunker. (...) Erst am frühen Morgen wird es lebhaft, Einschläge. Mit dem Assistenzarzt zur 3. Kompanie.«[283]

Als Graf und ein Sanitäter einen Verwundeten holen mußten, kamen sie am Ort der Kämpfe des III. Bataillons vorbei: »Auf der Anhöhe am Rande liegen die Reste eines Dorfes: Afanasjewka. (...) bald merkt man die Abgestorbenheit und Zerstörung durch den Laufgraben, er ist an vielen Stellen voller Wasser. Ein Blick hinüber zur anderen Seite, dort im Walde liegen die Russen, Artillerieeinschläge und Staubwolken drüben. Es liegt eine Beklemmung, eine Starre über der Landschaft, obwohl doch ein wundervoller Herbsttag ist. Der Kranke wird von uns weggebracht, kraftlos hängt er in unseren Armen. So laufen wir über das freie Feld.«[284]

Ungeachtet der tatsächlichen Lage an der Front im Bogen von Vjaz'ma gaben General Halder und Hitler den Nachbarverbänden der 252. Division den Befehl zum sofortigen Angriff. Meldungen, daß die Front von Ržev bis Juchnov »einfach aus Mangel an Menschen zusammenbrechen« werde, ignorierte die oberste Führung der Wehrmacht.[285] Im Südflügel blieben die deutschen Vorstöße gleich stecken; nur unter größten Verlusten wegen der feindlichen Panzer gelang es, halbwegs feste Stellungen zu errichten. Auch dieses Resultat, das endgültige Scheitern der »Offensive« auf Moskau, deuteten Feldmarschall Kluge und Hitler in einen die feindlichen Kräfte bindenden »Fesselungsangriff« um. Das neue taktische Ziel für die 252. Division lautete, direkt östlich von Gžatsk einen solchen »Fesselungsangriff« vorzutragen. Graf und Furtwängler waren davon nicht betroffen, sie lagen außerhalb dieses Frontabschnitts. Ihr Regiment kannte das Prinzip des »opferreichen Durchhaltens« zur Genüge. Im Führerhauptquartier verlangte man, die Nerven zu behalten und keinen Fußbreit Boden preiszugeben. Alle Hinweise der Befehlshaber an der Front auf das »Ausbrennen der eingesetzten Truppe« fruchteten nicht.[286] Die Diskrepanzen zwischen Realität und Wunschdenken der Führung der Wehrmacht wurden immer offensichtlicher.

Im September wurde das Infanterie-Regiment 461 unter schwierigsten Umständen wieder aufgebaut. Ende Oktober umfaßte es erst 60 Prozent des ursprünglichen Bestandes, dennoch wurde gemeldet: zur Verteidigung »voll geeignet«.[287] Die Nachbarabschnitte waren weiter umkämpft. »Rege Fliegertätigkeit bei Tag und Nacht« verzeichnete wiederholt das Kriegstagebuch der Division. Der Druck der sowjetischen Heeresverbände nahm zu, allein am 5. September gab es mehrere Angriffswellen: »5 Angriffe der Russen« bis morgens 8 Uhr.[288] Es wurde aus allen verfügbaren Rohren geschossen und verteidigt. »Durch die Angriffe der Russen«, so die Erklärung der Divisionsstäbe, wurde allein am Frontabschnitt der 252. Division bei Gžatsk in diesen Wochen mehr Munition verschossen als vergleichsweise in der wegen ihrer Heftigkeit beklagten Frühjahrsoffensive. An diesem Tag notierte Scholl, der im Waldlager von Gžatsk und nicht direkt an der Front lag, im Tagebuch: »Endlich ist der Krieg wieder da. Die ganze Welt steht in Flammen.«[289] Er wußte nicht, daß die Division an einem solchen Tag 28 Tonnen Infanterie- und 64 Tonnen Artillerie-Munition verbrauchte, im gesamten Monat September insgesamt 468 Tonnen.[290]

Am 10. Oktober wurden vom Infanterie-Regiment 461, das nicht einmal mehr über die Hälfte seines Personalbestandes verfügte, 50 Mann abgezogen, weil dicht hinter der Front »das Bandenunwesen wieder über Hand genommen« hatte. Sie galten als ausreichend »kriegserfahren«, um gegen die Partisanen »radikal durchzugreifen«.[291] Der frisch dekorierte Kommandeur dieses Regiments war überrascht, daß die Russen »tapfer und zähe« kämpften. Laut Propaganda der Wehrmacht hatten »jüdische Skrupellosigkeit und Perversität« die »urteilslosen Massen der Rotarmisten« verhetzt: »Zu der Vernichtung eines solchen Gegners führt ausschließlich härtester, rücksichtslosester Kampf mit allen zerstörenden und moralisch aufreibenden Waffen moderner Kriegführung.«[292] Ob dieser Bericht ihn zusätzlich stimulierte, läßt sich nicht sagen,

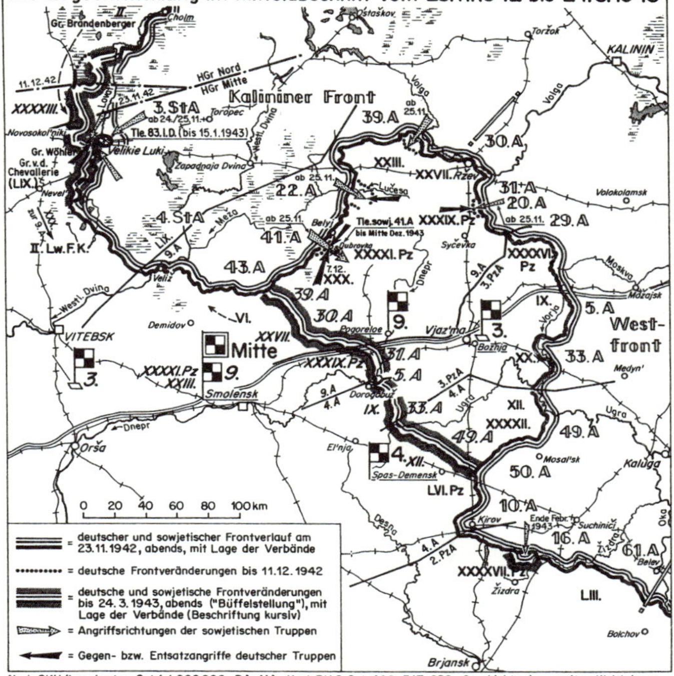

Die Lageentwicklung im Mittelabschnitt vom 23.11.1942 bis 24.3.1943

Nach OKH/Lagekarten Ost 1:1.000.000, BA-MA, Kart RH 2 Ost 499, 517, 620; Geschichte des zweiten Weltkrieges, Kartenband, Karte 86.

aber der Kommandeur befahl, kurz nachdem er ihn abgezeichnet hatte, Alarmeinheiten aufzustellen: »Zweck der Alarmeinheiten ist die Erziehung zum kämpferischen Geist (…) und die Festigung des Bandes zwischen Kämpfer und Helfer des Kämpfers (…) auch an der Front.«[293]

Dem Infanterie-Regiment 461 mußte wohl niemand mehr mittels »Erziehung« beibringen, was ein »kämpferischer Geist« ist – sie kannten den Krieg, Tod und Vernichtung in den Gräben und Bunkern. Im Oktober, bald nachdem die »Hilfsärzte« abgefahren waren, wurden sie wieder ganz in die Kämpfe einbezogen. Die exponierte Lage des Frontabschnitts vor Moskau veranlaßte die Rote Armee, diesen Brückenkopf der Deutschen als nächstes einzukesseln und zu erdrücken. Der große Winterangriff im November stand bevor, und der Haupt-Verbands-Platz bereitete sich auf die »Verteidigung des Lagers« vor.[294]

Nach den Kämpfen

Die »Sonnentage mitten im Wald (...) wirklich voller Pracht«, wie sie sich Graf einprägten, boten einen Ausgleich zu Verwüstung und Sterben; sie gewährten Hoffnung: »Man konnte dann für einige Augenblicke den Krieg vergessen.«[295] Als Graf am letzten Tag dieses Einsatzes bei der Infanterie Bilanz zog, war er »eigentlich« unzufrieden, ihm schien »die Zeit völlig unnütz vertan«. Er ermahnte sich: »Die Umstände sollen mich nicht so sehr beeindrucken, denn sie sind immer vorhanden und müssen in Kauf genommen werden.«[296]

Am 2. Oktober fuhren Graf und Furtwängler wahrscheinlich mit einem der polnischen Panjefahrer zum Haupt-Verbands-Platz nach Gžatsk zurück.[297] Um die Kontakte zwischen weit verstreuten Einheiten aufrechtzuerhalten und kleine Gruppen in dem unwegsamen, leicht hügeligen Gebiet transportieren zu können, hatte die 252. Division mehr als 120 solcher in Polen requirierter Pferdegespanne und Fahrer.[298]

Die Division mußte Transporte weitgehend mit Pferden abwickeln. In den Sommermonaten verfügte sie über etwa 5500,[299] davon entfielen auf die Sanitätskompanie 100 Tiere.[300] Ein Ritt in die Birkenwälder zählte zu den seltenen Vergnügen. Wittenstein hat dieses Erlebnis festgehalten: »Bin zum letzten Male auf wiegendem Pferderücken in die Weite hinaus geritten, die Brust in dem herrlichen Wind badend, noch einmal die Seele anzufüllen mit der unvergeßlichen Schönheit der russischen Landschaft, deren unentrinnbarer Wehmut.«[301]

Weder Treibstoff noch intakte Fahrzeuge waren ausreichend vorhanden. Der Mangel an Benzin und Diesel hatte schon am 1. Juli zu einem allgemeinen Fahrverbot geführt. »Zur Aufrecht-

Abzug von Sosnovka mit Panjewagen

erhaltung des Dienstbetriebes« der Krankenwagen und Verwundetentransporter erhielt der Sanitäts-Dienst für den »dringendsten Bedarf an Kraftstoff« täglich etwa 600 Liter.[302] Der ganze Berg der Statistiken über Plan-, Soll- und Ist-Daten, in denen stand, von den 846 Kraftfahrzeugen der Division seien 665 einsatzbereit, davon 37 Prozent bedingt einsatzbereit, erwies sich bei näherem Hinsehen als reine Farce. Allein der verantwortliche General verfügte noch über einen PKW.[303] Zählte die Division Mitte Juli nur noch 122 LKW einschließlich der reparierten russischen Autos, reduzierte sich diese Zahl bis zum 1. September auf 90. Sie wurden hauptsächlich als Sanitätsfahrzeuge und für die Brotlieferungen genutzt. Der »Ausbau« zu »behelfsmäßigen Krankenwagen« bestand darin, sie mit einfachen Planen zu versehen.[304]

Furtwängler und Graf suchten im Waldlager noch einmal die Gemeinschaft mit den Russen, gingen in die Lagerbaracke und hörten ihre Lieder. »Ihre Gesichter entspannen sich, (...) es ist ungeheuer.«[305]

In Sosnovka, etwa 40 Kilometer südwestlich von Gžatsk, begann am 5. Oktober für beide und Schmorell der letzte Abschnitt

Sosnovka

der Famulatur. In dem kleinen Ortslazarett kurierten sich Soldaten. Wittenstein war dort nach seinem Einsatz bei der Feldartillerie Anfang August an der Front vor Gžatsk stationiert gewesen. Scholl traf erst am 22. Oktober ein, rechtzeitig zur Abfahrt nach München.

In einer zentralen Stelle zur Versorgung der Kriegsverletzten hätten »wir sicher mehr Arbeit gefunden und mit größerem Interesse gewirkt«[306], schrieb Graf. Nach dem Haupt-Verbands-Platz für Verletzte in Gžatsk im August und der Erstversorgung in den Stellungen direkt an der Front im September forderte der Einsatz in Sosnovka die Mitglieder der »Weissen Rose« nicht als angehende Mediziner heraus, sondern weil sie hier erstmals Russen begegneten, die nicht zwangsweise in Lagern zusammengefaßt waren und in geschlossenen Gruppen arbeiten mußten. In Sosnovka waren die Einheimischen nicht völlig unter das Joch der Besatzung gezwungen worden. Sie mußten zwar Abgaben entrichten, Arbeitsdienst leisten und Sperrstunden einhalten, aber sie lebten in diesem »befriedeten Gebiet« in ihren Häusern. Auch den Sanitätsfeldwebeln wurden Privatquartiere, ländliche Blockhäuser, zugewiesen.

Zum Abschluß der Famulatur wurden sie geprüft. Die dienstlichen und fachlichen Beurteilungen verfaßten die Regimentsärzte in einer Besprechung am 20. Oktober.[307] In Vjaz'ma gab es das Wiedersehen mit Wittenstein, der im dortigen Divisionslazarett stationiert war. Dort hatte er einen »Lehrgang« zu absolvieren: »Dabei müssen wir richtig exerzieren und«, wie es beim Militär wohl üblich war, »uns anpflaumen lassen (...), man behandelt uns fast wie Verbrecher!«[308]

Zehn Tage später wurden die, wie der Tätigkeitsbericht der Division vermerkte, »zur Division kommandierten 29 Medizinstudenten im klinischen Semester« aus München »im geschlossenen Transport« in die Heimat »zurückgeführt«, nachdem sie persönlich von Divisionsarzt und Oberstabsarzt Dr. Plankenhorn in Vjaz'ma verabschiedet worden waren.

4. Die Besatzungsherrschaft: Versorgung durch Ausbeutung

Was Ausbeutung in einer Zone etablierter deutscher Militärherrschaft nahe der umkämpften Front bedeutete, welche Konsequenzen dies für die einheimische Bevölkerung hatte und wo oder wie sie selbst in ihrem Alltag mit Maßnahmen der Besatzer konfrontiert wurden, haben die Mitglieder der »Weissen Rose« in ihren Briefen und Tagebüchern kaum direkt beschrieben. Sie konnten das System der Besatzungsherrschaft, dessen Teil sie ja waren, nicht in Gänze überschauen, einige dazugehörige Elemente wurden ihnen jedoch schmerzlich bewußt. Grundzüge dieses Systems lassen sich in Verbindung mit den Militärakten rekonstruieren.

Die ökonomische »Ausbeutung des Operationsgebietes«

Kaum hatten die Sanitätsfeldwebel russischen Boden betreten, waren sie auf »Elend« gestoßen, das »selten so kraß hervorgetreten« sei: »Brot bricht alle Grenzen und wird von allen gesucht.«[309]

Die schlechte Versorgung der einheimischen Bevölkerung war ein Resultat der zentralen Weisung der Reichsführung, die neubesetzten Ostgebiete mit kolonialen Methoden wirtschaftlich auszunutzen. In den »Richtlinien für die Führung der Wirtschaft in den neubesetzten Ostgebieten« vom 2. Mai 1941 wurden den lokalen Militärbehörden »weitreichende Kompetenzen für die erste provisorische Verwaltung und Ausbeutung des Operationsgebietes« übertragen, so der in der Heeresgruppe Mitte zuständige General Heinrici.[310] »Die erste Aufgabe ist es, sobald wie möglich zu erreichen, daß die deutschen Truppen restlos aus dem besetzten Gebiet verpflegt werden.«[311] Der gesamte Bedarf an Rohstof-

Frauen beim Dreschen

fen und Nahrungsmitteln sollte möglichst weitgehend durch Lieferungen von dort gesichert werden. Zynisch hieß es, die »Dezimierung der sowjetischen Bevölkerung um 30 Millionen« sei in Kauf zu nehmen.[312]

Im Rahmen der militärisch-ökonomischen Selbstversorgung hatte die Wehrmacht die Zuständigkeit für die gesamte landwirtschaftliche Produktion an sich gezogen. Zu diesem Zweck wurden »Landwirtschafts-Offiziere« mit beträchtlichen Befugnissen abgestellt. Nur ein geringer Teil der bäuerlichen Arbeit blieb in russischer Hand. Nach den Akten der 252. Division wurden die größeren und geschlossenen Anbauflächen von der Wehrmacht mehr oder weniger autonom bewirtschaftet. Dafür wurden sogar einige schwere motorisierte Zugmaschinen aus dem Reich beschafft, eingesetzt und privilegiert mit Diesel versorgt.

In den weniger fruchtbaren Gebieten – wie im Bereich um Gžatsk – mußte sich »die Wirtschaftsführung auf die Ausnutzung der vorgefundenen Vorräte beschränken«. Für diesen Zweck beaufsichtigte die Wehrmacht den »Ablauf der Erntearbeiten«, erfaßte die Erträge und requirierte sie anschließend. Einzeln stehende

Bauernwirtschaften mußten pro Hektar Anbaufläche beispielsweise 21 Doppelzentner Kartoffeln abliefern. Die Vorräte auf den Gehöften wurden kontrolliert und limitiert; so durften 350 Gramm Roggen pro Kopf und Tag eingelagert werden.[313] Ähnlich berechnete Rationen galten für Hafer und Heu.

Die 252. Division hatte im Juli 1942 gemeldet, das Ziel der »Ausnutzung des Landes (...) nach wohl durchdachtem Plan« sei umgesetzt.[314] Die Versorgung aller Soldaten in ihrem Gebiet war einem »Verpflegungsamt« übertragen worden, dem der leitende »Landwirtschafts-Offizier« der Division vorstand. Mitte Juli 1942 gehörten ihr 12 141 Soldaten an, dazu kamen weitere 3693 Soldaten von anderen Einheiten des Heeres sowie 2370 »Köpfe« von der Luftwaffe. Zusammen mit den mehr als tausend russischen Gefangenen im Arbeitseinsatz mußten also 19 325 Personen versorgt werden.[315] Eine Woche später waren es schon knapp 22 000 Menschen, da das Korps zusätzliche Arbeitskräfte benötigte und sich die Zahl der Gefangenen auf 2463 erhöhte.[316]

Um das Überleben der Soldaten und Gefangenen zu sichern, ging die Wehrmacht ganz bürokratisch vor. Ein Beispiel zeigt die perfekte Organisation: In allen Orten wurden »Eier-Sammelstellen« eingerichtet. Die »Ortsbürgermeister« hatten die Aufgabe, »eine Abgabe-Pflicht (...) und zwar pro Henne 10 Eier« durchzusetzen und die Anzahl der jede Woche gesammelten Eier donnerstags zu melden.[317] Die örtlichen Kommandanten mußten die Erfüllung des Solls überwachen und jeweils freitags die Eier in Gžatsk abliefern. Nach ähnlichem Muster wurden Milch oder Obst eingeholt.

Damit die Wehrmacht ihre Ansprüche auf landwirtschaftliche Erzeugnisse durchsetzen konnte, wurden außerdem spezielle Einheiten aufgestellt, die unter Leitung des »Landwirtschafts-Offiziers« die Gehöfte der Bauern durchforsteten. So legte im August ein mobiles »Wirtschaftskommando« der 252. Division, das aus 60 Soldaten bestand und »zu diesem Zweck« mit elf Kraftfahrzeugen ausgestattet war, in »seinem Gebiet« vier Stützpunkte konzentrisch an, von denen aus die Kontrolle, die Durchsuchung und das Einsammeln der Ernte gestartet wurde. Solche Raubzüge garantierten eine beträchtliche Ausbeute: 5000 Stück Geflügel, 8000 Zentner Roggen, 1200 Zentner Weizen usw.[318]

Die mangelhafte Verpflegung der Truppen

Selbst im Sommer 1942 gelang es kaum, die deutschen Soldaten ausreichend zu ernähren. Die verantwortlichen Mediziner der Division bemühten sich fieberhaft, vor allem die Tagesrationen für die an der Front kämpfenden Truppen aufzubessern. Am 31. Juli berief der Divisionsintendant die leitenden Ärzte der Sanitätskompanie 2/252 am Haupt-Verbands-Platz bei Gžatsk zusammen. Einziges Thema auf der Agenda war die »Brotverschlechterung«. Wie nach den Kämpfen im Frühjahr, als die »körperliche Einsatzfähigkeit« der Soldaten wegen Mangelernährung unter die »äußerste Grenze« gefallen war und die Portionen nicht mehr weiter gestreckt werden konnten, stand die tägliche Menge und die Qualität von Brot zur Debatte.[319] Damals hatten Truppenoffiziere bei Besuchen an der Front mit Erschrecken den Unwillen und Protest registriert, der ihnen entgegenschlug, weil »der einzelne Mann (...) häufig nicht seine volle Brotportion erhält«.[320] Auf der Besprechung wurde u. a. beschlossen, die wenigen einsatzfähigen Lastwagen nun auch für den Transport von Nahrungsmitteln zu verwenden und die Versorgung der eingesetzten einheimischen Zwangsarbeiter sofort einzustellen. Diese hätten »sich selbst zu verpflegen«.[321] So gelang es für einige Wochen, die Rationen an Mehl um 150 Gramm zu erhöhen.[322]

Die »Klagen« und das Problem der »Einförmigkeit« wurden damit nicht aus der Welt geschafft.[323] In den Frontstellungen traf Wittenstein auf diese Probleme. Er bemerkte bitter: »Es ist eben Brot, das sehr knapp ist.«[324] Als angehender Arzt konstatierte er sachlich, »große Ernährungsschäden« seien zu erwarten. Weil er das Schmalz nicht vertrug, befürchtete er, »halt etwas abzunehmen«.[325] Es gelang ihm nur manchmal, seinen Hunger »durch

Nachfassen (immer Eintopfsuppe)« zu stillen. Es erschreckt, schon in einem Brief von Mitte August zu lesen: »Wenn es Gemüse oder Kartoffeln gäbe, dann würden wir wenigstens satt werden.«[326]

Es sollte noch schlimmer kommen. Die Wehrmacht mußte nicht nur den Tagesbedarf an Grundnahrungsmitteln mit einheimischen Produkten abdecken, sondern auch Vorräte – insbesondere Kartoffeln und Roggen – für den kommenden Herbst und Winter anlegen, wenn Schlamm und Schnee jeden Nachschub unmöglich machen würden. Da »infolge des späten Frühjahrs die Vegetationszeit so kurz« war, daß der Roggen großenteils nicht »ausreifen« konnte, lief die Ernte erst spät – Mitte August – und äußerst schleppend an.[327] Auch die Kartoffelernte stand unter keinem günstigen Stern. Ein starker Frost am 16. September führte zu beträchtlichen Schäden, die Kartoffeln »waren klein, nicht ausgereift und vielfach verfault«. Da der Ertrag den Bedarf der Division nicht im mindesten »decken« konnte, wurde die Zuteilung von Kartoffeln längere Zeit ausgesetzt.[328] Als im Oktober ausnahmsweise an vier Tagen in der Woche pro Person 400 Gramm Kartoffeln abgegeben wurden, mußte diese Ergänzung des Speisezettels durch eine entsprechende »Brotreduktion« ausgeglichen werden.[329]

Es schien, als hätte sich alles gegen die Wehrmacht verschworen. Selbst das Futter für die Pferde war knapp. Die Truppe wurde angewiesen, alles »irgendwie erfaßbare Heu auch tatsächlich« zu requirieren.[330] Die »Ungunst der Witterung« verhinderte bis Ende Juli, das erste Gras zu mähen; Heu konnte nicht eingebracht werden.[331] Aufgrund der schlechten Ernte konnten auch keine Vorräte an Hafer angelegt werden. Schon Anfang August durfte Hafer nur »zu den gekürzten Portionssätzen verbraucht« werden.[332] Dadurch war die Mobilität der Division gefährdet, denn ohne einsatzfähige Pferde konnte nichts transportiert werden.

Die militärische Führung erklärte all dies zur »geheimen Kommandosache«.[333] Die mahnenden und klagenden, sorgenden und fordernden Appelle, für Abhilfe zu sorgen, bewirkten nichts.[334]

Sanitätskompanie-Bunker bei Gžatsk

In den Truppen machte sich Trostlosigkeit breit. Soldaten, die in den Stellungen kämpften, und die kriegführenden Einheiten waren durch die eintönige und geringe Kost erheblich beeinträchtigt. Auf die Stabseinheiten wirkten sich die alltäglichen Entbehrungen nicht so gravierend aus. Zwar wurden die Sanitätslager nicht generell besser und vielfältiger, etwa mit Krankenkost, versorgt, doch Furtwängler bezeichnete die Ernährung am Haupt-Verbands-Platz in Gžatsk – völlig zutreffend – als »immer normal«.[335] Für diese Ausnahme gab es gute Gründe: Wer dort arbeitete, mußte stets einsatzbereit sein; sein Dienst war für viele die letzte Hoffnung.

Die Medizinstudenten registrierten am Haupt-Verbands-Platz unter den 50 bis 70 täglichen Zugängen immer mehr Soldaten, die unter dem latenten Hunger litten. Es bürgerte sich ein, auch ohne ärztlichen Berechtigungsschein »Krankenkost« zu essen. Die Wehrmacht griff daraufhin hart durch und verhängte gegen jene Soldaten 21 Tage »geschärften Arrest«. Dieses Strafmaß war vom zuständigen Kriegsgerichtsrat der 252. Division beschlossen worden, der die »Ehrlosen und Feigen« als kriminelle »Täter, sogenannte

›Fresser‹« einstufte, die »Mundraub« gegenüber der kämpfenden Truppe begingen.[336]

Ein rigides Kontrollsystem wurde eingeführt. Am Haupt-Verbands-Platz bei Gžatsk wurde die Zentralstelle der 252. Division eingerichtet, »um eine bestimmungsmäßige Verwendung der Krankenkost zu gewährleisten«. Deshalb wurden neue Formulare ausgegeben, die Personalien in Listen festgehalten, die erlaubte Ration bescheinigt, diese »am Mann« zu führenden »Ausweise« gestempelt und darin die täglichen Essenausgaben »notiert«. Der Zahlmeister überwachte alles regelmäßig und zog den Ausweis wieder ein, wenn die Sonderrationen abgesetzt wurden.[337] Die Ärzte taten die bürokratischen Regelungen mißmutig als Kommiß-Kram ab, konnten aber nichts dagegen ausrichten.

Alles fehlte der Wehrmacht

»Alles fehlt« – diese erschreckende Tatsache begleitete die Medizinstudenten während der ganzen Famulatur. Mangel herrschte in der Wehrmacht im Sommer 1942 in jeder Hinsicht. Davon waren alle gleichermaßen betroffen. Seit Mitte August hatte »Landregen« eingesetzt, schon in Gžatsk waren die ins Erdreich eingelassenen Unterstände fußhoch mit Wasser vollgelaufen.[338] Der Divisionsintendant verlangte »dringend Zuweisungen an Stiefeln für die Truppe an der Front«[339]. Da im »durchlaufenden Grabensystem« Wasser stand und die 252. Division nur 50 Paar Stiefel an das Regiment 461 abgeben konnte, mußte die Führung provisorische Lösungen mit »wasserdichten Stoffen« anordnen.[340] Die Sanitätsfeldwebel waren privilegiert; sie erhielten Gummistiefel.

Nach dem 1. September kletterte das Thermometer kaum noch über 14/15 Grad.[341] Die Soldaten verfügten nicht über ausreichende Kleidung: Socken, Handschuhe, Unterwäsche, Jacken, Mützen … Alles war knapp. Der Winter stand vor der Tür, und es fehlten »noch sämtliche Skier und Akjas, sowie weitere Schlitten, Schneeketten«.[342]

Kate mit Wittensteins Hängematte

Die »Wohnbunker« – so das Resultat einer Bestandsaufnahme – waren »in einem zum Wohnen wenig geeigneten Zustand«. Häufig rutschten »Wände und Decken« nach: »In fast allen Wohnbunkern regnet es durch.«[343] Wittenstein beschrieb diese Zustände plastisch, als seine Mutter ihn darauf ansprach: »O Ihr lieben Mütter! Was habt Ihr für Vorstellungen vom Krieg! Ich habe noch kein Winterquartier bezogen, sondern hause in einem Erdloch. Ja, mein Gott, was stellst Du Dir eigentlich unter einem Winterquartier vor? Eben Erdlöcher, auch ›Bunker‹ genannt, sind sie ja. Dort haust die Truppe überall.«[344]

Es fehlte an Werkzeug, Glas, Dachpappe, Brettern oder Fundamenten. Nach der Mückenplage, gegen die erst nach Monaten Fliegenfänger verteilt werden konnten, trat im Herbst eine Mäuseplage auf, der man sich hilflos ausgesetzt sah. Das zehrte an den Nerven; die »regelmäßige Zuteilung von Verpflegungsschnaps« war nötig.[345]

Die Vorschriften zum winterfesten Ausbau der Unterkünfte oder zur eigenen Herstellung von Filzstiefeln und Handschuhen, die Hinweise zur Einlagerung von Holz oder Torf und jene

Anleitung, »mit eigenen Kräften Holzkohle herzustellen«, muteten wie eine Karikatur an.[346]

Im Oktober wurde »dem Ernst der Versorgungslage auf dem Gebiet der Spinnstoff- und Lederversorgung noch immer nicht genügend Rechnung getragen«. In der Hoffnung, »gehortete Materialien« ausfindig zu machen, ordnete die Divisionsführung unangemeldete Kontrollen sämtlicher Spinde ihrer Soldaten an. Zwei Monate später beauftragte die Division ihre Ortskommandanten, die Räume der russischen Bevölkerung nach brauchbarer Kleidung für die Angehörigen der Wehrmacht zu durchsuchen.[347]

»Alles fehlt«, erklärte das Armeekommando; es konnte nichts ändern, mochte die Ausstattung an der Front noch so sehr mit »unzureichend« und die Not als »dringend« umschrieben werden.[348] Die Hilflosigkeit der amtlichen Fürsorge der Wehrmacht zeigt sich am deutlichsten an ihren Taten: Die Führung hatte aus den schrecklichen Erfahrungen im Winter 1941 Lehren gezogen und Ende September 1942 angeordnet, jeden Soldaten mit einem entsprechenden Schutz gegen Kälte auszustatten. Was man in Berlin für geeignet hielt, stand in der »besonderen Anordnung«: »Außerdem (sind – D. B.) für jeden Mann für strenge Kälte 20 Doppelbogen gut knitterbares Altzeitungspapier zum Einlegen in die Socken, Stiefel oder unter die Kleidung als Wärmespeicher auszugeben.«[349] Diese absurden Aktionen erlebten auch die Sanitätsfeldwebel aus München. Das Desaster der Wehrmacht war komplett, die Zustände waren unhaltbar. Es war unverantwortlich, unter diesen Verhältnissen von den Soldaten Dienst zu verlangen. Die Nervosität der Führung der Wehrmacht wuchs.

Das System der Zwangsarbeit

Berlin reagierte auf den Mangel mit verstärktem Druck und u. a. mit der Forderung, die russische Bevölkerung immer rigider für deutsche Interessen in Dienst zu nehmen. Wie alle anderen Wehrmachtsverbände setzte die IX. Armee verstärkt einheimische Arbeitskräfte ein. Die »Richtlinien für die Führung der Wirtschaft« während der Besatzung gewährten den Kommandeuren zu diesem Zweck vor Ort eine Generalvollmacht. Zentral vorbereitete Befehle wurden auch im Gebiet der 252. Division erlassen, aber von der Armee aus gelenkt und koordiniert. Der »Armeewirtschaftsführer« hatte das Kommando in Fragen der Versorgung und des Einsatzes des Arbeitspersonals aus Rußland. Ihm erstatteten die zuständigen Offiziere der Division Bericht.

Konsequent waren im Gebiet von Gžatsk die Vorgaben zur »Ausbeutung des Landes« durch den »Arbeitseinsatz von Kriegsgefangenen und Zivilbevölkerung« umgesetzt worden. Sie lautete schlicht: »Die laufende Heranziehung der arbeitsfähigen Bevölkerung wird von der Division einheitlich gesteuert.«[350] Die Details waren genau festgelegt: Über die örtlichen Kommandanten wurden »alle arbeitsfähigen männlichen und weiblichen Personen von 14 Jahren an aufwärts« erfaßt und zur Zwangsarbeit eingeteilt. »Für die Betreuung von Kindern, deren Mütter zur Arbeit gehen, müssen die Gemeinden sorgen.« Dies betraf Kleinkinder bis zum Alter von sechs Jahren.

Noch am besten wurden die am Haupt-Verbands-Platz zu Hunderten eingesetzten Arbeitsverpflichteten und Kriegsgefangenen behandelt, die Hilfsdienste für die Soldaten der Wehrmacht erbrachten. Ohne sie hätte das Sanitätssystem nicht funktioniert. Allein die Krankenstation hatte Platz für mehrere hundert Soldaten; die Baracken der chirurgischen Station am Haupt-Verbands-Platz waren für 300 bis 400 Verwundete eingerichtet. Schmorell berichtete begeistert von den Begegnungen des »Kleeblatts« mit russischen Ärzten und, wie Furtwängler ergänzte, »vor allem mit solchen Russen, die im Haupt-Verbands-Platz arbeiteten«.[351] Sie waren bei Bedarf rund um die Uhr im Einsatz und hatten weniger Sperrstunden, eine vergleichsweise gute Umgebung und Aufgaben, die sie privilegierten.

Auch in den »Gemeinden«, das galt für alle Orte, an denen das »Kleeblatt« aus München eingesetzt wurde – in der Kleinstadt Gžatsk sowie in der Stadt Vjaz'ma oder in dem Dorf Sosnovka –, hatte die Wehrmacht die russische Bevölkerung in eigens dafür eingerichteten »Lagern« bei den Stäben der Truppe zusammengefaßt und in »zivile Arbeitskommandos« bzw. in »ständige Arbeitskolonnen« eingeteilt. Ihr Tagesablauf war streng reglementiert, 4 Uhr 30 Aufstehen, eine Stunde später »Abmarsch« der bewachten »Kolonnen« zur Arbeit. Ihre Verpflegung und das »Arbeitsgerät« hatten die zivilen Zwangsarbeiter selbst zu stellen. Unter Aufsicht des Wachpersonals kehrten sie am frühen Nachmittag zurück; sie durften sich nur bis zum Beginn der Sperrzeiten um 17 Uhr innerhalb eines Dorfes oder in den Lagern bewegen. Im Sommer fielen einem die »Erntekolonnen der Stadt« auf, die von Soldaten »streng beaufsichtigt« wurden.[352]

Daneben gab es die Lager der Kriegsgefangenen. Obwohl die Division den Eintragungen in den Akten zufolge praktisch keine Gefangenen machte, verfügte sie in diesen Monaten stets über mindestens 1000 Gefangene, zeitweilig auch über doppelt so viele. Mehr als ein Drittel von ihnen war im Bereich der Sanitätskompanie 1/252 und in Gžatsk untergebracht. Dort brauchte man viele Zwangsarbeiter in den Einrichtungen der Division: in der zentralen Bäckerei, am Friedhof, beim Material- und Verpflegungslager, bei der Ortskommandantur, die u. a. für die Reparatur der Straßen zuständig war. Diese Gefangenen hatten öfter, auch einen Monat vor Ankunft der Sanitätsfeldwebel, versucht auszubrechen; ihre Lager wurden daher schärfer bewacht als die der zivilen Zwangsarbeiter.[353] Die Kriegsgefangenen fielen durch ihren schlechten Zustand auf. Obwohl sie zur Arbeit ausgewählt worden waren, bekamen sie gerade soviel zu essen, »wie sie zum Überleben brauchten – und manchmal noch nicht einmal das«.

Im Durchgangslager von Vjaz'ma, aus dem die 252. Division ihren zusätzlichen Bedarf an Arbeitern deckte, war die Lage katastrophal, denn die Ernährungspolitik zugunsten der Wehrmacht hatte zu der Entscheidung geführt, für die Kriegsgefangenen »nur minimale Mittel aufzuwenden«.[354] In einem Bericht über die dortigen Zustände hieß es, sie würden »in nicht geringer Zahl« an den »Folgen allgemeinen Hungers leiden und auch in großer Zahl zu-

Russischer Bauer

grunde gehen«. Deshalb würden »viele willige, so notwendig gebrauchte Arbeitskräfte« tatsächlich »ausgeschaltet«. Ein gute Lösung »der Gefangenenfrage« setze voraus, ihnen »eine der Arbeitsleistung entsprechende mindestens ausreichende Kost« zu geben. Die »immer noch beträchtliche Mortalität« von täglich einem Prozent unter den Kriegsgefangenen sei nicht zu vertreten.[355] Die mangelhafte Ernährung führe zu schlimmen Darm-

und Hauterkrankungen; sie stelle ein dringendes »ärztlich-medizinisches Problem« dar, welches das Besatzungssystem belaste. Daher wurde dem Inspekteur der Heeressanitätsdienste nahegelegt, »bei den höchsten militärischen Dienststellen« in Berlin wegen der »Versorgungs- und Ernährungs- bzw. Gesundheitslage der russischen Kriegsgefangenen« vorstellig zu werden.[356] Dieser Empfehlung wird der Beamte kaum nachgekommen sein, da die Härte im Umgang mit der russischen Bevölkerung und mit den Zwangsarbeitern nicht allein aus dem Mangel an Nahrungsmitteln oder Arbeitskräften, der Ausweglosigkeit im Krieg und der unzureichenden Infrastruktur resultierte; wichtige Motive speisten sich aus rassistischen und ideologischen Überzeugungen der Deutschen, die sich als »Herrenmenschen« in Uniform den »Untermenschen« überlegen fühlten: Rußland mit seiner»fremden, zurückstehenden, mittelalterlichen Kultur« sei »nicht unser Europa«.[357]

Russen galten als moralisch minderwertig und wurden als »Arbeitstier« deklariert. In einem Befehl an die Offiziere hieß es: »Es ist zu bedenken, daß die russische Bevölkerung eine weitgehende und rücksichtslose Heranziehung zur Arbeit gewöhnt ist.« Alle diese Einsätze waren »straff zu führen«, vor allem »einwandfrei (...), aber streng zu beaufsichtigen«.[358] General Heinrici faßte seine Erfahrungen mit der Zwangsarbeit in beklemmende Bilder: Die Russen »tun Sklavenarbeit (...). Sie arbeiten Tag und Nacht. Rücksichten werden hier zu Lande nicht auf sie genommen. Es ist hier so etwa wie im Altertum, wenn die Römer ein Volk nieder geworfen hatten.«

Das städtische Leben blieb von der »Ausbeutung« des Landes nicht verschont. Am 6. August führte die Wehrmacht in Gžatsk zusammen mit der Gendarmerie eine Großaktion durch. Die Stadt wurde vollständig umstellt, anschließend durchkämmten berittene Streifen die Straßen, Haus für Haus wurde durchsucht, um die »schlagartige Erfassung aller russischen Einwohner von Gžatsk« zu sichern.[359] Mit dieser Aktion sollten untergetauchte »Drückeberger« aufgespürt und einsatzfähige Einwohner für die im Um-

Bauernjunge mit kleinem Bruder

feld benötigten »Erntekolonnen der Stadt« komplett erfaßt werden.[360] Die Sperrzeiten in Gžatsk wurden von 16 Uhr 30 bis 5 Uhr ausgeweitet.[361] Auf dem Lande, wo keine Stäbe und Truppen stationiert waren und sich nur einzelne Dörfer oder Gehöfte befanden, hatten die Einheimischen noch die größten Freiheiten. Sie entgingen der üblichen Zwangsarbeit, mußten jedoch auch einen Teil ihrer Produkte abgeben.

Die 252. Division hatte noch ein anderes Element des Besatzungssystems verfeinert. Um die Herrschaft langfristig zu sichern, modifizierte man die Methoden benachbarter Einheiten, die russischen Kinder gewissermaßen als Geiseln zu nehmen und aus der unkontrollierbaren familiären Obhut zu reißen. Das bestehende Schul- und Unterrichtssystem war zu zerstören, damit – wie von Berlin gewünscht – das Bildungsniveau niedrig gehalten wurde. Auch dafür gab es eine Lösung. Der »von Soldaten beaufsichtigte« Unterricht wurde für alle Kinder an einem Ort »800 Meter nördlich von Gshatsk« organisiert. Für den Unterricht der 800 Schüler wurden 12 Lehrer eingeteilt.[362] Das Muster dieser »Anhaltelager« für Kinder, eine Art Internierung, war von der IX. Armee bei Ržev eingeführt worden. Die Besatzer versprachen sich davon viele Vorteile:

»a) der weitere Raum um das Kinderdorf hatte keine Banden mehr,

b) die erwachsenen Kräfte in den Arbeitsbataillonen waren den deutschen Truppen absolut sicher,

c) bei Frontbewegungen war die Evakuierung denkbar einfach (...). Die Bevölkerung ging von selbst dann mit,

d) wir hatten die Möglichkeit, eine uns dienende Erziehung und Auslese einzuleiten in konzentriertester Form.«[363]

Kinder als Geiseln zu nehmen war aus Sicht der Wehrmacht ein geeignetes Mittel, die Zwangsarbeiterinnen und Zwangsarbeiter willfährig zu halten und in den Lagern zu domestizieren, »Ruhe und Ordnung« zu garantieren, also die Kollaboration der Einheimischen mit den Partisanen zu unterdrücken.

Stolz meldete die 252. Division am Ende des Sommers 1942: Durch die Maßnahmen in der Erntezeit »wird nahezu auf die gesamte arbeitsfähige Zivilbevölkerung zurückgegriffen werden können«.[364] Diese wurde im Spätsommer dringend gebraucht, denn bevor die Ernte halbwegs eingefahren war, fiel mannigfache weitere Arbeit an. Seit Mitte September lief die Planung für den militärischen Bedarf auf Hochtouren. Ab Anfang Oktober wurde die Zivilbevölkerung »überwiegend« für »Befestigungsarbeiten« eingesetzt.[365] Der »Ausbau der Stellungen« zur Verteidigung gegen Angriffe der Roten Armee sollte beendet sein, bevor der Dauerfrost die Schlammperiode ablöste. Das Korps hatte befohlen, »mit allen Mitteln« ein tief gestaffeltes System an durchlaufenden Gräben, Stellungen, Verteidigungslinien und rückwärtigen Stützpunkten für den erwarteten »Winterkampf« anzulegen, damit »auch die stärksten Angriffe des Feindes zum Scheitern verurteilt werden«.[366] Trotz des konzentrierten Einsatzes herrschte Mangel an Arbeitskräften. Das regionale Reservoir an Zwangsarbeitern war ausgeschöpft. Es gab zu viel zu tun in den »wehrwirtschaftlich wichtigen Bereichen« und direkt bei der Wehrmacht: Reparaturen an der Eisenbahnlinie, an den Straßen und an der Autobahn, Bau der Bunker und Unterkünfte, Holz schlagen, Torf stechen und Heizungsmaterial für den Winter sammeln.

Die 252. Division »meldete« zusätzlich beim Armeekommando »dringenden« Bedarf an: »Hilfswillige 500, zivile Arbeitskräfte 400«.[367] In diesem Zusammenhang forderte die Division Kriegsgefangene von diversen Dienststellen, den Versorgungseinrichtungen der Armee, der Eisenbahnverwaltung und der Stadtverwaltung zurück.[368] Monate zuvor hatte man noch großzügig den Auftrag des Armeewirtschaftsführers vom IX. Armeekorps erfüllt und »russische Arbeitskräfte für das Reich« gesammelt und abtransportiert: »Abschub von ca. 3000 Flüchtlingen«[369].

Die Wehrmacht lebte auf Kosten der Einheimischen. Die russische Bevölkerung betrachtete sie als verfügbares »Material« zum »Abschub« ins Reich oder als Personal für die Zwangsarbeit vor Ort. Ganze Landstriche waren fast menschenleer. Auch in der Region Gžatsk gab es Gebiete, in denen sich keine »Zivilbevölkerung« mehr befand, da sie von der Division für Zwangsarbeit oder aus Gründen der Sicherheit »evakuiert« worden war.[370]

Die Medizinstudenten aus München erlebten zu jeder Zeit und an jedem Ort, daß die Einheimischen dieser Organisationsgewalt hilflos und rechtlos ausgeliefert waren. Das Besatzungssystem empörte sie – und bestärkte sie, sich grundsätzlich gegen den Krieg der Wehrmacht und das NS-Regime zu stellen.

5. Der Kampf gegen Partisanen

Die Partisanen im Hinterland

Das in Rußland eroberte Gebiet war nicht beherrschbar. Seit dem Frühjahr 1942 hatte die Wehrmacht ein enormes Problem mit den offensiv agierenden Partisanen, die sich vernetzt hatten und in organisierten Gruppen auftraten. Die von der Roten Armee im rückwärtigen Gebiet eröffnete »zweite Front« – die Aktion »Schienenkrieg« – führte wie beabsichtigt zur »Desorganisation des feindlichen Hinterlandes«. Die Infrastruktur der Wehrmacht wurde erheblich beeinträchtigt.

Nachdem die Heeresgruppe Mitte eine weniger auf Zwang basierende Strategie gegenüber Einheimischen und begrenzte polizeiliche Aktionen gegen Unruhen für gescheitert erklärt hatte, wurden am 1. März 1942 die Grundsätze der Besatzungspolitik zwischen der Führung des Heeres in Berlin und der Führung der Wehrmacht in der Wolfsschanze erneut diskutiert. Das Ansinnen, durch Angebote zur »Kooperation« sowie »freiwillige Arbeit« der einheimischen Bevölkerung die landwirtschaftliche Produktion zu erhöhen, wurde von der Zentrale scharf zurückgewiesen.

Das Oberkommando des Heeres setzte auf die »militärische Vernichtung der Partisanen«. Das daraufhin im März und April 1942 durchgeführte Pilotprojekt »Bamberg« sollte Maßstäbe für künftige militärische Strafexpeditionen setzen. Mit einer ganzen Infanterie-Division erprobten Wehrmacht und SS die Taktik, ein größeres Gebiet von Dörfern und Wäldern vollständig zu umstellen, es also nach allen Regeln der militärischen Kunst einzukreisen und wie einen Kessel einzudrücken, diesen dann in einem »letzten konzentrischen Angriff«, wie es hieß, »auszuräumen« und danach erneut eine »gründliche Säuberung« rückwärts bis zu den Ausgangsstellungen vorzunehmen.[371] Angeordnet wurde »rücksichts-

Jürgen Wittenstein

loses Durchgreifen gegen Männer, Frauen und Kinder«, da die gesamte Bevölkerung »deutschfeindlich« sei: Alle waren verdächtig, »Partisanenhelfer« – und sei es nur mit »sehr loser Verbindung« zum Untergrund – zu sein.[372]

Die 252. Division war im Sommer 1941 an der Verfolgung, Festnahme und Vernichtung von Juden beteiligt gewesen. Anfänglich hatte die Wehrmacht die Lösung der »Judenfrage« direkt oder indirekt mit der Bekämpfung von Partisanenaktivitäten gerechtfertigt; über Erschießungen von Juden und Partisanen hatte die Division zunächst gesondert berichtet.[373] In einem Tagesreport hieß es: »Juden verweigern Arbeitsaufnahme (...) 50 Juden erschossen.« Oder auch nur: »Erschossen: 146 Juden, 1 Zivilist, 1 pol. Kommissar.«[374] Die Eingreifgruppe Anderssen hatte sich der allgemeinen Härte angepaßt: Die Gefangenen »wurden sämtlich erschossen« – 110 »Partisanen«[376]. In den Akten vom Sommer 1942 ist in Meldungen über Anschläge nur noch von »Partisanen« oder »Banden« die Rede.

Auch als die Sanitätsfeldwebel der »Weissen Rose« durch Polen, Litauen und Weißrußland fuhren, waren solche Anschläge das Thema: »Man spricht viel von Partisanen, sieht überall die Folgen ihrer Arbeit.«[343] Als sie erfuhren: »Beinah jede Nacht geht hier ein Zug in die Luft«, beruhigten sie die dilettantischen Sicherheitsvorkehrungen keineswegs: »So müssen wir jetzt Wachen aufstellen in jedem Wagen, zwei Gewehre haben wir auch bekommen. An sich ist es ja ein Witz«, spottete Wittenstein, »die paar Gewehre mit wenigen Schuß Munition, und vor allem im Lazarettzug!«[377] Nachts mußte »wegen der Minengefahr« die Fahrt regelmäßig unterbrochen werden. Auf dem letzten Teil der Strecke konnte sich Wittenstein nur noch in bitteren Humor retten: »Lustig war die Dräsine, die hinter dem Zug herfuhr, um sofort kehrtzumachen und melden zu können, falls der Zug sich etwa außerhalb der vorgeschriebenen Geleise begeben sollte.«[378]

Sprengungen von Telefonleitungen, Brücken, Vorratslagern sowie »Störungen des Bahnbetriebs«, Anschläge auf Militärtransporte auf den Straßen und weitere Sabotageaktionen der Partisanen führten »im gesamten besetzten Gebiet« zur Schwächung der Besatzungsherrschaft wie der Frontlinie und sorgten unter den Soldaten für Unruhe. Es gibt in den Akten keinen Tätigkeitsbericht, in dem die Feldpost nicht ausgiebig erörterte, daß die Partisanen die Postwaggons tagelang mit Spreng- und Bombenattentaten auf der Strecke festhielten.[379]

Die Anschläge weiteten sich im Verlauf des Sommers von den großen Knotenpunkten um Vjaz'ma herum bis auf die mittleren Zentren aus. Obwohl die Wehrmacht zur Sicherung des »rückwärtigen« Hinterlandes beträchtliches Personal abstellte, wurden die Verbindungswege zur kämpfenden Truppe immer wieder unterbrochen. Die schlechte Versorgung der deutschen Truppen war auch auf die Erfolge der Partisanen zurückzuführen.[380] Selbst im Gebiet von Gžatsk, das mit vielen deutschen Stützpunkten geradezu übersät war, gelang es nicht einmal, die direkte Umgebung der Lager und der Sanitätseinrichtungen hinreichend abzusichern. Die Partisanen tarnten sich mit deutschen Uniformen und wagten sich mitten unter die deutschen Soldaten. Am 6. August rief die 252. Division deshalb »Abwehrwochen« gegen Partisanen aus und setzte »berittene Streifen in unmittelbarer Nähe« der Lager und des Lazaretts ein. Die Sanitätsfeldwebel erfuhren davon gleich nach ihrer Ankunft in Gžatsk. Scholl konnte die Anschläge unmittelbar beim Lazarett beobachten: »Tag für Tag und Nacht für Nacht landen hinter der Front Fallschirmtruppen.«[381] Betroffen teilte er den Eltern in diesem Feldpostbrief mit: »Die Partisanen arbeiten ungeheuer. Sie sind für unseren Nachschub eine ernste Gefahr. Neulich habe ich mich mit einem Fahrdienstleiter unterhalten. In seinem Bereich (...) haben sie innerhalb acht Tagen 48 Züge gesprengt. Die Lokomotiven sind jedesmal völlig zerstört gewesen.«[382]

Während des gesamten Sommers 1942 wurden verstärkte »Nacht-Doppelstreifen zur Überprüfung sämtlicher außerhalb der Unterkünfte befindlicher Wehrmachtsangehöriger« eingesetzt, um wenigstens den Eindruck von Sicherheit zu vermitteln.[383] »Müssen zeitweise Infanteriedienst tun, um irgendwelche abgesprungenen Russen aufzutreiben«, erfuhr Wittenstein direkt nach der Ankunft in Sosnovka, als sogar das Sanitätspersonal zum Wachdienst eingeteilt worden war. Er fühlte sich mißbraucht: »Unser ganzer Einsatz ist so idiotisch, wie man es sich kaum vorstellen kann. Völlig sinnlos, ein ungeheurer Zeitverlust«, und stellte enttäuscht fest: »Statt dessen liegen wir hier draußen, haben nichts zu tun, lernen gar nichts.«[384] Er hielt – »in großer Eile« – fest: »Ich kann jeden Moment herausgeholt werden, um mit der Handgranate im Koppel gegen irgendwelche bösen Russen zu ziehen. Das sieht direkt ganz kriegerisch aus!«[385], machte er sich über sich selbst lustig. Es gelang in dieser Zeit jedoch nicht ein einziges Mal, »russische Soldaten in deutschen Uniformen« zu fassen. Im Bereich der Unterkünfte und beim Haupt-Verbands-Platz wurden im September sogar frisch angelegte »russische Munitions-, Geräte- und Ersatzteillager« entdeckt. Die Division stellte verblüfft fest, daß die Partisanen gewissermaßen unter den Augen der Wehrmacht beträchtliche »Bestände« an Waffen eingelagert hatten, die »größtenteils vergraben waren«.[386] Die Ausgangssperren für deutsche Soldaten wurden im September mehrfach verschärft. Gerade Schmorell, der glaubte, mit »Spaziergängen« in die Dörfer oder nach Gžatsk Kontakte zur russischen Bevölkerung pflegen zu können, und Scholl fühlten sich dadurch in ihrer Bewegungsfreiheit eingeschränkt.

Die Politik der Wehrmacht

Das Gefühl, im Rücken bedroht zu sein, ließ die Unsicherheit unter den Einheiten an der Front wachsen. Die Partisanen wurden zum Phänomen dieser Besatzungsherrschaft, wie General Heinrici beklagte: »Jetzt kommen sie überall durch.« Mit Abscheu äußerte er: »Wie die Läuse klebt das Volk im undurchsichtigen Gelände fest und ist auch bei zweimaligem Durchkämmen oft nicht heraus zu kriegen.«[387]

»Überwachung« wurde zum Dauerauftrag der Feldgendarmerie.[388] Die 252. Division setzte sie ab September präventiv ein, um die verstreuten kleinen Wälder in der Nachbarschaft von Gzˇatsk von Partisanen »säubern« und anschließend wochenlang »überwachen« zu lassen.[356] Von dort, nur wenige hundert Meter vom Waldlager entfernt, waren tagsüber Transporte und kleinere Kolonnen von Soldaten auf dem Marsch beschossen worden. Es hatte zwar keine Verletzten gegeben, doch die Irritationen waren beträchtlich. Etwa ein Drittel des gesamten rückwärtigen Gebietes, beginnend direkt hinter der Front, wurde von Partisanen kontrolliert. Die Feldgendarmerie erhielt wiederholt den Auftrag, Jagdkommandos zusammenzustellen, die »für Sicherungsdienste im rückwärtigen Divisions-Raum« für zwei Wochen, beispielsweise für ein Unternehmen ab 21. September, abkommandiert wurden.[390]

Allein mit solchen »polizeilichen« Aktionen war die Lage nicht mehr beherrschbar. Man hätte einen anderen Typ von Besatzungsherrschaft aufbauen müssen. Deshalb waren generelle Entscheidungen auf höchster Ebene der Wehrmacht getroffen worden, die

Kirche bei Vjaz'ma

im Sommer 1942 auch in Gžatsk zu spüren waren. Da die Partisanen trotz aller Gegenaktionen untertauchten, richtete sich die Gewalt der militärischen Aktionen im rückwärtigen Gebiet vornehmlich gegen die ansässigen Bewohner. Allerdings stärkte das »Niederbrennen der Dörfer« wiederum den Widerstand.[391]

Im August 1942 ordnete Hitler die »verstärkte Bekämpfung des Bandenunwesens im Osten« an. In seinem diese Richtlinien präzisierenden Kommandobefehl vom 18. August 1942 wurde »aus psychologischen Gründen« die Terminologie gewechselt: Um die »Banditen«, so der eingeführte neue Begriff, zu vernichten, verlangte er »härteste Maßnahmen«.[392] Völkerrechtliche Rücksichten waren aufzugeben, Pardon war dem Gegner zu »verweigern«. Die Radikalisierung der Befehlssprache erreichte im Oktober einen Höhepunkt: Die gefaßten gegnerischen Soldaten seien, »auch wenn es sich äußerlich um Soldaten in Uniform (...) handelt, im Kampf oder auf der Flucht bis auf den letzten Mann nieder zu machen«. In einer ergänzenden Weisung stellte Hitler klar: »Jede Verwahrung unter militärischer Obhut, z. B. in Kriegsgefangenenlagern ist (...) strengstens verboten.«[393] Apodiktisch wurde in dem nur für Kommandeure bestimmten Zusatzbefehl verlangt, daß die »Banden« gestellt und »bis zum letzten Mann nieder gemacht« werden müßten, ohne »nach den Regeln der Genfer Konvention« vorzugehen. Sämtliche »Banden« seien »unter allen Umständen restlos auszurotten«[394]. Der »Stempel des Weltanschauungskrieges« und des Lebenskampfes ohne Recht und Maßstab war allem endgültig aufgedrückt worden. Mit dem Kommandobefehl überschnitt die Wehrmacht endgültig die Grenzen des Völkerrechts und übertrug die Kampfprinzipien der Vernichtung auf die Besatzungspolitik; denn die verantwortlichen Kommandeure sollten »nicht nur die Notwendigkeit eines solchen Handelns begreifen, sondern (...) sich mit aller Energie für die Durchsetzung dieses Befehls einsetzen«.[395]

Vernichtung und Säuberung

Vor Ort wurde mit größter Brutalität gehandelt. Im Sommer 1942 wurden auch im Bereich der 252. Division neue Überlegungen darüber angestellt, wie man der Partisanen Herr werden könne. Trotz aller Bemühungen gab es im Hinterland keine Sicherheit für die Truppe, täglich kam es im August und September zu »Störungen« auf der Eisenbahnstrecke zwischen Gžatsk und Vjaz'ma. Dabei hatte die Division im Juli 1942 an einer zentral gesteuerten Sonderaktion nach dem Modell »Bamberg« im Rahmen des IX. Armeekorps mitgewirkt und gerade eine förmliche »Anerkennung des Kommandierenden Generals« wegen »erfolgreicher Beteiligung an einem Partisanenunternehmen« erhalten.[396]

Die Führung der Division war irritiert. Hatten die Partisanen ihre Reihen neu formieren können, weil sie durch die Maßnahmen der Besatzung – Evakuierung ganzer Landstriche, Hunger in der Bevölkerung, Ausbeutung des Landes, Internierung und systematische Zwangsarbeit, Abschub ins Reich – Zulauf durch flüchtende Einheimische erhielten? Oder weil die Rote Armee im August fast täglich »Fallschirmspringer« sogar direkt hinter der Front absetzte, welche die Feldgendarmerie bei Gžatsk aber nie faßte, und weil die Partisanen sich quasi militärisch organisieren konnten?[397] Die Feldgendarmerie war – wohl als einzige Einrichtung der Besatzung bei Gžatsk – davon überzeugt, daß insbesondere die Repressalien des Besatzungssystems die Bevölkerung in die Arme der Partisanen trieben. Den so entfachten Widerstand nutze die Rote Armee aus, eigenständig operierende Formationen von Partisanen aufzubauen und auch miteinander zu vernetzen.

Der Auftrag des IX. Armeekorps an die 252. Division lautete, das Modell »Bamberg«, die Taktik und die Maximen für die Operationen zur Einkesselung und Vernichtung der Partisanen, diesmal im Hinterland von Gžatsk im kleineren Stil umzusetzen. Die Reiterzüge dreier Regimenter der 252. Division wurden Ende September zusammengefaßt und dem Befehl eines Oberstleutnants »für einige Tage zur Bandenbekämpfung« unterstellt.[398] Üblicherweise wurden solche Aktionen mit bis zu fünfzig Soldaten einem Leutnant übertragen, weil es an Offizieren mangelte.

Obwohl die Division in harte Abwehrkämpfe verwickelt war, stellte sie ein umfangreiches Kontingent berittener Truppen, viele hundert Mann, für diese Aktion zur Verfügung, da »die Befriedung des Hinterlands erforderlich« sei. Sogar eine ganze Anzahl von Offizieren wurde von der Front abkommandiert, da erfahrene Kämpfer eingesetzt werden sollten.

Der Einsatz fand zwischen Gžatsk und der Rollbahn statt. Dort »trieben sich Banditen herum«, die »immer dreister wurden«[399]. Sie gefährdeten die Versorgungslinien und behinderten den Nachschub, weil sie die Straße und die Bahn nach Gžatsk beschossen. Es gab zwar keine Verletzten, aber der Verkehr wurde immer wieder lahmgelegt. Per Fernschreiben wurde mitgeteilt, daß man die für den Einsatz »erforderlichen Maßnahmen« getroffen habe.[400]

Am 11. Oktober, kaum zwei Wochen später, wurde die nächste kleine Expedition von etwa fünfzig Soldaten unter Leitung eines Oberleutnants im Waldlager zusammengestellt und gestartet. »Trotz der laufend durchgeführten Befriedung« hatte »das Bandenunwesen wieder über Hand genommen«. Die Division zog sogar 50 Soldaten des Infanterie-Regiments 461 von der Front ab. Sie suchte harte und erfahrene Soldaten für den Auftrag, »radikal durchzugreifen«, um »entscheidende Nachteile für die Kampfführung und Versorgung im Winter zu vermeiden«[401].

Einzelheiten über Verlauf oder Erfolg dieser Aktionen sind nicht überliefert. Sie gingen vom Waldlager bei Gžatsk aus, dem direkten Umfeld der vier des »Kleeblatts«. Derartige militärische Aktionen waren allgemein bekannt. Hitlers geheime Kommandosache dürfte kaum wörtlich unter den Soldaten kolportiert worden sein, doch ist anzunehmen, daß die Einheimischen, zu denen Schmorell gute Kontakte hatte, offen Geschichten erzählten und über ihre Erfahrungen mit diesen Zwangsmaßnahmen, Drangsalen oder Massakern in ihrem Gebiet berichteten, die auf dem Kommandobefehl basierten: »Der Krieg gegen die Partisanen (ist – D. B.) ein Kampf der restlosen Ausrottung.« Die Division übernahm im Gebiet von Gžatsk die Aufgabe, mit »rücksichtsloser Brutalität« ihre Nachbarschaft, die Dörfer und Wälder zu »säubern«.[402] Es war nicht das erste Mal, daß bei Gžatsk »die Dörfer brannten«.[403]

6. Die Begegnungen mit Russen

Reglementierung und Chancen

Die Sanitätsfeldwebel der »Weissen Rose« standen in Rußland zwischen »zwei Welten«. Für das Besatzungssystem waren die Russen und ihr Land Material zur Ausbeutung; die Zivilbevölkerung hatte keine Chance aufzubegehren; die Russen wußten, daß die NS-Ideologie nahezu jede Gewaltanwendung gegenüber ihnen als »Minderwertigen« legitimierte. Die Hilfsärzte der »Weissen Rose«, Furtwängler, Graf, Schmorell, Scholl und Wittenstein, wollten Solidarität mit der unterworfenen Bevölkerung zeigen. Das war keineswegs einfach, denn unabhängig von ihren persönlichen Motiven sorgten sie für das Funktionieren der Wehrmacht, unterstützten die Truppen im Dienst an den Verwundeten, aber auch an der Front. Die Uniform identifizierte sie, für die Deutschen wie für die Russen. Sie mußten in der Montur des Täters den Opfern ihre andere Haltung signalisieren und um deren Vertrauen werben.

Die Dokumente belegen auf vielfache Weise, daß sie dem Feindbild der NS-Propaganda entgegenwirkten. Wie die Sanitätsfeldwebel schon im Zug erfuhren, verteufelten Kameraden die Russen. Wittenstein schrieb seiner Mutter am 1. August: »Unverständlich die Einstellung der meisten Landser, die dafür sind, daß jeder Russe umgebracht wird!« Nicht nur in Briefen, sondern auch in der Öffentlichkeit bezeugten sie ihren Standpunkt »So ganz ohne Kultur ist das Volk keineswegs«.[404]

Schon am 2. August, gerade in Vjaz'ma angekommen, besuchten sie in Uniform einen orthodoxen Gottesdienst, der »inmitten der Trümmer der Kirche« stattfand. Beeindruckt vom »wundervollen« Gesang der Chöre, blieben sie zwei Stunden »unter diesen hart geschlagenen Menschen«.[405] In den Tagebüchern und Briefen vom August finden sich viele Berichte über Begegnungen mit Russen. Schmorell, der die russische Sprache beherrschte, führte das »Kleeblatt« geradewegs zu ihnen und fungierte als »Dolmetscher«[406]. Er war in Orenburg am Ural geboren, die Familie war nach dem Tod seiner Mutter vor den Bolschewiki geflohen und nach Deutschland übergesiedelt.

Wann immer die Medizinstudenten es einrichten konnten, brachen sie aus dem engen Korsett des Militärsystems aus. Die Organisation des medizinischen Dienstes bot ihnen die Chance, die Zeit weitgehend selbst einzuteilen und sich freier zu bewegen als die Soldaten. Schmorell genoß die Nähe zu seinen Landsleuten. Wenn er von der mit Erdwällen befestigten Unterkunft, dem »Bunker«, zu den großen Baracken seiner »chirurgischen Station« ging, kam er an Einheimischen vorbei. Die Russen waren sichtlich erstaunt, daß ein Deutscher in Uniform das Gespräch mit ihnen suchte. Zwei Tage nach der Ankunft im Waldlager bei Gžatsk schrieb Schmorell überglücklich nach Hause: »Ich spreche oft und viel mit der russischen Bevölkerung, mit einfachem Volk und mit Intelligenz, besonders mit Ärzten.«[407] Er war hingerissen: »als ich zum ersten Mal diese Gesichter sah, diese Augen, und zum ersten Mal mit ihnen sprach, was für ein Leben leuchtete aus allem mir entgegen!«[408]. Diese Menschen waren keine freien Bürger, sie wohnten in den Lagern, getrennt nach Männern und Frauen, und leisteten Zwangsarbeit oder waren halb kaserniert und dienstverpflichtet als Ärzte, Krankenschwestern und Sanitäter beim Haupt-Verbands-Platz, kümmerten sich um die Selbstversorgung der Einheimischen bzw. gehörten zum sonstigen Hilfspersonal der Wehrmacht.[409]

Mit seiner grenzenlosen Liebe zu Rußland riß Schmorell die anderen mit auf der Gratwanderung zwischen aufoktroyierter Distanz zu den Einheimischen und ihrem Willen, sich diesen Menschen zuzuwenden. Seine Euphorie blieb Furtwängler nachdrücklich in Erinnerung: »Es war gewissermaßen ein rauschhaft-romantischer Wesenszug von ihm, alles was russisch war, für groß und liebenswert zu halten.«[410] So half Schmorell den Freunden nicht nur dank seiner Sprachkenntnisse, Land und Leute mit an-

Bombentrichter direkt neben dem Haus der Sanitätssoldaten

deren Augen wahrzunehmen. Auch Graf, der schon im Jahr zuvor in Rußland eingesetzt worden war, eröffnete sich »vieles, was vorher unbekannt oder zumindest unverstanden blieb«.[411]

Die Russen profitierten gleichfalls von Schmorells Elan und seiner Sprachgewandtheit.

Am Wochenende oder wenn sie an dienstfreien Tagen für die

Famulatur lernen sollten, zog es das »Kleeblatt« nach Gžatsk. Schmorell, der in der Stadt rasch viele Bekannte fand, die ihn »schrecklich gastfreundlich« aufnahmen, scherte sich am wenigsten um Sperrstunden und Ausgehverbote: »Meine Freizeit verbringe ich so aufs allerbeste.« Er suchte den orthodoxen Geistlichen auf, einen »noch recht lebhaften Greis«, oder vertrieb sich auch mal den Tag an Gewässern in der Umgebung mit einem »alten Fischer«.[412]

Gžatsk selbst war nach zweimaligem Frontwechsel »fast vollständig zerstört«[413]. Die letzten Einwohner wurden in einer Nacht-und-Nebel-Aktion der Wehrmacht Anfang August »schlagartig« karteimäßig erfaßt und zur Zwangsarbeit eingeteilt.[414] Nur wer wie die Alten nicht dazu taugte, blieb zwischen den »Ruinen der hohen Häuser«, die gespenstisch in den Himmel ragten,[415] zurück. »Freie« Russen lebten allenfalls verstreut auf einzelnen Gehöften. Auch für sie gab es kein normales Leben. Alles war rationiert; die eigene Ernte requiriert; Märkte durften zwar abgehalten werden, doch Nahrungsmittel wurden als Mittel der Repression eingesetzt, z. B. sollte Salz für die Zivilbevölkerung in Gžatsk nur geliefert werden, wenn sie »besonders gute Arbeiten für Wehrmachtszwecke leistet«. Natürlich fehlte nicht der Zusatz: »Das Salz ist von der Zivilbevölkerung zu bezahlen.«[416] 1,70 Rubel je Kilogramm.

Wittenstein versuchte als Nichtraucher auf dem Markt in Sosnovka, wo die Einheimischen nicht interniert waren, für Zigaretten, die einen »sehr großen Tauschwert« hatten, Nahrungsmittel einzuhandeln. Manchmal war jedoch »alles so ausgeplündert«.[417] Er ließ sich von zu Hause Süßstoff schicken, für den man »guten russischen Tee« erhielt.[418]

Russen außerhalb der Lager und der Arbeitsstätten zu begegnen, z. B. auf den von Graf, Schmorell und Scholl häufig erwähnten »Spaziergängen«, war weder leicht noch unproblematisch. Weil die Insassen der Lager die Aktionen der Partisanen und Ausbruchsversuche der Kriegsgefangenen unterstützten, wurde eine strenge Ausgangssperre ab 17 Uhr verhängt.[419] Die nichtinternierte Zivilbevölkerung, wie die Alten in Gžatsk, wurde ständig kontrolliert, da sie ebenfalls für Arbeitseinsätze »verfügbar« sein mußte.[420]

An der Ostfront galten Beziehungen zur »fremdländischen Bevölkerung« als besonders verdächtig oder wurden gar unter Strafe gestellt. Jeder Soldat kannte den Satz: »Wer dem Feinde Auskünfte erteilt, bekennt sich zu ihm und verwirkt sein Leben als Deutscher.« In einem solchen Fall drohte im Sommer 1942 Anklage wegen Landesverrats.[421] Speziell bei den deutschen Dienststellen angestellte Russen standen unter Generalverdacht.

Der Kriegsgerichtsrat der Division fand es »unbegreiflich«, welche »Freiheiten in der Disziplin« sich verbreitet hatten; »Zucht und Ordnung« sah er in Gefahr, wenn z. B. »auch im Stellungskrieg« Untergebene ihrer Grußpflicht nicht nachkamen oder – und dies traf auf die Sanitätsfeldwebel zu – wenn Soldaten ohne Befehl ihre Diensträume verließen. Solche »Disziplinlosigkeit« zeige nur, daß jemand »nicht gewillt ist sich unterzuordnen«, und grenze an den Tatbestand, daß der Soldat sich »unerlaubt von der Truppe« entfernt habe.[422] Die Militärjustiz rühmte sich, deshalb Strafverfahren gegen Soldaten durchgeführt zu haben.

Unabhängig vom Zapfenstreich wurde ein Ausgehverbot für Angehörige der Wehrmacht erlassen, dessen Einhaltung im September und Oktober besonders überwacht wurde. Auch die Sanitätsfeldwebel wurden auf Kontrollgänge geschickt: »Gestern Nacht durfte ich dauernd Streife ziehen«, klagte Wittenstein Anfang August.[423] Die Mitglieder der »Weissen Rose« hatte man mehrmals dienstlich »vergattert«, die abendlichen Sperren einzuhalten. In den »Richtlinien für die verstärkte Bekämpfung des Bandenunwesens im Osten« hieß es unmißverständlich, »der unangebrachten Vertrauensseligkeit (...) ist schärfstens entgegenzutreten«.[424] Die Sanitätsfeldwebel wußten, daß sie sich dem Verdacht der Fraternisierung aussetzten. Sie verschenkten dennoch Brot, Zucker, Süßigkeiten und vor allem Zigaretten und Tabak – mit dem Risiko, daß es »Krach« mit den Vorgesetzten gab, wie es während der Rückfahrt passierte.[425]

Badezeit

Das drängende Bedürfnis nach Austausch und Gemeinschaft mit den Russen machte es ihnen leichter, die vorgegebenen Grenzen zu überschreiten. Im jugendlichen Überschwang verfielen sie auch ins Schwärmen, z. B. als sie drei Wochen nach Beginn ihres Einsatzes auf dem Haupt-Verbands-Platz an einen Samstagabend »russische Lieder« bei einer Frau hörten, »die im Lager arbeitet«. Graf berichtete: »Die Mädchen singen zur Gitarre, wir versuchen die Bässe zu summen.« Beim gemeinsamen Singen wurden Erinnerungen an alte Fahrtenerlebnisse wachgerufen, da kam emotionaler Einklang mit den Russen auf: »Es ist schön so, man spürt Rußlands Herz, das wir lieben.«[426] Am nächsten Wochenende musizierten »die Russen« auf Instrumenten – es gab in der Nähe der Lazarettanlagen auch ein Arbeitslager für Männer –, und eine Frau trat aus der Anonymität heraus: »Vera, die auch aus den Liedern die Klänge wiedergibt, welche mich mit diesem Land verbinden.«[427] Solche Momente ließen das »Kleeblatt« und vielleicht auch die Zwangsarbeiter die Last von Krieg und Besatzung für den Augenblick vergessen. Sie ergaben sich am ehesten dort, wo das

Besatzungssystem perfekt ausgebaut war und die Medizinstudenten Russen bei der täglichen Arbeit begegneten.

In Sosnovka, wo die Einheimischen nicht in Zwangslagern lebten, stellte sich eine ähnliche Vertraulichkeit schwerer her. Sogar die Jugend, zu der es Graf immer wieder drängte, verhielt sich reserviert, wenn ein Deutscher auftauchte. Als Graf im Oktober nach der Sperrstunde – allein – in ein Bauernhaus ging, in dem getanzt wurde, herrschte »zuerst etwas Beklemmung und Überraschung«.[428] Der ungebetene Gast fühlte sich nicht wohl »mitten unter den Menschen«, denen »verboten war, sich am Abend zu treffen, außerhalb des eigenen Hauses«.[429] Nicht allein weil sie sich kaum miteinander verständigen konnten, fanden sie »schwer« Kontakt. Graf erfuhr von Sina, einem Mädchen, das ein wenig Deutsch sprach, bei einem nächsten Besuch, »wie groß die Wut über die Deutschen ist, eine richtige Abneigung«[430]. Er wußte, diese Vorbehalte konnten nur abgebaut werden, wenn Deutsche die Initiative ergriffen und sich um die Russen »mühten«. In den letzten Tagen vor der Abreise gab Sina ihm und Scholl Sprachunterricht.

In Scholls Tagebuch und Briefen finden sich eindrückliche »russische Impressionen«: Er nannte einige Russen bald nach der Ankunft bei ihrem Namen, sang mit Kriegsgefangenen und »einigen russischen Mädchen« wie in einem Chor, ließ sich von Blicken und Gesten gütiger Frauen und bärtiger Männer, der Atmosphäre in den Kirchen und dem Geist des orthodoxen Gottesdienstes anrühren, berauschte sich an einem Ritt durch die Landschaft, versenkte sich in die Romanwelt Dostojewskis. Am Beginn seines Rußland-Tagebuchs schrieb er von der »Sehnsucht im jungen Menschen, aufzubrechen und alles hinter sich zu lassen und ziellos zu wandern, bis auch der letzte Faden gerissen ist, der ihn gefesselt hielt, bis er in der weiten Ebene allein und nackt Gott gegenüber steht«.[431]

Selbst der kühlere und klar analysierende Wittenstein ließ sich von »Rußland« hinreißen. In den Trümmern am Stadtrand von Vjaz'ma spürte er nach wenigen Tagen: »Rascher als ich dachte, habe ich dieses Rußland liebgewonnen mit seiner Größe und unerschöpflichen Tiefe, und dem Kraftquell seiner unverbrauchten Menschen. Der Himmel ist groß und ein idealer Widerpart für die russische Erde.«[432] Die meist als schlammig und staubig beschimpften russischen Fahrwege verklärte er zum »Urbild der Straße«: »Breit, staubig und lehmig, rötlich schimmernd im Grün der Wiesen, über sanfte Hügel ziehend und gesäumt von weißstämmigen Birken«, während er die Verkehrsadern in Deutschland abwertete: »Wie tot sind doch jene trostlosen Asphalt- und Betonbänder!«[433]

Schmorell holte sich das Rußland, von dem ihm in München berichtet worden war und das er in Romanen gesucht hatte, in sein Herz. Seine Sehnsucht nach Heimat erfüllte sich. Vor der Gestapo erklärte er: »Diese Liebe zum russischen Volk wurde durch meinen Osteinsatz im Sommer 1942 noch sehr gesteigert, weil ich mit eigenen Augen gesehen habe, daß die Grundzüge und der Charakter des russischen Volkes vom Bolschewismus nicht viel verändert wurden.«[434] Er baute auf das Unverbildete, Gesunde dieses Volkes: »Hier in Rußland liegt die Zukunft der ganzen Menschheit«. In einem Brief von Anfang August faßte er seine Zivilisationskritik mit den Worten zusammen: »Die Welt muß anders werden, russischer und wenn sie das nicht will oder kann, dann sind ihre Tage gezählt.«[435]

Schmorell kämpfte mit zwiespältigen Gefühlen. Zeitweise hatte er den unbändigen Wunsch, den Rock der Wehrmacht abzulegen und zu den russischen Partisanen überzulaufen, wie er nach seiner Rückkehr in München berichtete.[436] Der Gefahr, den Verdacht landesverräterischer Verbindung mit dem Feind zu bestätigen, war sich Schmorell bewußt, dennoch hob er vor der Gestapo seine intensiven Kontakte mit Kriegsgefangenen hervor. Demonstrativ »gestand« er, »verschiedentlich« mit »russischen Offizieren« und mit »gefangenen Bolschewisten« am Haupt-Verbands-Platz gesprochen und Anschriften ausgetauscht zu haben.[437] Er hatte, wie ermittelt wurde, sogar »vorsorglich« Adressen von Russen notiert, um sie »nach dem Kriege aufsuchen zu können«.[438] Hier zeigt sich

Russische Straße

exemplarisch die Tiefe einer festen politischen Überzeugung, Solidarität mit unfreien und geknechteten Landsleuten in die Tat umzusetzen – mit allen Konsequenzen für das eigene Leben.

Zum Rußland-Bild

Die Mitglieder der »Weissen Rose« waren an die Ostfront mit der inneren Bereitschaft gefahren, Rußland positiv und mit offenen Augen wahrzunehmen. Die Dokumente belegen auf vielfache Weise, daß sie sich bemühten, das Vertrauen der Einheimischen zu gewinnen und ihre Kultur aufzunehmen. Schmorell bekannte vor der Gestapo, schon in München hätten Werke von Gogol, Tolstoi und Dostojewski »die Liebe zum russischen Volk« wachsen lassen.[439] Auch in den bunkerartigen Unterständen verschlangen sie in den Abendstunden »Schuld und Sühne«. Scholl ließ sich sogar von dem Münchner Buchhändler Josef Söhngen weitere Texte von Dostojewski zusenden.

Die Bedeutung der russischen Romane für ihre geistige Welt

soll nicht unterschätzt werden. Das Spektrum ihrer Lektüre aber war wesentlich breiter, es reichte von Shakespeare, Rilke, Stifter, Guardini, Kleist, Jean Paul und Fontane natürlich bis zu Goethes »Faust« und den »Gesprächen mit Eckermann«. Wittenstein berichtete noch von ausgiebiger Beschäftigung mit Schopenhauer, Kant und Bismarck. Sie hatten in Rußland eine beachtliche Auswahl, ihre »Bildungslücken« zu schließen.[440]

Das »Kleeblatt« projizierte seine Vorstellung vom Rußland aus der Zeit vor der Oktoberrevolution auf das Rußland der Gegenwart. Kaum in Gžatsk angekommen, fand Schmorell sein Bild von der Heimat und seinen Landsleuten bestätigt: »Ich habe den allerbesten Eindruck (...). Und seltsam, alle Menschen sind über den Bolschewismus einer Meinung: nichts auf der Welt hassen sie mehr als diesen.« Ebenso seine Hoffnung, der Bolschewismus werde »nie« wiederkehren: dieser sei »schon endgültig erledigt, und das russische Volk, der Bauer wie der Arbeiter, hassen ihn allzusehr«[441].

Die Erfahrung der Unfreiheit trug zusätzlich zur Identifizierung mit den Russen bei. Schmorell hatte dies bereits im Sommer 1941 zum Ausdruck gebracht, als er in München Emigranten aus der Sowjetunion getroffen hatte: »Viel einfaches Volk, aber gutes, kostbarstes. Es sind doch alles Menschen, die einst, um der Unfreiheit zu entgehen, ihre Heimat verlassen haben, die Ungeheures gewagt und geleistet haben, nur um einer verhaßten Idee nicht dienen zu müssen.«[442] Wie der Kreis der »Weissen Rose« unter der Diktatur des Nationalsozialismus litt, litten die Russen unter dem Stalinschen Sozialismus und der deutschen Besatzung. Scholl, Schmorell und Graf, mit ihren jugendbündischen Erfahrungen, genossen das Gefühl der Gemeinsamkeit und die Erfahrung einer berührenden Nähe. Zum Beispiel an den Abenden, wenn sie in eine Runde kamen, in der gesungen wurde. »Das russische Volk hat in diesen zwanzig Jahren Bolschewismus nicht verlernt zu singen und zu tanzen, und überall wohin Du kommst, kannst Du russische Lieder hören«, hob Schmorell voller Freude hervor.[443] Wittenstein erlebte unverhofft, wie »die Einwohner unseres Dorfes in

Dorffest in Sosnovka

ausgesucht schöner Kleidung« zwei Tage lang das Fest ihres Schutzpatrons feierten. Als sie sich abends zum Tanz auf einem freien Platz neben der Straße versammelten, registrierte er: »Kaum Männer allerdings« und: keine »Trachten und alte(n) Volkstänze zu sehen«. Er vermutete: »Es scheint wirklich, daß alles wertvolle überlieferte, volkstümliche Kulturgut während der nun fast ein Vierteljahrhundert dauernden Herrschaft des Bolschewismus verlorenging.«[444]

Der orthodoxe Gottesdienst bewegte das »Kleeblatt« tief. Sie waren von den »prächtigen Akkorden« der Tenöre und Bässe angerührt, Scholl meinte eine Transzendenz wahrgenommen zu haben: »Man spürt die Bewegung der Seelen, die sich ausschütten, die sich öffnen nach diesem grauenvollen langen Schweigen (...). Ich möchte weinen vor Freude, denn auch in meinem Herzen löst sich langsam eine Fessel nach der anderen (...).« Sie alle – »gebrochene Menschen« – vereinte die Suche nach der »wahrhaftigen Heimat«.[445] Von der Ausgestaltung einer Messe bei der Wehrmacht »irgendwo in einem Bunker« fühlten sie sich dagegen abgestoßen. »Stillos, was könnte man trotz allem in dieser Umgebung machen, wenn man das Herz dazu hätte!«[446] Graf suchte das Herz, Liebe nannte es Scholl, was ihnen im orthodoxen Gottesdienst bei den Russen entgegenschlug.

Neben dem Klang der Musik zog sie die Landschaft in ihren Bann. Scholl inspirierten die »welligen Hügel wie erstarrtes Meer und darüber im blauen Himmel schwebend Wolkenschiffe, strahlend Weiß im Lichte der Nachmittagssonne« zu Allegorien, die seine Schwermut und seine Ängste widerspiegelten. Angesichts der »endlosen Ebene, wo jede Linie zerfließt, wo alles Feste sich auflöst wie ein Tropfen im Meer«, schien ihm der Mensch verloren, der Plan der Deutschen, sich diese russische Erde zu unterwerfen, anmaßend, ein Eingriff in die göttliche Ordnung. Trost fand er in der Gewißheit: »Wo jede Heimat aufhört, ist Gott am nächsten.«[467] Auch die anderen deuteten auf der Fahrt im Zuge, bei Vjaz'ma und Gžatsk die Natur gleichnishaft. Bei Sosnovka schrieb Wittenstein diese Impressionen nieder: »Groß steht der volle Mond am Himmel, weist uns seine zerklüftete Seite hell leuchtend zu. Vor unserem Haus stehen – zarte und schlanke Silhouetten gegen das Licht – zwei Birken. Sanft neigt sich die kleinere der anderen zu, die sich schützend über sie beugt. Wunderhaftes Sinnbild der Liebe in einem fremden Land!«[468] Schmorell fand ähnliche Bilder: »Schönes, herrliches Rußland! Die Birke ist Dein Baum. Dort, weit, weit, wo Himmel und Erde sich berühren – am Rande der unendlichen weiten Ebene steht sie einsam und weist in den Himmel. Du einsame Birke, der ewige Steppenwind liebkost, zerrauft, bricht Dich, Du bist sein ewiger Spielball.«[469]

Beim Abschied fühlte sich Wittenstein gedrängt, »noch einmal die Seele anzufüllen mit der unvergeßlichen Schönheit der russischen Landschaft, deren unentrinnbarer Wehmut ich Westlicher, zur Schwermut Neigender, gar zu leicht und wohl auch gar zu willig verfallen bin, wie nur je ein empfindender Mensch einer Landschaft verfallen kann«. Die Landschaft vermochte ihn und seine Gefährten zu fesseln, »weil sie die verborgensten Züge des Herzens und seine geheimsten Regungen gleichsam zurückwirft«[470].

Die Fronterfahrung – Klärung des politischen Widerstandes

Das Projizieren von Emotionen und literarischen Bildern in ein teilweise verklärendes Rußlandbild gehört zur »Weissen Rose« wie der klare Blick auf die gesellschaftlichen Verhältnisse und die ethischen Forderungen an eine menschliche Politik. Den Erfahrungen an der Ostfront fehlten Konturen, würde dieser Aspekt vernachlässigt.

Die Monate im Herbst 1942 brachten machtvolle Erneuerung und klärende Bestärkung zugleich, Verstand und Gefühl der jungen Männer wurden angeregt wie kaum jemals zuvor. Scholls Aufzeichnungen helfen den inneren Prozeß des Wandels und Reifens verstehen. »Die Knospe der Phantasie, die sich in Deutschland nicht an die Sonne wagt, ist hier noch einmal aufgebrochen und blüht in allen Farben«, schrieb er, denn Rußland sei »radikal, man muß es lieben oder hassen, und der Krieg schafft Gegensätze, die einen Menschen, dessen Ich noch nicht ganz verschüttet ist, zutiefst aufwühlen.« Er geht noch weiter: »In Rußland hört jede Heimat auf«[451].

Solche Äußerungen sind nicht Ausdruck romantischer Ideale, sie zeigen – wie die folgenden – das Aufgewühltsein und das Empfinden einer verzweifelten Ohnmacht angesichts der politischen und militärischen Verantwortung: »Die ganze Welt steht in Flammen. (...) Alles ist auf die Spitze getrieben, vor allem die Dummheit und Feigheit der Menschen einerseits, die Hybris und Superbia andererseits.«[452]

Radikalität hatte diese jungen Männer erfaßt. Ihr Denken ließ sich von der Realität und Vernunft leiten. Scholl zweifelte grundsätzlich am Sinn des Krieges: »Es genügt nicht, wenn man sein Handwerk recht und schlecht ausübt. Es ist unsinnig und führt zu Abwegen, wenn man seine Pflicht tut. Der Mensch ist zum Denken geboren«[453] – was für Sätze, geschrieben am Ende des Monats August, nachdem die Truppen um Gžatsk dezimiert und die Verwundeten zu Tausenden an ihnen vorübergezogen waren.

Das Grauen über Besatzung und Krieg warf die Frage auf: »Wie mag die Liebe eines Weibes, die Sorge einer Mutter die Nichtigkeit dieses Daseins zu halten?«[454] Die Erfahrung des Todes bewegte: »Es ist einfach so, daß man die ganze Unbedeutendheit und Winzigkeit der eigenen Existenz, die einem die Welt war, inne wird. (...) Diese Wandlung, dieses Nichtigwerden des Daseins, ist ungeheuer«, erkannte Wittenstein und spürte dem Weg zu sich nach: »Groß und ewig sind nur die Worte, die man in sich trug in innerer Schau.« Mit der Erkenntnis kamen die Zweifel: »Aber wird man die jemals erfüllen können?«[455]

Die gewohnte Sicherheit schien verloren, von »Heimat, Vaterland oder Beruf gleichsam abgerissen, der Boden schwindet unter den Füßen, man fällt und fällt«[456]. Trauer und Tod verfolgten Scholl in seinen nächtlichen Träumen: »Ich habe keine Musik bei mir. Ich höre nur Tag und Nacht das Stöhnen der Gequälten, wenn ich träume, die Seufzer der Verlassenen (...)«[457] Bald darauf notierte er einen Tagtraum, »eine seltsame Idee«, die ihn zum dauernden Grübeln brachte: »Ich möchte eine Utopie schaffen, (...) daß eine Zeit kommen könnte, da der Krieg völlig vergessen, da durch ein gütiges Schicksal die Erinnerung an ihn aus allen Büchern getilgt sein wird.«[458]

Mit den Vertretern des Geistes ging Scholl ins Gericht, sehr konkret, die Vernichtung im Kriege vor Augen: »Deine Seele verdorrt, weil Du ihren Ruf nicht hören wolltest. Du denkst nach über die letzte Verfeinerung eines Maschinengewehrs, aber die primitivste Frage hast Du schon in Deiner Jugend unterdrückt. Die Frage: warum? und wohin?« Er gab die Antwort selbst, als er klarstellte: »Aber der Mensch ist im Wesentlichen frei, und seine Freiheit macht ihn zum Menschen.«[459]

Aus dieser Freiheit erwuchs Deutlichkeit. Vor der Gestapo erläuterten sie ihre Beweggründe. »Nach qualvollen Überlegungen« kamen Scholl »Greuel« wegen der »Behandlung der von uns besetzten Gebiete und Völker«; er zog ruhig und rational das Fazit: »Ich konnte mir nicht vorstellen, daß nach diesen Methoden der Herrschaft eine friedliche Aufbauarbeit in Europa möglich sein

Von deutschen Soldaten zerschossenes Fresko

wird.« Die Analyse der »militärischen Lage« habe ihn zu der Einsicht kommen lassen, »daß es nur noch ein Mittel zur Erhaltung der europäischen Idee gebe, nämlich die Verkürzung des Krieges«[460]. Er stellte sich den eigenen Erkenntnissen und entschloß sich, »nicht nur in Gedanken, sondern auch in der Tat meine Gesinnung zu zeigen«.

Vor allem für Graf und Scholl war die persönliche Verankerung im christlichen Glauben ein gewichtiges Motiv der Entscheidung zum Widerstand. Ersterer hatte sein Denken in den Rahmen religiöser Fügung gestellt und glaubte, das Politische sei an eine überzeitliche Ordnung gebunden, die sein Handeln legitimiere. In seinem persönlichen Lebenslauf schrieb er in der Haft: »Für mich war der Staat eine Ordnung, die Gott einem Volk gegeben hat und (...) daß alle Ereignisse in der Welt für die Völker und jeden Einzelnen von Gott kommen und von ihm gelenkt werden.«[461] Scholl rief zu Beginn des Aufenthalts in Rußland angesichts der von der Wehrmacht verursachten »Zerstörung und Verzweiflung«, welche »die Unschuldigen immer heimsucht«, den »Gott der Liebe« an: »Wann fegt ein Sturm endlich all diese Gottlosen hinweg, die Dein Ebenbild beflecken, die einem Dämon« – damit war Adolf Hitler gemeint – »das Blut von Tausenden von Unschuldigen zum Opfer darbringen?«[462] Je länger er an der Ostfront war, desto deutlicher wurde ihm das Grauen. Er antizipierte eine Utopie des Friedens und der Freiheit, in der Ethik und Religion eins waren: »Friede auf Erden und den Menschen ein Wohlgefallen überall in allen Ländern unter dem Himmel« – »ein wahrhaft goldenes Zeitalter«.[463]

In seinem während der Gestapo-Haft verfaßten »Politischen Bekenntnis« betonte Schmorell emphatisch, wie sehr es ihn »schmerzlich berührt« habe, »daß die deutsche Regierung auf eine Vergrößerung seiner Landbesitzungen durch Gewalt« hinarbeitete.[464] Er hatte den Unterschied zwischen Last und Leid in Rußland tief empfunden: »Die Verwüstungen und Zerstörungen treten dann in den Hintergrund – sie werden auch bald verschmerzt sein – außer den Opfern an Menschen.«[465] Für ihn stand der

Mensch ganz im Mittelpunkt. Daher besaß das Ziel der »Kriegsverkürzung« für ihn Vorrang. Es wäre verkehrt, Schmorell wegen mancher überschwenglichen Bekundungen seiner Liebe zu Rußland als romantischen Träumer einzuordnen, der die Realität ausgeblendet habe. Er erklärte vor der Gestapo zum politischen Konzept der »Flugblätter der Weissen Rose« vom Juni und Juli 1942: »Wenn wir in unseren Flugblättern zur Sabotage aufforderten, so gingen wir von dem Gedanken aus, dadurch den deutschen Soldaten zum Zurückgehen zu zwingen.«[466]

Graf begründete in den Verhören im März 1943 seine Entscheidung für den aktiven öffentlichen Widerstand ebenfalls mit der »politischen und militärischen Lage«.[467] Er sah im Sommer/Herbst 1942 seine Erfahrungen vom Januar 1942 – »Wieder einmal steht die ›Humanität‹ im Kriege zur Debatte« – bestätigt.[468]

Die politische Ethik des »Kleeblatts« hatte an der Ostfront ihren Kern gefunden. Für sie gab es keinen Zweifel, daß allein das schnelle Ende des Krieges die Übel beseitigen konnte, die mit dem NS-Regime verbunden waren. Verzweiflung trieb sie um: »Die Deutschen sind unverbesserlich. Ihre Falschheit steckt ihnen schon so tief im Fleisch, daß man sie nicht exstirpieren könnte, ohne den ganzen Körper zu töten.« Scholl wähnte voller Pessimismus: »Ein verlorenes Volk.«[469] Graf bekannte noch in Rußland, wie sehr die Kriegserfahrungen sein »politisches Denken« veränderten und daß er der Politik nun »mehr verbunden denn je« war.[470] Auch Schmorell hatte zu einer Entschiedenheit gefunden, die zum Äußersten bereit war. Er bestätigte in den Vernehmungen, daß sie sich von Anfang an »darüber klar« waren, »im Ermittlungsfalle« »mit schwersten Bestrafungen« rechnen zu müssen. Daher überzeugt sein Bekenntnis: »Was ich damit getan habe, habe ich nicht unbewußt getan, sondern ich habe sogar damit gerechnet, daß ich im Ermittlungsfalle mein Leben verlieren könnte. Über das alles habe ich mich einfach hinweggesetzt, weil mir meine innere Verpflichtung zum Handeln gegen den nationalsozialistischen Staat höher gestanden ist.«[471]

Die jungen Männer der »Weissen Rose« – das »Kleeblatt« mit

Hans Scholl, Alexander Schmorell, Willi Graf und Hubert Furtwängler sowie der in der direkten Nachbarschaft bei Gžatsk und Vjaz'ma eingesetzte Jürgen Wittenstein – reiften in diesen Monaten des Spätsommers 1942. Ihnen wurde bewußt, in einer widersinnigen Welt zu leben, in der Deutsche wie Russen unter dem Nationalsozialismus zu leiden hatten, und sie waren bereit, sich gegen ihn zu wenden. Sie nahmen Anteil am Schicksal des russischen Volkes, »das wie auch das Unsere solche Nöte und Ungeheuerlichkeiten erleben muß«[472].

Am 1. November fuhren Furtwängler, Goltermann, Graf, Schmorell und Scholl – Wittenstein geriet auf eine andere Route – in Viehwaggons von Vjaz'ma über Smolensk, Orscha und Brest bis Warschau, stiegen dort um und zwängten sich in »den vollen Urlauberzug« der Wehrmacht nach Berlin.[473] In Warschau kehrten sie wie bei der Fahrt an die Ostfront im Lokal »Blaue Ente« ein. Im Übermut baten sie die Kapelle, ein russisches Lied zu spielen, um mitzusingen. Unter anderem sangen sie auch »God save the King«.[474] Diesmal konnten sie die Fahrt nicht im selben Zugabteil zurücklegen, aber sie tauschten sich, wann immer sich die Gelegenheit bot, ausgiebig aus, erzählten »von den letzten Wochen« und sprachen über die Entscheidung zum aktiven öffentlichen Widerstand. Vielleicht weil er besonders spürte, daß sie zu einer verschworenen idealistischen Gemeinschaft zusammengewachsen waren, sprach Graf von einer »guten Atmosphäre, (...) weil einige ›gute Menschen‹ um uns sind«.[475]

7. Die politische Ethik des aktiven öffentlichen Widerstandes

Die zweite Phase der »Weissen Rose«

Am 6. November 1942 erreichten die Sanitätsfeldwebel Berlin. Nach kurzem Aufenthalt ging es vom Anhalter Bahnhof weiter. »Wir haben ein Abteil für uns, schlafend, essend, rauchend vergeht der Tag. (...) Am Abend 22.30 in München.«[476] Sie – »dreckig, verlaust und verwanzt« – brauchten Erholung.[477] Die jungen Männer zerstreuten sich in alle Winde, besuchten Angehörige und Freunde. Die »zwei Welten« der Ostfront bewegten ihre Gemüter noch lange; die »Zeit der Gefahren, Anstrengungen und Entbehrungen« und die »Zeit mit schönen Augenblicken und Erinnerungen« mußten verarbeitet werden.[478] Mit Beginn des Wintertrimesters Anfang Dezember kehrte der Alltag des Studiums wieder ein, so daß sie sich in vertrauter Runde »öfters« zusammenfanden, um »neben wissenschaftlichen Angelegenheiten auch politische Dinge zu erörtern«.[479] Diese Übergangsphase war eine Art Inkubationszeit: »Wir reden und planen, was zu tun sei.«[480]

In diesem Winter 1942/43, der Herz und Verstand so sehr mit Politik füllte, war es für sie selbstverständlich, zu Literaturlesungen, ins Theater und Konzert zu gehen, sie hörten z. B. den »Messias«, das Oratorium von Händel, sangen im Bach-Chor Motetten von Schütz, die Madrigale sogar abends privat, und Weihnachtslieder. Sie lebten »reichlich von guter Musik« und von Lektüre.[481] Die musische Welt bereicherte sie auf andere Art als die Natur, in deren Ordnung sie »ein Gegengewicht für all das Schreckliche, was geschieht«, fanden. Auch den Männern, die spürten, wie sehr der Krieg sie »gezeichnet« hatte, gewährte sie eine Zeitlang Hoffnung. Sophie Scholl zeichnete, Schmorell suchte Entspannung und Erfüllung in der Bildhauerei, Wittenstein schrieb Verse.

Für den Kern der »Weissen Rose« stand außer Frage, daß der

Widerstand weitergehen mußte, aber anders: mehr aktives Vorgehen, größere Auflagen von Flugblättern, Verbindungen zu anderen Städten und Universitäten. In diesen Punkten herrschte Einigkeit.[482] Dazu mußte der Widerstand auf mehr Schultern verlagert werden. Scholl und Schmorell, die Autoren der »Flugblätter der Weissen Rose«, hatten Graf und Furtwängler während der Zugfahrt nach Rußland eingeweiht. Das »Kleeblatt« hatte, was Vertrauen und Verläßlichkeit anbelangt, an der Ostfront seine Nagelprobe bestanden. Jetzt galt es aus der Deckung der völligen Abgeschlossenheit herauszutreten und andere in den Kreis der Verbündeten für die neuen Aktionen einzubeziehen, vor allem Sophie Scholl, Christoph Probst und Kurt Huber. In jenen Tagen erlangten sie Gewißheit über die Ziele, die Schmorell und Scholl mit diesen Flugblättern verbunden hatten. Die Vorlesung Hubers erwies sich wie damals als integrierender Treffpunkt.

Scholl drängte. Der Auftakt war Mitte November erfolgt. Er hatte Probst bei einem Besuch in Garmisch gebeten, ein Manuskript für ein Flugblatt zu verfassen. Zu dem Konzept führte er vor der Gestapo aus, es sollte ein Flugblatt werden, »dessen Inhalt geeignet ist, dem deutschen Volk dahin gehend die Augen zu öffnen, daß uns von dem Verlust des Krieges nur eine Annäherung an die anglo-amerikanischen Staaten und England retten kann«[483]. Scholl nannte keinen Abgabetermin; noch sondierten sie. Graf, Hans und Sophie Scholl besprachen »offen und frei Tagesfragen«, aber auch die »politische und militärische Lage«. Sie tasteten sich vage an ihr Thema heran: Kriegsende und die Zukunft danach, wenn Frieden sei. Das führte sie zwangsläufig in andere Bereiche – gedanklich und praktisch.

Ein wichtiger Schritt dahin war ein Gespräch von Scholl und Schmorell im November mit Eugen Grimminger in Stuttgart. Sie wollten den alten Feund von Scholls Vater zur Unterstützung der »Weissen Rose« gewinnen. Scholl legte ihm den mittlerweile gereiften Plan dar, »die Universitäten im Reich zu besuchen«, um mit der Parole »Gerechtigkeit für alle« ein überregionales Kommunikationsnetz in Deutschland aufzubauen. Grimminger, von der Notwendigkeit aktiven Widerstands überzeugt, hat der »Weissen Rose« mit Geld- und Sachspenden geholfen. Mit ihm weihten sie erstmals einen Außenstehenden in ihr neues Konzept ein, dessen Kern in der konsequenten Umsetzung des alten Ziels bestand, »die Fortdauer des Krieges abzukürzen«, also das Ende des Nationalsozialismus zu beschleunigen.

Scholl ergriff die Initiative, er hatte sich vorgenommen, Huber mit Erörterungen über »die Verhältnisse und seine Eindrücke in Rußland« zu gewinnen. Anknüpfungspunkt war der gemeinsame Brief des »Kleeblatts« von der Ostfront. Am 17. Dezember 1942 führten er und Graf ein, wie im Tagebuch abstrakt und vorsichtig festgehalten wurde, »sehr interessantes Gespräch mit Huber«, das den Bann brechen sollte.[484] Waren im Sommer vor allem die Erfahrungen mit der »Beeinträchtigung der geistigen Freiheit des Einzelnen«, also die Folgen der NS-Politik für Bildung, Meinungsfreiheit und Kirche das gemeinsame Problem gewesen, brachten sie im Winter die massiven Erfahrungen aus dem Krieg ein. Nun galt es, das Unaussprechliche der Eindrücke am Tor des Ghettos in Warschau, wie sie im August aus Gžatsk angedeutet hatten, in Worte zu fassen. Unterdrückung und Willkür des NS-Systems, Judenverfolgung und Judenvernichtung, Terror der Besatzung und Krieg der Wehrmacht waren die Stichworte. Nachdem die Medizinstudenten davon und von der absoluten Ausweglosigkeit der verlustreichen Kämpfe an der Ostfront berichtet hatten, sei er, so Huber seinem Zeugnis in der Haft zufolge, in die »schwersten politischen, aber auch sittlichen Konflikte« seines Lebens geraten, da er sich »mit den immer zahlreicher werdenden Blutopfern im Osten nicht innerlich abfinden« konnte.[485]

Huber sei wie befreit mit von der Partie gewesen, begeistert und konstruktiv habe er »prinzipiell« zu neuen Flugblättern und »Aktionen« der »Weissen Rose« geraten. Man brauche die Öffentlichkeit, weil »man sich nur auf diese Weise durchsetzen und Gehör verschaffen könne«[486]. Vertrieb, Herstellung und Verbreitung künftiger Flugblätter solle Scholls Aufgabe bleiben. Es mag Respekt gewesen sein, Zufall oder Ironie der Umstände, daß

Huber endlich als letzter »gelegentlich einer Zusammenkunft in der Universität kurz vor Weihnachten« angesprochen und dabei erst in das Geheimnis der Verfasser der »Weissen Rose« eingeweiht wurde.[487] Eines prägte alle Begegnungen, wie Sophie Scholl bereits im November 1942 in einem Brief feststellte: »Jedes Wort wird, bevor es gesprochen wird, von allen Seiten betrachtet, ob kein Schimmer der Zweideutigkeit an ihm haftet.«[488]

Das Ziel: ein politischer Umsturz

Die Einstellung der »Weissen Rose« hatte sich gewandelt. Der Krieg an der Ostfront verlangte Deutlichkeit, brachte Klarheit. Ihr Denken wurde realistischer und radikaler, eindringlicher und überzeugender, mit dem Anflug eines Bekenntnisses auch glanzvoller. Sie konzentrierten sich auf ein neues Ziel und rangen darum, die Kritik am NS-Regime und ihre politische Ethik miteinander zu verbinden, um die notwendige Richtung des zukünftigen Widerstands auszuloten. Die Reichweite ihrer Analyse erstreckte sich darauf, daß ein Ende des Krieges mit der Niederlage des Nationalsozialismus einhergehen werde, da Deutschland den Krieg auf keinen Fall mehr gewinnen könne, und sich damit »die heutige Regierungsform nach einem Zusammenbruch automatisch ändern müsse und auch ändern werde«, so Sophie Scholl während der Vernehmungen.[489] NS-Regime und Krieg bedingten sich wechselseitig. Erfolg des einen bedeutete Sieg des anderen – und umgekehrt. Das erwies sich als Kern der Debatte.

Einen Umsturz herbeiführen! – Mitte Dezember war es ausgesprochen. Diese Worte markieren den Wendepunkt des Widerstands der »Weissen Rose«. Ein gewandeltes Bewußtsein, den Widerstand in die Tat umzusetzen, zeichnete sich ab. Die Formen des »passiven Widerstandes« und der Aufklärung, die den wahren Charakter des NS-Systems deutlich machten, wurden weitergetrieben, um sich – in neuer »Handlungsweise«[490] – nun, so Graf, »gegen die heutige Staatsführung und damit gegen den heutigen

Staat« zu wenden.[491] Sie bekannten vor der Gestapo ihre politische Einsicht, vollends mit dem NS-Regime zu brechen und die Zeit nach dem Ende des Krieges ins Auge zu fassen – endgültig und radikal. Scholl und Schmorell formulierten konsequent: Der Zweck, den Sturz des NS-Regimes zu wagen, diente dem angestrebten Ziel, einen neuen Staat aufzubauen. Schmorell zögerte nicht zu bekennen, mit diesen Widerstandsaktionen »wollten Hans Scholl und ich einen Umsturz herbeiführen. Wir waren uns darüber im Klaren, daß unsere Handlungsweise gegen den heutigen Staat gerichtet ist (...).«[492] War das die Lösung? Konnte man so die Frage nach der gerechten »Ordnung und Macht« im Staate beantworten?[493]

Zur Jahreswende 1943 bestanden in dem inneren Zirkel der »Weissen Rose« keine Zweifel darüber, daß ein »Umsturz« legitim sei. Sogar Huber, der ähnlich wie Furtwängler und Wittenstein zur Vorsicht geraten hatte, war mit Graf und Scholl bereits im Dezember der Meinung, es sei an der Zeit, »eine Änderung« der »Staatsform herbeizuführen«.[494] Wie aus den Verhören der Gestapo ersichtlich wird, hatten Huber und Scholl die Notwendigkeit erkannt, für das gemeinsame politische Vorgehen »die grundsätzlichen Fragen (...) einer positiven Staatsform zu erörtern«. Aber vor der Gestapo gaben sie darüber wohl kaum differenziert Auskunft, doch dürften sie mit den »Normen für den Aufbau einer neuen Staatsform« die geringsten Probleme gehabt haben, da sie auf dem sicheren Fundament der sommerlichen Gespräche – »Freiheitsbewußtsein« und »Rechtsbewußtsein« – aufbauen konnten. Sensationell genug ist die Tatsache, daß Konsens darüber entstanden war, »Sinn und Zweck« des Widerstandes ziele auf einen politischen Systemwechsel, auf eine neue »Staatsform« in Deutschland. Huber strebte den Wandel für ein Nachkriegsdeutschland zunächst noch mit Kräften des bestehenden politischen Systems an: die Wehrmacht oder »unbedingt der konservative Teil der nat.soz. Partei und vor allem die alten Nat.Sozialisten« wurden genannt – für ihn war das eine Frage der politischen Taktik. Hubers Plädoyer für Freiheit, Recht und Liberalität blieb davon unberührt.

Sogar nach den Protokollen der Gestapo läßt sich in etwa rekonstruieren, wie weit doch der Konsens zwischen Huber und Scholl ging. Er schloß eine »linke« Wirtschafts- und Sozialpolitik nach dem Kriege ein, in der »die sozialistische Form bei der heutigen Wirtschaftslage Europas eine unbedingte Notwendigkeit sei«. Der »Umsturz« war ernstgemeint, ein Neuanfang stand an. Scholl »vertrat wiederholt den Standpunkt«, eine Erneuerung aller Verhältnisse von Grund auf, einschließlich eines Elitenwechsels, sei erforderlich. In der Politik des neuen Deutschland müßten »alle nat.soz., führenden Köpfe grundsätzlich ausgeschlossen bleiben«[495]. Das Ende des NS-Regimes eröffnete die Perspektive auf eine politische Reform. Die Aufgabe war groß. Entsprechend groß die »Verpflichtung«, die Schmorell daraus für sich ableitete. »Nur diese« Zielsetzungen«, erklärte er in einem Brief an eine Russin in Gžatsk, »geben mir das moralische Recht hier zu bleiben.«[496]

Scholl rückte in diesen Monaten ein wenig mehr ins Zentrum der »Weissen Rose« und belehrte andere »in politischen Vorgängen«. Voller Staunen erkannten sie die Kraft seiner persönlichen Ausstrahlung. Graf ließ sich inspirieren von diesem »politischen Idealisten«, dem »phantastische Pläne vorschwebten«. Ihm waren nicht erst in der Kälte der Gefängniszelle Bedenken gekommen, ob die Umsturzpläne nicht von vornherein »in ihrer Zielsetzung jeder praktischen Durchführung entbehrten«.[497] Doch die Begeisterung bewegte, er ließ sich anstecken und verdrängte die Zweifel. Scholl wurde, so Graf, als unumstrittene »Autorität« anerkannt, da seine Ansichten, »aus großem Wissen und gereiftem Durchdenken entstanden«, überzeugten.[498]

Was die einen ansprach, ließ andere zögern. Scholls persönliche Wirkung beruhte auf einem betonten Auftreten und dem Anspruch auf Geltung, die er in dem Kreis der »Weissen Rose« erhielt; seine Ideen und seine geradezu sprichwörtliche Spontaneität waren mitreißend, gingen aber manchen zu weit. Sie konnten ihm nicht folgen. Sophie Scholls Freundin Gisela Schertling erlag der politischen Faszination weniger und erwähnte in den Verhören seine »ausgesprochene Herrschernatur«, die einen »richtigen Widerwillen«, sogar »körperliches Mißbehagen« erzeugte. Dennoch habe sie sich nicht abwenden können, denn Graf, Schmorell und Scholl »waren so klug, hatten ein solches Geschichtswissen und arbeiteten so mit Beweisen und Tatsachen«, daß sie resigniert habe.[499] Sie habe sich nicht von der Gruppe trennen können, obwohl sie deren »Anschauungen« »entsetzt« hätten. Ob es sich wirklich so verhielt oder ob sie hier eine Schutzbehauptung vortrug, wird nicht einfach zu ermessen sein.

Anders hingegen Sophie Scholl, sie legte gegenüber den Gestapo-Beamten ein klares Bekenntnis ab. Sie hatte ihren Weg der »weltanschaulichen Entfremdung« vom Nationalsozialismus selbst gefunden und verteidigte das Ideal der »geistigen Freiheit des Menschen«[500]. Zu ihrem Bruder, dem großen Bruder, hatte sie vollstes Vertrauen, dachte sie – in einem tiefen Einverständnis, das auf langer Bewunderung und guten geschwisterlichen Beziehungen basierte – doch in ähnlicher Weise.

Schmorell war mit seiner künstlerischen Natur für alles Neue und Unbekannte, Sprunghafte und Kühne aufgeschlossen. Er konnte Scholl leichter kongenial annehmen und freundschaftlich verstehen. Das normative Fundament, das sie seit Jahren aufgebaut hatten, empfand er als stabil und ihren Umgang als verläßlich. Schmorell war sich gewiß, wie zur Zeit der »Flugblätter der Weissen Rose« im Sommer 1942 seien er und Hans Scholl im Winter 1942/43 die wahren »Rädelsführer« des Widerstandes gewesen.[501] Das Sondergericht beim Landgericht München suchte Verantwortliche und erkannte in ihnen die »Kräfte am Werk« der »Weissen Rose«, »die auf einen Umsturz hinarbeiteten«.[502]

Die öffentliche Verantwortung der Kirchen

Im Zuge ihrer neuen Vorstellung vom Widerstand setzten sich die Mitglieder der »Weissen Rose« mit den Kirchen und deren öffentlicher Rolle und gesellschaftlicher Verantwortung im Staat auseinander. Dies betraf sie um so mehr, als die gesamte Gruppe tiefe religiöse Bindungen hatte, auch wenn sie ihre persönliche Gebundenheit an die Institution Kirche eher mit Worten wie »nicht engkirchlich« eingestellt umschrieben.

Spätestens um Weihnachten 1942 entdeckten sie den politischen Charakter der Kirche. Huber hatte nicht erst im Sommer in seinen Vorlesungen dargelegt, einerseits habe er »die katholische wie die evangelische Kirchenpolitik gegenüber dem Nationalsozialismus von Anfang an aufs schärfste mißbilligt« und andererseits stoße ihn die »zunehmend antikirchliche Haltung der Partei« ab, da kein deutscher Staat »ohne die Mitwirkung der christlich denkenden Staatsmitglieder fruchtbar aufgebaut« werden könne.[503] Auch Graf bedauerte in seiner während der Haft verfaßten politischen Selbstdarstellung, daß die »Anordnungen des Staates«, »das religiös-christliche Leben aus der Öffentlichkeit« verdrängten und »der Kirche die Art ihrer Erziehung beschränkten«.[504] Kirchenpolitik – die Politik des Staates und die Politik der Kirchen – war ein weites Feld. In dieser Hinsicht hatten sie alle ausreichend Erfahrungen gesammelt, in den Jugendverbänden oder im Studium an der Universität. Graf konnte nicht begreifen, warum sich die Kirchen aus dem öffentlichen Leben der dreißiger Jahre zurückdrängen ließen und die »Gegenseitigkeit« von Religion und Gesellschaft verlorenging. »Für uns Menschen des Abendlandes ist das Christentum die Tradition, auf der wir unser geistiges und kulturelles Leben aufbauen und weiter tragen.«[505] Sie trennten die geschichtlich gewachsenen Grundlagen der europäischen Kultur von der aktuellen öffentlichen Verantwortung der Kirchen.

Die Akzeptanz des NS-Regimes durch die Kirchen – demonstriert durch Fürbitten für Reichskanzler Hitler oder das Schweigen zur Politik gegen die Juden – fand im Kreis der »Weissen Rose« keinerlei Zustimmung. Ihre Forderungen nach freier Ausgestaltung des religiösen und kirchlichen Lebens beachteten die notwendige Abgrenzung zur Politik. Selbständigkeit und Unabhängigkeit der Partner betrachteten sie als die Voraussetzung für gute Beziehungen. Wie Huber war Scholl der Meinung, daß »Staat und Kirche sehr scharf von einander getrennt sein müssen«[506]. Aus den Gegensätzen der ethischen Positionen der Kirchen und der politischen Ideologie des NS-Regimes leitete er, wie in Diskussionen in der Gruppe deutlich wurde, die Auffassung »von der Unvereinbarkeit des Katholiken und Nationalsozialisten« ab.[507]

Die »Weisse Rose« machte an dieser Stelle nicht halt. Die Verbindlichkeit ethischer Prinzipien für die Beziehungen von Staat und Kirche sollte konkret beantwortet werden. Das war ihr Thema im Januar 1943 in größerer Runde im Atelier von Eickemeyer. Es wurde brisant, als Scholl an den Schwiegervater von Probst, Harald Dohrn, die rhetorisch zugespitzte Frage richtete, »warum die katholische Kirche sich nicht öffentlich gegen die Greuel auflehne bzw. im Kriege zu allem schweigen würde«. Die Fakten waren allen bekannt. Dohrn zweifelte, »ob der heutige Christ in Ordnung sei«. Deutlich forderte er, daß man »doch für seine Belange protestieren müsse«. Ein Christ müsse handeln, folgerte Dohrn in den Gesprächen lapidar, »selbst wenn es ihn das Leben kosten würde«.[508] Das hieß, als Christ müsse man Widerstand leisten – und das eigene Leben riskieren.

Schließlich stellte Scholl Ende Januar die Forderung auf, »es sei an der Zeit, daß die Kirche aktiv gegen den heutigen Staat Stellung nehmen müßte. Was sich der heutige Staat alles leisten würde, könnte nicht länger mehr ertragen werden.«[509] Damit war die Quintessenz der Treffen nach Neujahr gezogen. Die die Gemüter bewegende Diskussion wurde, wie Dohrn vor Gericht ausführte, am Thema der Juden festgemacht: »Wenn man an die Judenverfolgung denkt, so müsse man einsehen, daß es ein Gebot der Stunde sei, hier etwas zu unternehmen.«[510] Ihre Deutlichkeit bot einen Berührungspunkt zu Positionen Dietrich Bonhoeffers, der als evangelischer Theologe der Bekennenden Kirche nachhaltiges und öffentliches Widerstehen der Kirchenleitungen einforderte. Inhaltlich bestand auch Übereinstimmung mit seiner Position, dieser Krieg müsse »der Ächtung durch die Kirche verfallen«[511]. Damit waren gute Voraussetzungen für fruchtbare Kontakte mit Bonhoeffer gegeben, die über Falk Harnack für Ende Februar angebahnt waren, aber wegen der Verhaftungen nicht mehr zustande kamen.

Die Debatten um die öffentliche Deutlichkeit der Kirchen gaben Anstöße, das traditionelle Bild von Religion und Kirche aus der Verantwortung für Staat und Gesellschaft neu zu bestimmen. Daraus erwuchsen emanzipatorische Impulse. Denn die »Weisse Rose« relativierte den fundamentalen Satz des kirchlichen Selbstverständnisses, der Staat an sich sei zu respektieren, und räumte ethischen Maßstäben den höchsten Rang ein. Graf, Sophie und Hans Scholl brachten es – gewissermaßen in protestantischer Haltung, wie Sophie Scholl vor der Gestapo bezeugte – auf den Punkt, »daß der christliche Mensch Gott mehr als dem Staat verantwortlich sei«[512]. Sie verwarf die klassische Formel der Legitimierung des Staates, dem Kaiser zu geben, was des Kaisers sei.

Das war für Graf, aufgewachsen im katholisch behüteten Umfeld, am problematischsten. Trotzdem stellte er sich dem mit allen Konsequenzen. Er hatte ein festes Konzept, glaubte an eine »natürliche Ordnung« für Familie, Volk und Staat; seine persönliche »Stellung zu den Ordnungen des natürlichen Lebens« war von Ehrfurcht und Gehorsam getragen. Das heißt, er vertraute auf einen guten Verlauf der Dinge. Daher bereitete es ihm »große Sorgen« und »bekümmerte« ihn, daß das NS-Regime diese Ordnung verletzte – aber, Gott habe wohl seine Gründe, »wenn er dies zulasse und so müsse das eben so sein«.[513]

Graf war seit seiner Jugend einen weiten Weg gegangen, reflektierte er in der Zelle: »Vor allem die Welt im Krieg« hatte er als ein Zeichen dafür gedeutet, daß alle Ereignisse »für die Völker und jeden Einzelnen von Gott kommen«. In dieser Annahme fand er Ruhe, Zuversicht und Gewißheit, weil ihr zugrunde lag, er, Willi Graf, könne glauben, »von Ihm gelenkt [zu] werden«.[514] Ein Brief aus dem Gefängnis an seine Eltern vermag die Welt des Glaubens von Graf näher und intimer zu vertiefen: »Dürfen wir nicht fast froh sein, daß wir in dieser Welt ein Kreuz auf uns nehmen können, das manchmal über menschliches Maß hinaus zu gehen scheint?« So Graf – fast in protestantischer Tradition sagend: Hier stehe ich und kann nicht anders. Jeder aus dieser Gruppe der »Weissen Rose« hatte sein eigenes, in christlicher – in der von der katholischen, evangelischen und orthodoxen Kirche überlieferten – Tradition begründetes »Maß« gefunden. In tiefer Überzeugung stellten sie ihr Kreuz gegen das Hakenkreuz.

Genauso gründete Hubers Handeln explizit in seiner religiösen Glaubenswelt, die ihn trug und die er weder vor der Gestapo noch vor dem Volksgerichtshof verheimlichte. Er bekannte sie. Darin lag für jene, die sich als Repräsentanten des Nationalsozialismus begriffen, eine Provokation. Entsprechend äußerte sich das Sondergericht in München, das sein Urteil »in den Zusammenhang« des Volksgerichtshofes stellte: »Huber sagt weiter, er habe auch geglaubt, etwas Gutes zu tun. Wir fallen aber nicht in den Fehler des Weimarer Zwischenstaates, der Hoch- und Landesverräter als Ehrenmänner ansah und als Überzeugungstäter auf Festungshaft schickte. Die Zeiten, wo jeder mit einem eigenen politischen ›Glauben‹ herumlaufen konnte, sind vorbei! Für uns gibt es nur noch ein Maß, das nationalsozialistische. Danach messen wir alle!«[515]

Huber ließ sich nicht in diese Ecke drängen. Dieses »Maß« des Nationalsozialismus wurde von der politischen Ethik der »Weissen Rose« bestritten.

Die freiheitliche Alternative

Im Kreis der »Weissen Rose« im Winter 1942/43 stand Huber einigen Bereichen der NS-Programmatik, wie er sie begriff, noch am nächsten. Außenpolitisch vertrat er allerdings ein anderes Konzept. Das stellte er sogar in der Haft klar. Er hatte sich bereits durch die »Kursänderung« Hitlers getäuscht gesehen, nicht mit England gegen die Sowjetunion zu kämpfen, sondern England zum Hauptfeind zu erklären. Das konnte Huber »nie verzeihen«. Er ging von der These aus, »wer einmal mit dem Bolschewismus paktiert«, habe sich wie Hitler mit Stalin beim Pakt zur Aufteilung Polens 1939 »zwangsläufig« seiner besten Waffen entledigt; er werde unglaubwürdig.[516] Sein Raster der Kritik am Nationalsozialismus basierte auf dem Begriff der »Linkswendung«, die er in der Entwicklung der NS-Politik gegeben fand. Ausdruck dafür war für ihn die Eroberung großer Teile Europas und das daraufhin entwickelte System der deutschen Besatzungsherrschaft. Deutschland verletze unantastbare Prinzipien wie die Selbstbestimmung der Völker und Freiheit der Staaten, da es mit dem Anspruch der »autoritären Verfügung über andere Völker« die ursprünglich »vom Führer proklamierte Selbstbestimmung auch der kleinsten Völker« aufgegeben habe.

Innenpolitisch zeige sich die nationalsozialistische »Linksrichtung« darin, daß »der klassenlose Staat propagiert« werde, politisch die »Zentralisierung der Macht« und wirtschaftlich die »Zusammenballung großer Kapitalien«. Vehement lehnte er sich gegen die NS-Kulturpolitik auf: die »durchgängige Lenkung von Forschung und Lehre«, die »Beeinflussung der Presse durch zu weit gehende Anweisung«, die »immer schärfer werdende Stellungnahme« gegen Kirche und Religion sowie die Gleichschaltung von Bildung und Wissenschaft.[517] Die Liste seiner Anwürfe war beträchtlich länger. Huber hat ihnen in seiner Verteidigungsrede vor dem Volksgericht würdigen und zeitlosen Ausdruck verliehen. Man spürt die existentielle Kraft seiner ethischen Maximen, die sich aus seinem inneren Leidensweg im NS-Regime speiste.

Die aktiven Träger der »Weissen Rose« hatten gemeinsame, feste politische Überzeugungen. Sie hielten unverbrüchlich fest an der Freiheit und Würde des Einzelnen, erhoben die Bändigung der Macht und Willkür des Staates und den Frieden der Staatengemeinschaft zum Gebot der Menschlichkeit. Mit dem Einfordern dieser Werte setzten sie nicht nur dem NS-Regime Schranken, sondern auch dem von Grund auf zu reformierenden Deutschland einen politischen Rahmen. Sie belebten konservative Werte, die aber revolutionäre Forderungen zum »Umsturz« in Deutschland waren. In der deutschen Geschichte der Neuzeit galten Konzepte zur Veränderung der »Staatsform« immer als revolutionär und staatsgefährdend. Die Grundwerte der »Weissen Rose« können keineswegs als links bezeichnet werden. Der freiheitliche Diskurs ist weder links noch rechts, sondern aufgeklärt konservativ; doch die Besinnung auf diese Werte und die Forderung, sie umzusetzen, machte das politische Denken radikal. Im 19. Jahrhundert standen die liberalen und demokratischen Bewegungen unter dem Verdacht, »links« und »radikal« zu sein, und wurden verfolgt. Die Schergen des NS-Systems setzten diese deutsche Tradition fort, als sie sich von der »Weissen Rose« bedroht sahen.

Im Fall der »Weissen Rose« kündigten Söhne und Töchter der bürgerlichen Elite dem NS-Regime die Unterstützung auf und bezweifelten dessen Legitimität. Der Widerstandskreis war in sozialer Hinsicht – sicherlich relativ – homogen und stabil. Die gutbürgerliche Herkunft mag einen gewissen Teil dazu beigetragen haben, daß sie sich als Hüter der Würde des Einzelnen und der Freiheit der Person verstanden und die Verwirklichung dieser Werte in Gesellschaft und Staat einforderten. Das aber kann kaum als »linke« Basis angesehen werden. Sie sympathisierten nie mit dem Sozialismus und lehnten den »Bolschewismus« konsequent ab, wenn es um die politische Zukunft Deutschlands ging. Die Frage, was »für den Fall einer militärischen und politischen Niederlage (...) geschehen müsse, um eine Bolschewisierung Deutschlands und damit Europas zu vermeiden«, hat sie bei den Verhören umgetrieben.[518] Dezidiert und mit großem inneren Elan legte Schmorell dar, »wie die Vernichtung des Bolschewismus möglich und die Verhinderung von Landverlust für Rußland möglich wäre«[519]. Das russische Volk sei berufen, die verheerenden Übel des Bolschewismus und des Nationalsozialismus abzuwehren und eine moralische Wiedergeburt zu erleben. Er zeigte seine Nähe zum russischen Volk in »Brüderlichkeit«. Das war seine Art. Aber er vertraute auf die gesellschaftlichen Eliten. Der »ganzen Intelligenz« Rußlands warf er historisches Versagen am Ende des Zarenreiches vor, da sie »die Fühlung mit dem Volk vollständig verloren hatte«.[520]

Sophie Scholls weit verbreitete Aussage, die »Weisse Rose« habe »vollkommen aus ideellen Gründen gehandelt«, ist im wörtlichen und sicherlich auch in einem übertragenen Sinn zutreffend. In den Verhören stellte sie klar, daß niemand von ihnen bestochen worden war. Wörtlich sagte sie: »Ich bestreite ganz entschieden, von dritter Seite gemeinsam mit meinem Bruder zu unserem Vorgehen veranlaßt, aufgefordert oder finanziell unterstützt worden zu sein.« Ihr Tun sei ideell motiviert gewesen: »alle entstandenen Unkosten« hätte die Gruppe der »Weissen Rose« »aus eigener Tasche bestritten«.[521] Das entsprach ihrem ideellen Verständnis von der persönlichen Verantwortung in einem Gemeinwesen, dem sie als Bürger dienen wollten.

Hans Scholl unterstrich vor der Gestapo seine Intentionen, daß es »höchste Zeit« sei, »diesen Teil des Bürgertums auf seine staatspolitischen Pflichten aufs Ernsteste hinzuweisen«. Die Politik des NS-Regimes, des Krieges und der Besatzungsherrschaft in weiten Teilen Europas schloß für Scholl aus, aktiv und kooperativ, staatspolitisch am Ganzen mitzuwirken. Er hätte nur zu gern »versucht, innerhalb dieses Staates die positiven Kräfte derart zu mobilisieren, daß sie im Laufe der Zeit alles Negative überflügelt hätten und zu einem Staatswesen übergeleitet hätten, welches erstrebenswert geworden wäre«. Die Protokolle der Gestapo verraten den Wendepunkt und die Beweggründe seiner politischen Entscheidung. »Hätte die außenpolitische Entwicklung zunächst noch friedlichere Bahnen verfolgt, so wäre ich sicher nicht vor die Alternative gestellt worden: Soll ich Hochverrat begehen oder nicht?«[522]

Hochverrat für eine demokratische Zukunft

Im Zentrum des politischen Konzepts der »Weissen Rose« im Winter 1942/43 stand die Beendigung von Krieg, Besatzung und Verfolgung; dafür mußte der Umsturz gewollt und das NS-Regime abgeschafft werden. Ihre Gedanken zur programmatischen Entwicklung des zukünftigen Deutschland basierten auf dem Menschenbild des abendländisch-christlichen Humanismus und auf den Werten der freiheitlichen Aufklärung. Das hatte Vorrang, war eindeutig. Damit aber waren noch nicht alle Fragen hinreichend beantwortet.

Mit der Entscheidung für den Umsturz kam das Nachdenken über die Zeit im Frieden danach. Der Schwerpunkt der »Weißen Rose« verlagerte sich auf politisches Neuland. Welche »Staatsform«, welche politische Ordnung oder welches Regierungssystem angestrebt werden sollte, war zunächst im dunkeln geblieben. Begriffe wie »autoritäre Staatsform«, »Opposition« oder »Volkswille« fanden in den Diskussionen Gehör, ohne schlüssig eingeordnet zu werden. Die »Willkür« des Staates sollte beschnitten, »Freiheiten« garantiert werden. Die Frage, wie Macht gebändigt und ausbalanciert werden müßte, um eine »gute Ordnung« aufzubauen, stand im Mittelpunkt des winterlichen Klärungsprozesses.

Ein breites Spektrum politischer Konzepte und Ansätze wurde diskutiert. Aus einem traditionellen Milieu des nationalen Bürgertums kommend, brachte Huber sein den vergangenen Erfahrungen am stärksten verhaftetes Bild in die Diskussion. Er hielt an einer Variante des »Führerprinzips« fest, ohne in seiner scharfsinnigen Betrachtung die Diktatur des NS-Regimes auch nur annähernd zu rechtfertigen. Sein Modell beruhte auf dem Prinzip der Wahl, der »unantastbaren Freiheit jedes Volksgliedes« und der Rechtsstaatlichkeit. Huber bestand auch bei den Befragungen darauf: »Nicht der Wille des Führers ist Gesetz, sondern der Führerwille ist Ausdruck des Gesetzes, er untersteht der Bindung durch das Gesetz und durch die Volksvertretung. Er ist wählbar und absetzbar.« Diese Prinzipien habe der NS-Staat verwirkt, er sei zu einem »autoritären Machtstaat« degeneriert.[523] Den Strukturmängeln des NS-Regimes hielt Huber eine wahrhaft rechtsstaatliche und grundrechtlich gesicherte, freiheitliche Regierungsform entgegen. Nur: »Demokratie« mochte er sein Modell nicht nennen. Huber akzeptierte, daß Scholl, Graf und Schmorell sich nicht mit diesem »germanischen« Staatsmodell identifizierten, er wiederum konnte sich nicht mit der »Gedankenwelt der westlichen Demokratien und des Parlamentsstaates« anfreunden.

»Westliche Demokratie« war nicht nur für Huber, sondern für das deutsche Bürgertum nach den Jahren der Weimarer Republik üblicherweise belastet, ein negativ geladenes Reizwort. Aufgewachsen in instabilen Verhältnissen und unter dem Regime des Nationalsozialismus, hatten sie alle keine positiven Erfahrungen mit der Demokratie gesammelt. Schmorell brachte es auf den Punkt: »Denn wohin uns die Demokratien geführt haben, haben wir alle gesehen.« Er faßte die verbreitete Unsicherheit zutreffend zusammen: »Ich bin deshalb auf keinen Fall ein entschiedener Verfechter der Monarchie, der Demokratie, des Sozialismus oder wie alle die verschiedenen Formen heißen mögen.« Die politischen Verwerfungen Deutschlands unter dem NS-Regime hingegen konnte er leicht und präzise kritisieren; da wagte er den Protest vor der Gestapo: »Meiner Ansicht nach stützt sich die nationalsozialistische Regierung zu sehr auf die Macht, die sie in Händen hat. Sie duldet keine Opposition, keine Kritik, deshalb können die Fehler, die gemacht werden, nicht erkannt, nicht beseitigt werden.«[524] Aber wie ein Regierungssystem aufgrund ihrer normativen Forderungen reformiert und »Ausdruck des Volkswillens« werden könne, blieb ungewiß.

Graf und Schmorell favorisierten eine andere »Staatsform«: eine patriarchalische Version der Legitimierung durch das Volk, das sie im Grunde als politisch unmündig ansahen, nicht als Vereinigung selbständiger Bürger. Daher votierten sie für ein spezifisches Elitenmodell, in dem die »Intelligenz« die Verantwortung trage. Sie hatten aus ihrer Analyse der Zeitgeschichte – dem Ende des Zarenreiches und den Klagen über die Demokratie in der Weimarer Republik – diese Folgerungen gezogen. Für eine »autoritäre Staatsführung« sei die »richtige« Personalauswahl wichtig. Ihre Vorstellungen über die weitere Ausprägung der »Staatsform« blieben unscharf.

Scholl lehnte dies alles ab. Er machte im Winter 1942/43 eine wirkliche Wandlung durch und überwand die übliche Polemik gegen die Weimarer Republik. Er machte die deutsche Geschichte als Ursache für die traditionelle Ablehnung der Demokratie aus und versuchte die anderen in »einer sehr leidenschaftlichen Ausdrucksweise« von den Problemen der autoritären politischen Vergangenheit zu überzeugen. Eine Alternative dazu sah er in der Demokratie. Er selbst habe den Zugang zur Demokratie in mehreren Schritten gefunden, wie er in der Haft erklärte, zunächst sei er fasziniert gewesen von der »Regierungsform, wie sie die Schweiz« habe.[525] Je weiter der Winter voranging, desto deutlicher strebte er in diese Richtung »und vertrat mehr den Standpunkt einer Demokratie«[526]. So wie er in der internationalen Politik die Bedeutung der angelsächsischen Allianz für die Beendigung des Krieges erkannt hatte, überwand er die unreflektierte Ablehnung des parlamentarischen Regierungssystems in England und den USA und vertrat nachdrücklich »demokratische Ansichten«, die er vom englischen Westminster-Modell ableitete. Manche, die nicht zum engen Kreis der »Weissen Rose« gehörten, vermuteten in seinem Engagement sogar eine »Englandhörigkeit«.[527]

Die Gespräche im Umkreis der »Weissen Rose« hatten zu Beginn des Jahres 1943 eine einzigartige politische Dimension gewonnen, die einen persönlichen Fortschritt erkennen läßt: Das Konzept des »passiven Widerstandes«, wie es in den »Flugblättern der Weissen Rose« im Sommer 1942 sinnbildlich geformt worden war, wurde weiterentwickelt. Aus der kritischen Analyse der NS-Diktatur entstand der Ansatz zu einer demokratischen Politik. Die Machtbesessenheit und die Machtansprüche des NS-Regimes, seine Kontrollbedürfnisse sowie seine Gleichmacherei hatten sie darin geeint, das Ende des Krieges und des NS-Regimes in einem Umsturz herbeizuführen. Wollten sie für ihr Ideal des »freien, verantwortungsbewußten Menschen« fechten, traten sie standhaft dafür ein, so Sophie Scholl, »die heutige Staatsform zu beseitigen«.[528] Diese Entscheidung betraf sie existentiell, war eine Grenzüberschreitung. Sie handelten bewußt, in persönlicher Verantwortung. Als sie die Aufgabe erkannt hatten, wiesen sie den Auftrag nicht ab. Das gehörte zum Selbstverständnis vom öffentlichen Charakter ihres Tuns.

Die Erörterung der Staatsform für das neue Deutschland folgte nicht einfach praktischen und funktionalen Gesichtspunkten der Machtverteilung. Die »Weisse Rose« überlieferte keine

Organigramme oder Kompetenzzuordnungen ihrer »Staatsform«. Sie nahm »Demokratie« an in der Hoffnung, mit ihr könnten die unverbrüchlichen Werte ihrer politischen Ethik der freien Persönlichkeit und eines friedlichen Gemeinwesens gesichert werden.

Die politischen Termini, die sie gebrauchten, weisen sie als Verfechter von Recht und Freiheit, Selbstbestimmung und Würde der Person aus. Diesen inhaltlichen Maßstab, um dessen Verwirklichung sie gerungen haben, setzten sie über den Tag hinaus für die Demokratie. Richtlinie für die Bewertung der Gedanken dieser mehrheitlich Medizin Studierenden kann keine staatsrechtliche, theoretische Abhandlung zum demokratischen Rechtsstaat oder zum pluralistischen Regierungssystem sein. Dies wäre überheblich und fachlicher Purismus. Die »Weisse Rose« stritt um die Gültigkeit von Werten in der Politik. Ihre Beweggründe waren im Rahmen des gesamten deutschen Widerstands gegen den Nationalsozialismus singulär: Sie ging in die Öffentlichkeit und suchte Resonanz für einen breiten Widerstand zu finden. Darüber hinaus erwies sich Hans Scholl als mutig und zukunftsweisend, da er die Vision von der parlamentarischen Demokratie auszusprechen wagte.

8. Das Wagnis

Zu Beginn des Monats Januar 1943 war es soweit. Scholl und Schmorell kamen überein, den langen Erörterungen die Tat folgen zu lassen und ein Flugblatt neuer Art aufzusetzen. Auch Sophie Scholl unterstützte den »Entschluß, ein Flugblatt zu verfassen, in größerer Zahl herzustellen und zu verbreiten«[529]. Bereits vor Weihnachten hatte Huber Scholl und Graf darin bestärk, und »kurz nach Neujahr« bestätigte er beiden während eines Gesprächs in seiner Wohnung in Gräfelfing, daß er von der »Zweckmäßigkeit der Herstellung von Flugblättern« überzeugt sei.[530] Der gesamte Kern der »Weissen Rose« war also in unterschiedlicher Weise in das Projekt Flugblatt einbezogen, auf jeden Fall eingeweiht und dazu entschlossen.

Die überregionale Verbreitung

Zunächst »vereinbarten« Scholl und Schmorell, in erprobter Weise »je einen Entwurf anzufertigen«.[531] Einen solchen auf der Schreibmaschine getippten frühen Entwurf mit der Überschrift »An alle Deutsche« – Sophie sagte dem gegenüber dazu aus: diesen »hat mein Bruder mit mir verfaßt und zwar kurz nach Neujahr 1943«[532] – hatte Graf Mitte Januar gelesen und inhaltlich angezweifelt, ob ein »kommender Staat« föderalistisch zu gliedern sei.[533] Doch Scholl war dafür, diesen Passus beizubehalten. Eine Woche später, zwischen dem 18. und 20. Januar, wurde über den endgültigen Text, an dessen sprachlicher Fassung auch Wittenstein gefeilt hatte, entschieden. Dieses Flugblatt benötigte einen längeren Prozeß, bis es fertig war. In der abschließenden abendlichen Diskussion standen unterschiedliche Texte zur Debatte. Der schärfere Entwurf von Schmorell fand keine Zustimmung. Huber lehnte ihn »rundweg« ab, »da er kommunistisch klingende Aufforderungen enthielt«.[534] Schmorell, sichtlich enttäuscht über eine so heftige »Ablehnung«, ging »unverrichteter Dinge« in ein Konzert im Odeon.[535] Als Huber und Scholl den »handgeschriebenen Flugblattentwurf«, der »um diese Zeit« noch nicht fertig war, »lediglich stilistisch« verbesserten, kam Graf hinzu.[536] Huber überarbeitete die »Skizze des Scholl«, die zu zwei Dritteln bestehen blieb; er trug auch die »föderalistische Staatenordnung« in Europa mit.[537]

Dann begann eine Phase intensiver Arbeit. Geplant war, »diese Flugblätter gleichzeitig in verschiedenen Städten Süddeutschlands zu verbreiten, um dadurch eine größere Wirkung zu erzielen und gleichzeitig den Eindruck zu erwecken, als handele es sich hier um eine große weit verzweigte Organisation«[538]. Diese Ideen hatten sie in Gesprächen in Rußland entwickelt. Einige waren bereits umgesetzt. So hatte Traute Lafrenz im Dezember Kontakte nach Hamburg angebahnt und dortigen Regimegegnern zwei »Flugblätter der Weissen Rose« übergeben; Wittenstein hatte im Januar Flugblätter zu Hartert nach Berlin gebracht.

Mitte Januar 1943 hatten Scholl und Schmorell Gespräche mit Dr. Falk Harnack in Chemnitz geführt, die Lilo Ramdohr, eine Bekannte von Schmorell, vermittelt hatte. Als Gegner des Nationalsozialismus wiesen sie sich dort aus, indem sie Harnack erklärten, »die heutige Staatsform beseitigen und dafür eine Demokratie errichten zu wollen.«[539] Sie suchten Absprachen und Zusammenarbeit. In weiteren ausführlicheren Besprechungen am 8. und 9. Februar in München, an denen teilweise auch Graf und Huber beteiligt waren, wurde das Thema Widerstand grundsätzlich erörtert, wie die Gestapo im Verhör von Schmorell es festhielt: »Bei diesem Treffen haben wir (Hans Scholl, Harnack und ich) über jene Mittel und Wege gesprochen, wie man Hitler stürzen und eine neue Sozialistische Regierungsform anstreben und herbeiführen könnte. (...) An den 2 Zusammenkünften wurden Umsturzgedanken erwogen.«[540] Harnack gab wichtige Anregungen für die Schärfung ihres politischen Denkens; schließlich arrangierte er den Termin für eine Besprechung von Scholl mit Dietrich und Klaus Bonhoeffer für Ende Februar 1943. Was hätte entstehen können, wenn die »Weisse Rose« und Bonhoeffer sich angesichts der »großen Maskerade des Bösen« begegnet wären.

Graf, Huber, Probst, Schmorell und die Geschwister Scholl setzten die weitere Vernetzung vorsichtig in Gang, sie wollten – mit Bedacht – zunächst ein studentisches Informationswerk mit Zellen an allen Universitäten Deutschlands aufbauen. Sie wollten etwas wagen, die Menschen aufrütteln, das NS-Regime herausfordern. Gut ein Monat war ihnen gegeben, von München aus überregional die Gemüter zu bewegen und Zeichen zu setzen, nachdem das erste Flugblatt des Jahres 1943 fertiggestellt war.

Am nächsten Tag (20. oder 21. Januar) kam Graf gegen 17 Uhr in die Wohnung von Scholl, um bei der Produktion der Flugblätter »behilflich« zu sein.[541] Mit Wachsmatrizen wurden auf dem neuen Vervielfältigungsapparat mehr als 2000, vielleicht sogar 2500 Stück des Flugblatts »Aufruf an alle Deutsche!« hergestellt, weitere Auflagen folgten. Den folgenden Morgen fuhr Graf nach Bonn, Freiburg und Ulm, um dort Flugblätter in geringer Anzahl zu hinterlassen und Mitstreiter für ihre Verbreitung in katholischen und jugendbündischen Gruppen zu gewinnen. Die Freunde hatten jedoch teilweise Vorbehalte.

Zur gleichen Zeit gingen Sophie und Hans Scholl sowie Schmorell daran, den großflächigen Versand per Post zu organisieren. Um »auswärts in Tätigkeit treten zu können«, suchten sie Anschriften in den Adreßbüchern im Deutschen Museum. Am 25. Januar nahm Sophie Scholl den Zug nach Augsburg, wo sie 250 Briefe einwarf. Am Tag darauf wurden von Schmorell Flugblätter »auf dem Kurierwege« mit dem Schnellzug nach Salzburg, Linz und Wien gebracht und dort in Briefkästen geworfen.[542] Er verteilte »jeweils in der Nähe des Bahnhofes« in Salzburg etwa 100 bis 150 Briefe, in Linz etwa 100, aber in Wien 1000, dort warf er zusätzlich noch einmal 250 Briefe für Frankfurt am Main ein, wie

Scholl angab; insgesamt versandte er etwa 1500 Flugblätter.[543] Schmorell war diesbezüglich weniger präzis, er bestätigte nur, »mit einigen hundert Stück« nach Salzburg gefahren, in Linz »ungefähr eine gleiche Menge« und in Wien »etwa 50 bis 100« für Frankfurt auf der Post aufgegeben zu haben; daneben habe er in den Städten jeweils noch 100 bis 200 Flugblätter direkt in Hausbriefkästen eingeworfen.[544] Am 27. und 28. Januar unternahm Sophie Scholl, wie sie vor der Gestapo aussagte, eine Reise nach Stuttgart, wo sie 600 bis 700 Stück – »alle frankiert für den Ortsverkehr« – in verschiedene Postkästen verteilt hätte.[545] Tatsächlich hatte sie sich zuvor in Ulm mit Hans Hirzel verabredet, da er zu Weihnachten Hans Scholl seine Bereitschaft zur Mitarbeit signalisiert hatte. Hirzel erhielt am 25. Januar schätzungsweise 2000 der »seit langem für die Verbreitung in Stuttgart vorgesehenen Flugblätter«. Mit seinem Schulfreund Franz J. Müller beschriftete und kuvertierte er »hunderte von Kuverts«, die von ihm zusammen mit seiner Schwester Susanne Hirzel bald danach in Stuttgart per Post aufgegeben wurden.[546] Bezüglich des Gesamtumfangs der mit der Post aufgegebenen Flugblätter ist belegt, daß Scholl 4000 Briefmarken für die Ortszustellung und 300 für Fernsendungen, also von Wien nach Frankfurt, erworben hatte.[547]

In der Nacht vom 28. auf den 29. Januar, nachdem die Produktion erst einmal abgeschlossen war, begannen Graf, Scholl und Schmorell in München in großem Stil Flugblätter in der Innenstadt zu verteilen. Dies gehörte von Anfang an zum Plan, allgemeine Aufmerksamkeit zu erregen. Scholl und Schmorell übernahmen die nördliche Runde von Schwabing über die Ludwigstraße zum Marienplatz und über den Stachus zum Hauptbahnhof; die andere Runde der »Streuaktion« lief Graf ab: er »betreute«, wie die Gestapo mit verschiedenfarbigen Nadeln auf einem Stadtplan dokumentierte, das südliche Stadtgebiet vom Sendlinger Tor, dann über den Viktualienmarkt Richtung Isarvorstadt, Müllerstraße und Thalkirchnerstraße.[548] Meist legten sie die Blätter in Hauseingänge, Briefkästen und auf die sogenannten Splitterschutzsockel vor Fenstern und Eingängen. Scholl sagte aus, er habe bei dieser »nächtlichen Zettelverteilung« viele »Umwege« gemacht, bis er seine 5000 Flugblätter verteilt hatte.[549] Sophie Scholl, die sich, »während hier in München die Flugblätter ausgestreut wurden«, auf der Rückfahrt von Ulm und Stuttgart befand, nannte die geringere Zahl von 2000 Stück.[550] Schließlich wurden in den folgenden Wochen bei Gelegenheit einzelne Exemplare in Telefonhäuser oder unter Scheibenwischer von parkenden Autos gesteckt.

»Nieder mit Hitler!« – Graffiti in München

Nach diesen Anstrengungen zum massenhaften Versand der Flugblätter fühlte sich Graf merkwürdig leer, unruhig und unzufrieden. Was nur hatte er erwartet? Die Frage der Wirkung bzw. der Reaktion auf diese Aktionen beschäftigte auch Scholl stark; er führte vor der Gestapo aus, er habe von keiner Seite »einen Widerhall gefunden«; deshalb habe die »Weisse Rose« andere »Möglichkeiten der Propaganda« gesucht.[551]

Graf, Schmorell und Scholl kamen auf die Idee, Graffiti an Häusern anzubringen oder, in der Sprache der Gestapo, die »staatsfeindliche Propaganda« durch Anbringen von »Anschriften« an Hauswänden zu »verstärken«.[552] Schmorell fertigte eine Schablone, die »den Text ›Nieder mit Hitler!‹ trägt und gleichzeitig ein durchstrichenes Hakenkreuz zeigt«. Dank seiner künstlerischen Übungen vollbrachte er eine geradezu fachmännische Arbeit. Ausgestattet mit schwarzer Teerfarbe, grüner Lackfarbe und Pinsel, zogen sie am 3. Februar kurz vor Mitternacht in die Innenstadt und malten vom Viktualienmarkt bis zur Universität »zahlreiche Anschriften« mit der Schablone, darunter in der Kaufingerstraße an einem bewachten Haus mit dem Schild »Reichsleitung«. Als sie die »Schmieraktion« gegen 3 Uhr 30 »wegen Übermüdung« und weil der Mond hervorkam abbrachen, hatte Scholl noch rechts und links des Eingangs zur Universität »mit ziemlich großen Buchstaben viermal das Wort ›Freiheit‹ angebracht«.

Sophie Scholl sah die Graffiti am folgenden Morgen auf dem

Weg zur Vorlesung von Huber. Zum Teil waren sie mit weißem Papier überklebt, an anderen Stellen bemühten sich dafür abkommandierte Soldaten und zahlreiche Putzfrauen, die Aufschrift »Nieder mit Hitler!« und das mit zwei Strichen durchkreuzte Hakenkreuz abzuwaschen. Das bereitete »einige Schwierigkeiten« – kein Wunder bei der Qualität der Farbe. Einige Studenten kommentierten die Graffiti »als eine ›Schweinerei‹«, »während andere darüber gelacht hätten«.[553] Tage später bestätigte Scholl seiner Schwester auf erneute Nachfrage, er habe diese Parolen angebracht, aber er schlug ihr Drängen, mitzumachen, um ihn vor Entdeckungen zu schützen, entschieden aus. Er vertrat die Meinung, »solche Arbeiten seien für ein Mädchen nicht geeignet«.

Am 8. Februar unternahmen Scholl und Graf eine ähnliche Aktion. Kurz vor Mitternacht malten sie an die Wände am Eingang und auf die Freitreppe der Universität fünfmal »mit sehr großen Buchstaben« in grüner Farbe das Wort »Freiheit«. Graf stand vor dem Brunnen und in den Grünanlagen der Universität Schmiere, »um Scholl vor etwaigen Überraschungen zu schützen«.[554] Wittenstein ließ sich davon inspirieren und schrieb am 9. Februar in Gängen und Nebenräumen der Universität die Parolen »Nieder mit Hitler!« und »Freiheit« an. Er benutzte schwarze Tuschfarbe.

Die dritte große Aktion fand in der Nacht vom 15. auf den 16. Februar statt. Erleichtert, weil sie »den letzten Rest unserer Flugblätter in den Briefschalter« im Telegrafenamt beim Hauptbahnhof eingeworfen hatten, machten sich Graf, Schmorell und Scholl vom Stachus und Lenbachplatz bis zum Marienplatz auf die Suche nach geeigneten Objekten für ihre in schwarzer Teerfarbe gemalte Parole »Nieder mit Hitler!« Sie wollten sich so »hauptsächlich an die Masse des Volkes« wenden.[555]

Den Höhepunkt der langen Nacht bildete ihre Arbeit am Rathaus. Auf die auffallenden Frontflächen der Buchhandlung Hugendubel brachte Schmorell die Worte »Nieder mit Hitler!« und Scholl den Zusatz »Massenmörder Hitler!« an. Obwohl sie einen als Warnposten abstellten, der die anderen warnen sollte, »wenn jemand des Weges gekommen wäre«[556], war das Unternehmen riskant. Sie mußten einiges Beiwerk – Koffer und Aktenmappe vom Transport der Briefe sowie Farbtopf, Schablone und Pinsel – über verkehrsreiche und belebte Plätze hinweg und entlang der Amalienstraße in Richtung Universität transportieren. Die Straßen wurden überwacht, und »auch in dieser Nacht war es sehr hell«, trotz der Verdunklung, wie die Gestapo festhielt.[557] Daß sie nicht gefaßt wurden, ist ein kleines Wunder.

Die letzten Aktionen

In dieser Zeit beeinflußten zwei Ereignisse Richtung und Inhalt der Tätigkeiten der »Weissen Rose«. Sie emotionalisierten die Gemüter aufs heftigste und erheischten auch in der Öffentlichkeit große Aufmerksamkeit: Ein Münchener Skandal und die schon dargelegten Auswirkungen der Niederlage der Wehrmacht in Stalingrad. Zum ersten Fall. Am 13. Januar gab es, so die Fama, dramatische »Unruhen in der Studentenschaft in München«: Studentinnen hätten öffentlich »Widerspruch« gegen einen Repräsentanten der NSDAP erhoben.[558] Der NS-Parteiführer von München und Oberbayern, Gauleiter Paul Giesler, hatte anläßlich der 470-Jahr-Feier der Universität eine Studentenvollversammlung in den Kongreßsaal des Deutschen Museums einberufen. Anwesenheit war Pflicht; auch Wittenstein hatte den Befehl erhalten. Schmorell, Graf und Furtwängler waren sich im Boykott einig, weil sie »solchen Anlässen aus dem Weg zu gehen suchten«[559]. Scholl – der vierte im Bunde – weigerte sich, weil ihn die Rede »nicht interessierte«[560].

Die Ausführungen über »Gemeinschaftsgesinnung« und die »Verpflichtung im Geiste der eigentlichen akademischen Jugend, die am Feind steht«, langweilten wohl alle Zuhörer.[561] Giesler provozierte einen Eklat, weil er die Studentinnen an ihre Pflicht als Frauen im Krieg und dem »Führer« gegenüber erinnerte, dem Vaterland Kinder zu gebären. Nach ersten Protesten ergänzte er süffisant, sollten sie nicht hübsch genug sein und keinen Freund haben, würde er ihnen gerne seine Adjutanten zuführen. Giesler wurde ausgepfiffen, die Versammlung geriet außer Kontrolle, es kam zu Tumulten, Studenten zogen in Uniform durch die Straßen der Innenstadt. SA und Polizei wurden der Eigenmächtigkeiten nicht mehr Herr; der NS-Studentenführer fühlte sich bedroht; ein Überfallkommando setzte 24 Studentinnen für einen Tag fest. Giesler wurde gedemütigt; öffentlich entschuldigte er sich für seine »Bemerkungen« über die Studentinnen. Das alles bot der bis Berlin informierten Obrigkeit Anlaß genug, die verdächtigen Demonstranten observieren zu lassen.

Huber wiederum sah sich gedrängt, seine Kritik an der NS-Kulturpolitik zuzuspitzen. Giesler hatte die Anwesenheit der Studenten durch Abstempeln der Ausweise kontrollieren lassen und damit gedroht, diese Bestätigung sei Voraussetzung für das Weiterstudium. Das brachte das Faß zum Überlaufen: »eine ungeheure Verachtung des deutschen Studenten und der deutschen Bildung«, donnerte Huber als einer der wenigen Professoren, die »noch Mut zur Selbstbehauptung« hatten. Und ein zweites empörte ihn bei diesen Kontrollen: Alle Studenten leisteten militärische Hilfsdienste oder wurden, wie die Mediziner der »Weissen Rose«, sogar direkt an die Front versetzt. Huber protestierte gegen den mangelnden Respekt des Gauleiters, dem er »ein schlechthin undiskutierbares Vorgehen gegen deutsche Frontstudenten« vorhielt.[562]

Das Ganze traf einen anderen wunden Punkt bei Huber: die Wehrmacht, die er als das einzige noch nicht vom Nationalsozialismus korrumpierte Symbol des Staates ansah. Er war hin und her gerissen. Er kannte die Berichte seiner zur Wehrmacht eingezogenen Studenten, er hatte ihre Briefe nicht weggeworfen. Der Inhalt ließ ihn nicht los. Hatten sie nicht geschrieben, von dem Lager zur Gefangenenbewachung sei »nichts Rühmliches« über die »Kameraden« zu berichten, es gäbe »reichlich Stoff«, seine »Menschenkenntnis zu erweitern«?[563] Oder die Russen »wissen, daß von ihnen doch keiner am Leben bleibt, denn in solchen Fällen gibt es kein Pardon. (...) welches Gesindel (...), übel zugerichtete

Leichen (...), Gemetzel (...) an den Juden«[564]. Man könne die Erfahrungen aus dem »gottverlassenen Land« nur mündlich wiedergeben, die »tiefsten Eindrücke« müßten unausgesprochen bleiben; das Leid dieses Krieges dürfe nicht vergebens sein; dieser brutale Kampf verweise auf die »Gottferne des Menschen«.[565]

Huber hatte ein realistisches Bild der Besatzungsherrschaft, der Wehrmacht und des Krieges in Rußland. Es beruhte auf nächtelangen Debatten im Atelier, persönlichen Berichten der Sanitätsfeldwebel und Gesprächen nach den Vorlesungen, in denen sie »meist über den neuesten Stand der Wehrmachtberichte diskutiert« hatten, wie Furtwängler ergänzte.[566] Dennoch war er im Sommer 1942 bemüht, die Wehrmacht als politische Institution nicht zu beschädigen. Dann, Ende Januar, kam der »Fall von Stalingrad«, die »Katastrophe« schlechthin, die ihn in »schwere Sorge um das Wohl des Staates« stürzte.[567] Huber schrieb das Versagen und die Verantwortung »für das furchtbare Geschehen« der »Übernahme des Oberbefehls durch den Führer« sowie der »sukzessiven Entlassung der fähigsten Generäle« zu, welche die Angriffskraft der Wehrmacht »in katastrophaler Weise geschwächt« hätten.[568] Er belastete die politische Führung des NS-Regimes und entlastete aus »psychologischen Gründen« die Wehrmacht, um sie rational in eine allgemeine Strategie des Widerstandes zu stellen. Ein Erfolg des studentischen Widerstandes könne nur mit einem starken Partner – eben der Wehrmacht – gelingen: »Ein Putsch schien auch damals nur mit Hilfe der Wehrmacht möglich.«[569]

Stalingrad erschütterte alle. Probst sagte aus, daß ihnen die »Aussichtslosigkeit in krassester Weise« bewußt wurde; Scholl wollte mit einem weiteren Flugblatt dem »deutschen Volk die Augen öffnen«; am »Verlust des Krieges« gäbe es keine Zweifel mehr.[570] Für Huber war der persönliche Wendepunkt gekommen, stellte er im Gefängnis fest. Nun war er »aus innerster Überzeugung« bereit, einen »offenen Konflikt« einzugehen.[571] Daher verfaßte er den Entwurf zu einem Flugblatt, gerichtet an die Studentinnen und Studenten in Deutschland. Er ließ sich wie Sophie Scholl von der Überzeugung leiten, »daß die meisten der Studenten revolutionär und begeisterungsfähig sind, sich vor allem aber etwas zu unternehmen getrauen«[572].

Am 12. Februar morgens vor dem Frühstück schrieb Huber den Entwurf des Flugblattes. Er besprach ihn mit Scholl und Schmorell, gemeinsam änderten sie einige kleinere Passagen. Danach verließ er die Wohnung wegen eines Vortrags in Kempten. In seiner Abwesenheit strichen Scholl und Schmorell – beide waren sich »vollkommen einig« – den Kernabsatz mit der politischen Botschaft über »unsere herrliche Wehrmacht«.[573] Beide lehnten diesen Passus aus fester Überzeugung ab.

Ursprünglich lautete der Text nach Absatz fünf: »Studenten, Studentinnen, Ihr habt Euch der deutschen Wehrmacht an der Front und in der Etappe, vor dem Feind, in der Verwundeten-Hilfe, aber auch im Laboratorium und am Arbeitstisch restlos zur Verfügung gestellt. Es kann für uns alle kein anderes Ziel geben als die Vernichtung des russischen Bolschewismus in jeder Form. Stellt Euch weiterhin geschlossen in die Reihen unserer herrlichen Wehrmacht.«[574]

Huber hatte sich bemüht, seinen Entwurf als »Unterlage für die Herstellung« eines Flugblattes »in der Sprache eines jungen Studenten abzufassen«. Er hatte befürchtet, der Text sei »nicht aggressiv genug abgefaßt«. In dem von der Gestapo präsentierten Flugblatt fand er seinen Entwurf nahezu vollständig wieder, bedauerte aber das Fehlen gerade des Passus über die »großartigen Leistungen der Deutschen Wehrmacht«, der gegenüber die »deutschen Studenten« ihre »volle Solidarität« bekunden sollten. Damit war seine politische Taktik, die Jugend des Bürgertums, die Studentenschaft und die mächtigste staatliche Institution, die Wehrmacht, im Protest gegen das NS-Regime zusammenzuführen, mißlungen.

Als das Flugblatt gedruckt wurde, riß die Matrize nach etwa 50 Blatt (oder 200 Blatt). Statt der Anrede »Deutsche Studentin! Deutscher Student!«wurde dann die als »passender« empfundene »Kommilitoninnen! Kommilitonen!« gewählt.[575] Dieses sechste Flugblatt hatte eine erste Auflage von 2000 oder 3000 Exemplaren, von denen 1200 von den Geschwistern Scholl, Schmorell und Graf »postfertig« gemacht und am 15. Februar in Briefumschlägen an Münchener Studenten versandt wurden.[576]

Am 18. Februar fand der letzte Akt des aktiven studentischen Widerstandes der Gruppe um die »Weisse Rose« in der Universität München statt. An jenem Donnerstag verließen Hans und Sophie Scholl gegen 10 Uhr 30 ihre Wohnung. Nach dem Postversand hauptsächlich in der Nacht vom 15. auf den 16. Februar hatten sie noch einen beträchtlichen Stoß Flugblätter übrigbehalten. Dazu bemerkte Schmorell: »Um auch diese los zu werden, verabredeten Scholl und ich, daß wir den Rest dieser Flugblätter in der Universität kurz vor Beendigung der Vorlesungen vor die Türen der Hörsäle legen werden.«[577] Doch Scholl handelte dann doch ohne Rücksprache mit ihm.

Schätzungsweise 1500 bis 1800 Flugblätter »Kommilitoninnen! Kommilitonen!« und etwa 50 Stück mit der Überschrift »Aufruf an alle Deutsche!« trugen die Geschwister Scholl in einem Koffer und in einer Aktentasche in die Universität. Sie handelten spontan und euphorisch in der Hoffnung, die Studenten bewegen zu können. Die Flugblätter wurden in großer Hast an den »verschiedensten Orten« »ausgestreut«, wie sie es nannten. Gemeinsam waren sie vom Haupteingang die Gänge zum Ausgang Amalienstraße hin- und zurückgelaufen, hatten dabei auf Fluren und Treppen vor den Hörsälen »größere Posten Flugblätter abgelegt«, ebenso »stoßweise« im 1. Stock. Hans Scholl schilderte seine letzte Tat: »Wir gingen von da weg zum 2. Stock (linke Seite), wo ich, über die Brüstung weg, den Rest meiner Flugblätter in den Lichthof geschüttet habe.«[578] Sophie erlebte den Vorgang so: »In meinem Übermut oder meiner Dummheit habe ich den Fehler begangen, etwa 80 bis 100 solcher Flugblätter vom 2. Stockwerk der Universität in den Lichthof herunter zu werfen, wodurch mein Bruder und ich entdeckt wurden.«[579]

Scholl hatte sich am Morgen den Text für ein weiteres Flugblatt in die Tasche gesteckt. Er hatte ihn von Probst bei einem Besuch am 31. Januar erhalten; Schmorell war dabei gewesen und wußte,

Geheime Staatspolizei   München, den 21. Febr.1943.
Staatspolizeileitstelle München
B.Nr. .. 13226/43 II A/Sondk.

7

P r o b s t Christoph aus der Pol.Haft vorgeführt und zum Text seines Manuskripts befragt, erklärt folgendes:

Auf Grund der mir vorgelegten Unterlagen - Maschinenschriftübersetzung - und Photokopie des Originals, bin ich in der Lage die Lücken wie folgt zu ergänzen:

Stalingrad!

200000 deutsche Brüderwurden geopfert für das Prestige eines militärischen Hochstaplers. Die menschlichen Kapitulationsbedingungen der Russen wurden den geopferten Soldaten verheimlicht. General Paulus erhielt für diesen Massenmord das Eichenlaub. Hohe Offiziere haben sich im Flugzeug aus der Schlacht von Stalingrad gerettet. Hitler verbot den Eingekesselten sich zu den rückwärtigen Truppen zurückzuziehen. Nun klagt ~~xxxxxx~~ das Blut von 200 000 ~~Mann~~ dem Tod geweihten Soldaten denMörder Hitler an. Tripolis! Es ergab sich bedingungslos der 8. englischen Armee. Und was taten die Engländer, sie liessen das ~~Leben der Bürger in~~ den gewohnten Geleisen weiter laufen. Belassen sogar Polizei und Beamte in ihren Stellen. Nur eines machten sie gründlich, sie säuberten die grösste italienische Kolonialstadt von allen falschen Rädelsführern und Untermenschen. Mit tödlicher Sicherheit kommt die vernichtende, erdrückende Übermacht von allenSeiten herein. Viel weniger als Paulus kapitulierte, wird Hitler kapitulieren. Gäbe es doch für ihn dann kein Entkommen mehr. Und wollt Ihr Euch genau so belügen lassen wie die 200000 Mann, die Staligrad auf verlorenem Posten verteidigten? dass ihr maserkriert, sterilisiertoder Eurer Kinder beraubt werdet? Roosevelt, der mächtigste Mann der Welt,sagt am 26.Januar 1943 in Casablanca: Unser Vernichtungskampf richtet sich nicht gegen die Völker, sondern gegen die politischen Systeme. Wir kämpfen bis zur bedingungslosen Kapitulation. Bedarf es da noch eines Nachdenkens um die Entscheidung zu fällen. (Folgenden

Der von Christoph Probst in der Gestapohaft bestätigte Entwurf seines Flugblatts

Satz.kann ich nur noch dem Sinne nach feststellen:)
Es handelt sich nunmehr um Millionen Menschenleben.
Soll Deutschland das Schicksal von Tripolis erfahren.?
Der Text folgt jetzt wieder einwandfrei im Original
weiter:
Heute ist ganz Deutschland eingekesselt wie es Stalingrad war. Soll dem Sendboten des Hasses und des Vernichtungswillens alle Deutschen geopfert werden! Ihm der die Juden zu Tode marterte, die Hälfte der Polen ausrottete, Russland vernichten wollte, ihm der Euch Freiheit, Frieden, Familienglück, Hoffnung und Frohsinn nahm und dafür Inflationsgeld gab. Das soll, das darf nicht sein! Hitler und sein Regime muss fallen, damit Deutschland weiter lebt. Entscheidet Euch, Stalingrad und der Untergang, oder Tripolis und die hoffnungs - volle Zukunft. Und wenn Ihr Euch entschieden habt, dann handelt.

Ich habe mich bemüht, den Text in seinem Ursprung so lückenlos als möglich wiederzugeben. Eine weitere Erklärung will ich dazu nicht mehr anführen.

Christoph Probst

Aufgenommen:

Geith
Krim.Sekr.

daß »Christoph Probst wohl einmal zur Herstellung eines Flugblattes behilflich sein wollte und irgendwelche Unterlagen geliefert habe«[580]. Scholl hatte ihn »schon anfangs Dezember einmal« angesprochen, »ihm einmal meine eigenen Gedanken zu unterbreiten«.[581]

Als Probst ab 23. Januar eine Woche Sonderurlaub bei seinen Eltern am Tegernsee machte, hörte er Nachrichten auf englischen Sendern. Darin wurde erstens das Treffen von Präsident Roosevelt und Premierminister Churchill in Casablanca erwähnt, auf dem sie das politische Ziel – »die bedingungslose Kapitulation« – festgelegt hatten unter der Maßgabe, »daß sich ihr Kampf nicht gegen die Völker sondern gegen ihre Systeme richte«. Zweitens erhielt Probst Informationen »über den Vormarsch der 8. Armee« der Alliierten in Nordafrika sowie über die »Fortentwicklung des Kampfes in Stalingrad« – die kriegsentscheidende Wende gegen die Wehrmacht zeichnete sich wie ein Menetekel in scharfen Konturen ab.[582] Dieses brisante Material mit noch völlig unbekannten Perspektiven verwertete er für seinen Flugblattentwurf. Er übergab es Scholl mit den Worten: »Da, schau das mal an.« Dieser entgegnete »etwa«: »Mal sehen.« Ursprünglich stand im Protokoll der Gestapo noch ergänzend: »Mal sehen, was sich damit machen läßt.«[583]

Scholl hatte Probst seitdem nicht mehr gesprochen. Nach den Aktionen mit den Flugblättern und der Aufmerksamkeit, welche die Wandparolen auf sich gezogen hatten, standen die nächsten Schritte an. Da weitere Flugblätter längst im Gespräch waren, nahm Scholl das Blatt mit in die Universität. Als dort eine Stunde später »dieser Mann« der Gestapo auf Hans und Sophie Scholl zukam und ihnen »die Festnahme ankündigte«, wollte er diesen Entwurf im Zimmer des Syndikus Dr. Haefner zerreißen und sich »der Papierfetzen entledigen«; das gelang nicht, sie landeten in seiner Manteltasche.[584]

Der Rektor, SS-Standartenführer Professor Dr. Walter Wüst, erwies sich als der wahre Gegner der »Weissen Rose«. Als Inhaber eines Lehrstuhls für arische Philologie und Kurator des SS-Ahnenerbes war er seinem Selbstverständnis nach der berufene

Vollstrecker der NS-Ideologie im Wissenschaftssystem. Prompt ließ Wüst die Gestapo verständigen. Die Universität wurde vollständig abgesperrt. Solche Widerständigkeit konnte unter seinen Augen nicht geduldet werden; sie war mit Stumpf und Stiel auszurotten.

Die Gestapo nahm die Mühen auf sich, diese Fetzen für ein weiteres Flugblatt mit Akribie wie ein Puzzle zu einem Text zu rekonstruieren und abschließend von Probst korrigieren zu lassen.[585] Folglich gehörten die Geschwister Scholl und Probst, der am nächsten Tag in Innsbruck abgeholt wurde, zur engsten für die Gestapo greifbaren Tätergruppe.

Krieg und Stalingrad in den letzten Flugblättern

Die aktuellen Ereignisse der Kriegführung und der internationalen Politik überstürzten sich im Januar 1943 und warfen ihre Schatten der Bedrohung, aber auch die Botschaften der Hoffnung auf die öffentliche Meinung in Deutschland. Das irritierte und erregte. Dem konnten sich die Studentinnen, die Studenten und die Männer im Kreis der »Weissen Rose« in München nicht entziehen. Für die Entwicklung des Widerstandes entstanden gravierende Impulse.

»Erschüttert steht unser Volk vor dem Untergang der Männer von Stalingrad.« So begann das sechste Flugblatt der Widerstandsgruppe »Weisse Rose«, das am Morgen des 12. Februar 1943 von Kurt Huber geschrieben worden war und sich an die deutschen Studentinnen und Studenten richtete. Der »Fall von Stalingrad« bedeutete für Huber die »Katastrophe« schlechthin, die ihn in »schwere Sorgen um das Wohl des Staates« stürzte. Das bekannte er vor der Gestapo.[586] Damit führte er das Thema fort, das die »Weisse Rose« in ihrem fünften Flugblatt mit dem Titel »Flugblätter der Widerstandsbewegung in Deutschland. A u f r u f a n a l l e D e u t s c h e !« vom 22. Januar schon folgendermaßen angesprochen hatte: »Der Krieg geht seinem sicheren Ende entgegen. Wie im Jahre 1918 versucht die deutsche Regierung alle Aufmerksamkeit auf die wachsende U-Bootgefahr zu lenken, während im Osten die Armeen unaufhörlich zurückströmen (…) Hitler kann den Krieg nicht gewinnen, nur noch verlängern!« Bestimmend war nicht nur die »Aussichtslosigkeit« der militärischen Lage, sondern vor allem die Fragwürdigkeit der moralischen Legitimität des vom NS-Regime geführten Krieges; daher sollten dem »deutschen Volk die Augen geöffnet werden«.[587] Im Flugblatt kam der Aufruf: »Beweist durch die Tat, dass Ihr anders denkt!«

Der Stil des fünften und sechsten Flugblattes ist entschiedener, der Inhalt gewandelt. Zwar hatten Scholl und Schmorell im IV. der »Flugblätter der Weissen Rose«, das in der Woche vor der Abfahrt an die Ostfront im Juli 1942 verteilt worden war, den Krieg klar verdammt und auf die Folgen der Fortsetzung des Krieges hingewiesen. Da stand: »(…) noch geht der Vormarsch im Osten weiter.« Dann kam sogleich der Hinweis auf die »grauenhaftesten Opfer«. Und: »Täglich fallen in Rußland Tausende.« Es folgten die eindringlichen Worte: »Es ist die Zeit der Ernte, und der Schnitter fährt mit vollem Zug in die reife Saat. Die Trauer kehrt ein in die Hütten der Heimat, und niemand ist da, der die Tränen der Mütter trocknet.«

Der Krieg mußte – zu Beginn des Jahres 1943 – nicht mehr abstrakt abgelehnt werden. Sie erkannten die Wende des Krieges: Im Osten strömten die Armeen zurück, im Westen stand die Invasion vor der Tür, die Rüstung Amerikas stieg, Hitler führte das deutsche Volk in den Abgrund. Das Ende des Krieges war gewiß: Ein schlimmes Ende – »dasselbe Schicksal (…), das den Juden widerfahren ist«. Die moralischen Verletzungen der Deutschen kehrten sich gegen sie selber. Ohne innere Umkehr gab es keine Hoffnung. Sie dachten in religiösen Kategorien. Für sie zeichnete sich eine nahezu alttestamentarische Drohung ab: »Sollen wir auf ewig das von aller Welt gehasste und ausgestossene Volk sein?« Dem setzte die »Weisse Rose« ein fundamentales »Nein!« entgegen. »Zerreisst den Mantel der Gleichgültigkeit, den Ihr um Euer Herz gelegt!«

Politisch blieb die Analyse dieses fünften Flugblattes realistisch, scharf wurden die geopolitischen Ambitionen des Kaiserreichs und des Nationalsozialismus auf gemeinsame Wurzeln in der deutschen Geschichte zurückgeführt. Der »imperialistische Machtgedanke« und ein »einseitiger preußischer Militarismus« dürften nie mehr zur Macht gelangen. Staatliche Machtbändigung ist daher ein wichtiges Thema: Keine zentralistische Gewalt mehr, statt dessen eine föderalistische Staatenordnung und Schutz vor der Willkür verbrecherischer Gewalttaten.

Dagegen wurde die Zukunft eines großen Umbruchs gestellt: »Ein neuer Befreiungskrieg bricht an.« Der Bezug auf den Mythos des historischen Wandels zu Beginn der modernen deutschen Geschichte war genial. Nach diesem Befreiungskrieg hatte der Wiener Kongreß 1815 eine lange währende Friedensordnung in Europa verbürgen können. Entsprechend wurde in diesem Flugblatt die Vision von einem mit neuem Leben erfüllten Europa entwickelt.

Das sechste Flugblatt der Widerstandsbewegung »Weisse Rose« wurde an die Studentenschaft – »Kommilitoninnen! Kommilitonen!« – gerichtet und ist direkt mit dem »Fall von Stalingrad« verbunden. Huber, der den Entwurf fertigte, war nach dieser Niederlage »aus innerster Überzeugung« bereit, persönlich einen »offenen Konflikt« mit dem NS-Regime einzugehen. Mit seiner ganzen Person identifizierte er sich. Aus der Haft schrieb er: »Der Schlag von Stalingrad (...) ist auch mein Schicksal geworden.«[588] Scholl und Schmorell überarbeiteten den Text und produzierten einige tausend dieser an die Studenten gerichteten Flugblätter, da sie wie Sophie Scholl überzeugt waren, nach der militärischen Katastrophe seien diese »revolutionär und begeisterungsfähig«.[589] Daher gab es den akademischen Appell an »wahre Wissenschaft und echte Geistesfreiheit«, die in einer reformierten Staatsform – »in einem seiner sittlichen Verantwortung bewußten Staatswesen« – Geltung finden müßten. In Analogie zu Themen des fünften Flugblattes gipfelt der Text in der Verheißung, einen »Aufbruch gegen die Verknechtung Europas« zu wagen.

Die deutsche Niederlage bei Stalingrad im Januar/Februar 1943 dominiert für dieses Flugblatt. Ganz konkret wird zu Beginn vom Untergang der Männer von Stalingrad, die »verantwortungslos in Tod und Verderben gehetzt« wurden, erzählt. Danach wird ›Stalingrad‹ zur Metapher von Zerstörung und Unrecht überhaupt, von moralischer Besinnung und politischer Hoffnung. Es heißt dort in Anlehnung an das fünfte Flugblatt weiter: »Auch dem dümmsten Deutschen hat das furchtbare Blutbad die Augen geöffnet, das sie im Namen von Freiheit und Ehre der deutschen Nation in ganz Europa angerichtet haben und täglich neu anrichten. Der deutsche Name bleibt für immer geschändet, wenn nicht die deutsche Jugend endlich aufsteht, rächt und sühnt zugleich, seine Peiniger zerschmettert und ein neues, geistiges Europa aufrichtet.«

Kaum eine Steigerung wäre denkbar, würde nicht an das gemeinsame historische Schicksal Deutschlands und Rußlands im Freiheitskampf gegen Napoleon – »wie 1813 (...) so 1943« – erinnert, um den nationalsozialistischen Terror in der Gegenwart »aus der Macht des Geistes« zu brechen. Die Erinnerung an die Erfahrung an die Zeit an der Ostfront schimmert auf, als die Sanitätsfeldwebel sich, die Deutschen und Russen zugleich, als Opfer des Nationalsozialimus fühlten. Eine wortgewaltige Botschaft des Friedens und der Freiheit: »Beresina und Stalingrad flammen im Osten auf, die Toten von Stalingrad beschwören uns!«

Der Ruf der Widerstandsbewegung »Weisse Rose« ist über ein mögliches weiteres Flugblatt, den Entwurf des vielleicht siebten, erneut mit dem weltweiten Krieg und mit Stalingrad verbunden. Probst hatte es verfaßt, nachdem er von Scholl im Beisein von Schmorell aufgefordert worden war, »eigene Gedanken« für ein neues Flugblatt zu liefern.[590] Die Umstände waren günstig, als Probst Ende Januar Gelegenheit hatte, heimlich den britischen Rundfunk zu hören.[591]

Sein Flugblatt begann mit einer schlichten Überschrift – oder mit der Anklage: »Stalingrad!« Dann folgten aufrüttelnde Sätze: »200 000 deutsche Brüder wurden geopfert für das Prestige eines militärischen Hochstaplers. Die menschlichen Kapitulationsbedingungen der Russen wurden den geopferten Soldaten verheimlicht.« Provozierend wurde dagegengestellt: »General Paulus erhielt für diesen Massenmord das Eichenlaub.« Doch Probst beließ es nicht bei der Polemik gegen die Vertreter des NS-Regimes, sondern er verarbeitete seine Informationen von der Übergabe von Tripolis, das von den Bewohnern ohne Kampf mit den alliierten Truppen gerettet worden war. Mit dieser Alternative vor Augen wollte Probst eine politische Botschaft für den Widerstand verbinden und den Deutschen Hoffnung geben. Daher stellte er die Erklärung der westlichen Politiker heraus: »Unser Vernichtungskampf richtet sich nicht gegen die Völker, sondern gegen die politischen Systeme. Wir kämpfen bis zur bedingungslosen Kapitulation.« Er verband damit die Folgerung, daß der politische Widerstand einen besonderen Sinn für die Zeit nach dem Umsturz des NS-Regimes haben würde. Das Flugblatt steigerte sich zum Ende und suchte mit einem Aufruf für einen friedlichen Wandel aufzurütteln: »Entscheidet Euch, Stalingrad und der Untergang, oder Tripolis und die hoffnungsvolle Zukunft. Und wenn Ihr Euch entschieden habt, dann handelt.«

Die Flugblätter vom Februar 1943, die Huber und Probst unabhängig voneinander entworfen hatten, kreisten um das Thema Stalingrad. Die Autoren hatten ihren Flugblättern einen eigenen Stempel aufgedrückt. Diese Texte bringen auf je eigene Weise existentielle Not und Würde des persönlichen Schicksals zum Ausdruck – »Freiheit, Frieden, Familienglück, Hoffnung und Frohsinn« – und sollten differenziert gelesen werden. In ihnen komprimiert sich die Summe jenes Leidens und Wütens, der Vernichtung und der Gewalt, deren Eindrücke und Erfahrungen der Krieg allen aufdrückte. Der Charakter der zweiten Phase der Widerstandsbewegung »Weisse Rose« ist davon bestimmt. In ›Stalingrad‹ kulminierte alles, gab dem Elend einen Ausdruck.

Am 18. Februar 1943 herrschte in Berlin helle Aufregung. Aus der »Hauptstadt der Bewegung« wurde eilfertig gemeldet, unkontrollierte »Strömungen« machten sich in der Bevölkerung bemerkbar. Die am 16. Februar frühmorgens in München von der Gestapo entdeckten »staatsfeindlichen Umtriebe durch Schmierpropaganda und Verbreitung von Flugschriften mit demokratisch-föderalistischer Tendenz in den letzten Tagen« hatten im Reichsministerium der Justiz eine außerordentliche und dringende »Führerinfo« erforderlich gemacht. Angespornt und angeregt, weil ihnen höchste Aufmerksamkeit – »Führer (...) schon unterrichtet« – sicher war, trafen sich schnell zusammengezogene Arbeitsgruppen, um die Lage zu sondieren.[592] Nach Aktenstand hatte es schon früher Vorkommnisse gegeben. Am 5. Februar hatte Berlin amtlich Kenntnis erhalten von Flugblättern »antinazionalsozialistischen Inhalts« und Wandparolen – »Inschriften« – folgender Art: »Freiheit«, »Nieder mit Hitler« und »ein durchstrichenes Hakenkreuz«; »auf den Straßen« in München waren die Symbole des NS-Staates wiederholt lächerlich gemacht worden.[593]

Das System war im Innern bedroht und betroffen. Seine Sachwalter nahmen den Fehdehandschuh auf. Eine Sonderkommission wurde gebildet. Scholl hatte drei Wochen zuvor, als der »Aufruf an alle Deutsche« von Wien bis Frankfurt versandt worden war, voller Sehnsucht auf die »besondere Wirkung dieser Flugblätter« gewartet. Tatsächlich reichte ihr »Widerhall« bis Berlin.[594] Darin lag eine Sprengkraft, die schon bald ihre Gewalt zeigen würde.

Am Freitag, dem 19. Februar, um 11 Uhr 35 war Berlin genauestens informiert. Justizminister Thierack wurde von der Verhaftung »verschiedener Personen« unterrichtet, »die in der Universität Flugblätter wehrkraftzersetzenden Inhalts verteilt und auf die Straße geworfen haben«. Sogleich wurde spekuliert: Hingen sie mit der spektakulären Demonstration gegen Gauleiter Giesler Mitte Januar oder mit den seit Wochen auftauchenden »Schmierereien« zusammen? Gegen Mittag trat ein zentraler Lenkungsstab zusammen. Ihm fehlte der Überblick: Bei noch mangelhafter Information »läßt sich gegenwärtig noch nicht sagen«, was der eigentliche Tatbestand der »Vorfälle« sein könnte.[595] Das sollte sich bald ändern.

Die Verantwortlichen zeigten Nervosität. Längst hatte die Angelegenheit »Weisse Rose« oberste Priorität auf der politischen Skala. An diesem Freitag, noch am Nachmittag, begannen die Räder des Systems ineinanderzugreifen. Die drei wichtigsten Institutionen stimmten ihr Vorgehen untereinander ab: das Justizministerium, die Reichskanzlei des »Führers« und das Oberkommando der Wehrmacht (OKW). Die Wehrmacht sah sich in einem Dilemma, waren doch die »3 Angehörigen des Heeres und ein Luftwaffenangehöriger« seit Jahren im Dienst; Graf, Schmorell und Scholl hatten im Sommer 1942 »im Osten« mitgekämpft und »diese Beziehungen auch nach der Rückkehr von der Front nicht abgebrochen« – sie hatten Ärzte werden wollen und studierten seit Jahren. Aber man kam nicht umhin anzuerkennen, daß es um gravierende Beschuldigungen ging: um Hochverrat und Wehrkraftzersetzung.

Es sollte ein Exempel statuiert werden. Der Fall war politisch höchst brisant. Wie konnte die Wehrmacht nur das Problem loswerden? Es wurde auf höchster Ebene gehandelt – auf der einen Seite Hitler, der »Führer«, auf der anderen Keitel, der Generalfeldmarschall. Vorsichtshalber sprach man im OKW von den »Münchener Vorfällen«, die – bot sich da die Lösung? – »gegebenenfalls vor dem Zivilgericht« geahndet werden könnten. Das OKW mochte sich dem ausdrücklichen Wunsch des »Führers«, eine öffentliche Abschreckung zu inszenieren, natürlich nicht verschließen. Am nächsten Morgen teilte Kriegsgerichtsrat Wichel den Beschluß aus dem OKW im Justizministerium mit, »Herr Generalfeldmarschall habe zugestimmt, daß die Wehrmachtsangehörigen (...) wahrscheinlich vor dem Volksgerichtshof mit abgeurteilt würden«[596]. Damit waren eigentlich die Würfel schon gefallen.

Die Anklage gegen die in flagranti überraschten und verhafteten Geschwister Hans und Sophie Scholl sowie den aufgrund des Entwurfs eines nächsten Flugblatts verdächtigen Probst wurde auf das konspirative »Unternehmen« bezogen, »mit Gewalt die Verfassung des Reiches zu ändern«. Dieser Zusammenhang schien gegeben. Die »Weisse Rose« war an diesem Freitagabend kriminalistisch und politisch überhaupt noch nicht durchschaut, aber ein Machtstaat wie das NS-Regime konnte sich öffentliche Proteste nicht bieten lassen. Eine unverzügliche Reaktion war geboten.

Am 20. Februar, dem Samstag, liefen die Verhöre in München auf Hochtouren, die Telefondrähte glühten, denn Berlin bestand auf einer Anklageschrift unter Verwendung der aktuellen Aussagen vor der Gestapo, die bereits am 21. vom Ersten Staatsanwalt erarbeitet und vorgelegt wurde. Sie enthielt den Antrag, »die Hauptverhandlung vor dem Volksgerichtshof anzuordnen«[596]. Das war allerdings nur eine Formsache – entsprach es doch dem von Hitler zuvor geäußerten Wunsch. Die ersten drei – Hans und Sophie Scholl sowie Probst – traf es sofort.

Am 21. Februar, Sonntag, begab sich Roland Freisler, der Präsident des Volksgerichtshofes, mit Landgerichtsdirektor Stier, dem hauptamtlichen Richter des 1. Senats, von Berlin nach München. Der Prozeß, angesetzt für Montag, 22. Februar 1943, zehn Uhr, wurde straff geführt. Mittags folgten die Todesurteile, gnadenlos. Der sofortige Vollzug wurde bestimmt, um 17 Uhr, mit der Guillotine im Gefängnis Stadelheim.

Zum Kern der Gruppe der »Weissen Rose« gehörte, das ergab sich trotz aller Versuche der Verhafteten, die Gefährten zu schützen und zu entlasten, auch Schmorell. Er aber war »flüchtig«. Nach ihm, dem »ehemaligen« Sanitätsfeldwebel, wurde wegen »Vorbereitung zum Hochverrat« im gesamten Reich gefahndet.[598] Er konnte nach einer verzweifelten Flucht am 24. Februar gegen 23 Uhr 30 »auf Grund der öffentlichen Ausschreibung erkannt« und zur Gestapo nach München »verbracht« werden.[599] In Berlin war festgelegt worden, alle mit der ganzen Härte des Gesetzes zu treffen.

Noch am 22. und dann am 25. Februar fanden im Auditorium

Maximum die großen Jubel- und Solidaritätskundgebungen der Universität statt, auf der Studenten und Professoren ihre Abscheu über die »Weisse Rose« und ihre Zustimmung zum NS-Regime mit dem Hitler-Gruß und tosendem Beifall demonstrierten. Die Verhöre in München erfaßten alle, die irgendwie in Kontakt mit Scholl, Graf, Schmorell und Probst gestanden hatten. Das »Kleeblatt« vom Sommer 1942 und alle übrigen zur Feldfamulatur an die Ostfront kommandierten waren schnell eindeutig identifiziert. Furtwängler war das Glück beschieden, am 18. Februar verabredungsgemäß am morgendlichen Appell in der Kaserne an der Bergmann-Schule teilzunehmen und beim Aufruf der Namen von Graf, Schmorell und Scholl aus der dritten Reihe »Hier, Herr Hauptfeldwebel!« zu melden. Er wurde also nicht sofort aufgegriffen.

Die Ärzte und die militärischen Vorgesetzten der Studentenkompanie versuchten ein Schutzsystem gegen die Gestapo aufzubauen. Wie im Fall Furtwängler führte der medizinische Vorgesetzte, Dr. Buhl, die ersten obligatorischen Verhöre durch, fertigte selbst die Protokolle an und begleitete Furtwängler sogar – zu seinem Schutz – Anfang April zu den zwei- und dreistündigen Verhören bei der Gestapo, »was mir sicher half«.[601] Auf diese Weise konnten Furtwängler, Jaeger und Wittenstein vor dem Zugriff durch die Gestapo und eine mögliche Anklage geschützt werden. Die Beteiligten handelten so, obwohl sie davon ausgingen, daß diese Studenten zum Kreis der »Weissen Rose« gehörten. Die leitenden Ärzte versetzten außerdem Otmar Hammerstein sogleich nach Amsterdam, um ihn dem Zugriff der Gestapo und der NS-Justizmaschinerie zu entziehen.

Berlin ließ keine Zweifel daran aufkommen, daß durchgegriffen werden sollte. In einem zweiten Prozeß wurden 14 Mitglieder aus dem Kreis um die »Weisse Rose« mit Graf, Huber und Schmorell an der Spitze angeklagt. Die Verhandlung sollte vor dem Volksgerichtshof in Berlin eröffnet werden. Schon am 27. Februar erfolgte die diesbezügliche »Weisung« von Staatssekretär Rothenburger mit dem Hinweis, Schmorell solle »wie die übrigen Täter abgeurteilt, aber vorläufig nicht hingerichtet werden«[601]. »Be-

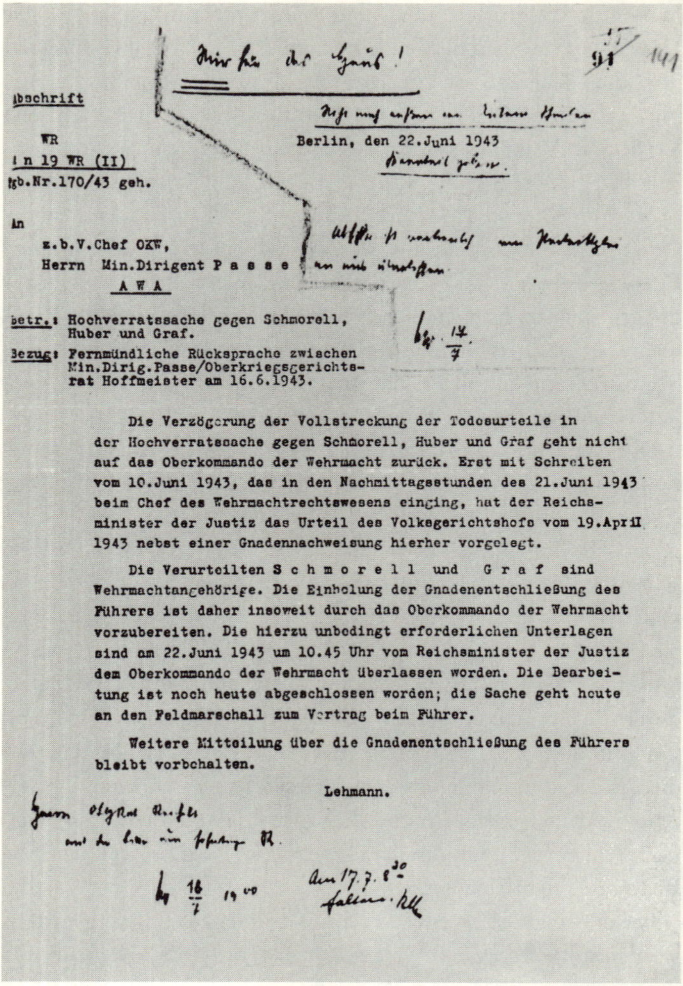

[A]bschrift

WR

[I]n 19 WR (II)

[T]gb.Nr.170/43 geh.

Berlin, den 22.Juni 1943

[A]n

z.b.V.Chef OKW,

Herrn Min.Dirigent P a s s e

A W A

[B]etr.: Hochverratssache gegen Schmorell, Huber und Graf.

[B]ezug: Fernmündliche Rücksprache zwischen Min.Dirig.Passe/Oberkriegsgerichtsrat Hoffmeister am 16.6.1943.

Die Verzögerung der Vollstreckung der Todesurteile in der Hochverratssache gegen Schmorell, Huber und Graf geht nicht auf das Oberkommando der Wehrmacht zurück. Erst mit Schreiben vom 10.Juni 1943, das in den Nachmittagsstunden des 21.Juni 1943 beim Chef des Wehrmachtrechtswesens einging, hat der Reichsminister der Justiz das Urteil des Volksgerichtshofs vom 19.April 1943 nebst einer Gnadennachweisung hierher vorgelegt.

Die Verurteilten S c h m o r e l l und G r a f sind Wehrmachtangehörige. Die Einholung der Gnadenentschließung des Führers ist daher insoweit durch das Oberkommando der Wehrmacht vorzubereiten. Die hierzu unbedingt erforderlichen Unterlagen sind am 22.Juni 1943 um 10.45 Uhr vom Reichsminister der Justiz dem Oberkommando der Wehrmacht überlassen worden. Die Bearbeitung ist noch heute abgeschlossen worden; die Sache geht heute an den Feldmarschall zum Vortrag beim Führer.

Weitere Mitteilung über die Gnadenentschließung des Führers bleibt vorbehalten.

Lehmann.

Ein Beispiel für die formale Abklärung unter den Reichsbehörden

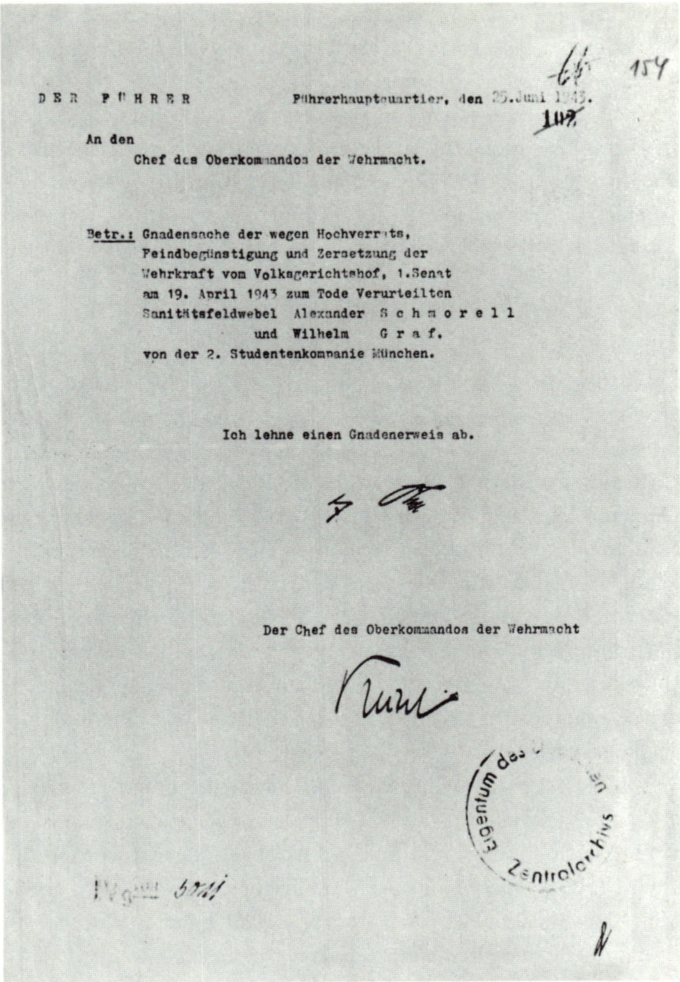

D E R   F Ü H R E R   Führerhauptquartier, den 25.Juni 1943.

An den
Chef des Oberkommandos der Wehrmacht.

Betr.: Gnadensache der wegen Hochverrats,
Feindbegünstigung und Zersetzung der
Wehrkraft vom Volksgerichtshof, 1.Senat
am 19. April 1943 zum Tode Verurteilten
Sanitätsfeldwebel Alexander S c h m o r e l l
und Wilhelm G r a f.
von der 2. Studentenkompanie München.

Ich lehne einen Gnadenerweis ab.

Der Chef des Oberkommandos der Wehrmacht

Ablehnung des Gnadengesuchs von Graf und Schmorell durch Hitler und Keitel schleunigter« Vollzug in dieser Angelegenheit war angesagt, Schmorell sei bald nach Berlin zu überführen und die Hauptverhandlung dort vorzubereiten.[602]

Diese Forderung geriet in Widerspruch zur Sorge um die öffentliche Meinung. Auf Ministerebene wurden die Berichte über die Reaktion der Bevölkerung auf die ersten drei Todesurteile erörtert. Besorgt hatte man zur »Kenntnis« genommen, das erste Urteil des Volksgerichtshofes sei »wenig verständnisvoll aufgenommen worden«. Dagegen müsse etwas unternommen werden, Hinweise an die Presse seien erforderlich, vor allem dürfe der »ausländischen Propaganda kein Material« geliefert werden.[603] Hinsichtlich der Meinungsbildung an der Universität regte Ministerialrat Mitzschke listig an, »am besten« einen aus der Dozentenschaft stammenden Gegenartikel zu lancieren.[604]

In dieser Situation Mitte März 1943 traf der »Wunsch« von Gauleiter Giesler auf offene Ohren, den er »geheim« über die Partei-Kanzlei im Führerbau an das Justizministerium geleitet hatte: »dafür Sorge zu tragen«, auch den zweiten Prozeß gegen die »Weisse Rose« aus »psychologischen Gründen« doch nicht in Berlin, sondern in München stattfinden zu lassen.[605] Die NSDAP sollte ihre Macht in München demonstrieren, an dem Ort, an dem dem Gauleiter so schmählich von den machtlosen Studenten mitgespielt worden war.

Am 27. Februar war Huber in die Fänge der Fahnder geraten und verhaftet worden. Am 19. April begann der zweite Prozeß des Volksgerichtshofes in München. In bewundernswerter Weise stellte Huber Freisler im direkten Disput: »Sie haben ja mehr Menschen auf dem Gewissen als in Katyn umgebracht wurden.«[606] Die Vollstreckung der Todesurteile wurde hintangestellt.

Die NSDAP in München ließ nicht locker. Gauleiter Giesler intervenierte. Mit dem einprägsamen Satz »Hochverrat ist das größte und gemeinste Verbrechen, das ein Deutscher überhaupt begehen kann« wandte sich Giesler Mitte Mai an den »Führer«, um jegliche »Gnadenerweise« zu unterbinden. Die Gnadengesuche beunruhigten. Prominente Nationalsozialisten waren angesprochen worden; Offiziere und Unteroffiziere stellten Graf vorzügliche Zeugnisse aus. Giesler schwante, der Konsens in der Partei, ein Exempel zu statuieren, sei gefährdet. Er legte nach: »frühere Verdienste« – was befürchtete er bei Graf und Huber? – müßten »unberücksichtigt« bleiben.[607] Die Parteileitung in Berlin nahm das Münchener Interesse auf, fand »Gnadenerweise« »nicht vertretbar« und informierte das Justizministerium von dieser »Entscheidung«.

Die Stränge der NSDAP erwiesen sich als mächtig, einflußreich, bestimmend. Die Verfahren gegen die Gruppe der »Weissen Rose« wurden intern und hinter den Kulissen vom Anfang bis zum Ende von der NSDAP gesteuert. Selbstverständlich setzte sich die »Kanzlei des Führers« mit ihrer Meinung durch, Graf, Huber und Schmorell hätten sich in besonders schwerer Weise staatsfeindlich verhalten: Ihre Tat müsse mit der zuerkannten Strafe »geahndet« werden, weil die »Weisse Rose« ihre Pflicht nicht erfüllt hätte, »ihre ganze Kraft für die Erreichung des Sieges einzusetzen«.[608]

Am 17. Juni hakte Giesler erneut nach. Warum immer noch diese Verzögerungen? Das gab den letzten Anstoß. Der Rest war dann der amtliche Vollzug und die bürokratische Abwicklung.

Am 21. Juni fiel im internen Machtgefüge die Entscheidung. Justizminister Thierack verkündete bezüglich Huber seinen »mit Ermächtigung des Führers« getroffenen Beschluß, »von der Begnadigung keinen Gebrauch zu machen, sondern der Gerechtigkeit freien Lauf zu lassen«.[609] Giesler wurde mitgeteilt: »Vollstreckung angeordnet.«[610] Betreffs Schmorell und Graf wurde formell am nächsten Tag das offizielle Procedere in Gang gesetzt: »Die Sache geht heute an den Feldmarschall zum Vortrag beim Führer.«[611] Das OKW gab seine Antwort prompt: »Der Führer hat am 25. Juni 1943 einen Gnadenerweis für die Verurteilten abgelehnt.«[612] Diese drei aus München – Graf, Huber und Schmorell – warteten in Stadelheim auf die Hinrichtung.

Zu den Terminverzögerungen war es gekommen, weil die Ermittlungen über die »Weisse Rose« einen erschreckenden Umfang angenommen hatten und Graf als Zeuge für die mehr als fünfzig

Verdächtigen ausersehen war. Seit dem 5. Juni stand fest, das Urteil gegen ihn werde vorerst nicht vollstreckt.[613]

Am 8. Juli legte die Oberstaatsanwaltschaft den Termin für die Hinrichtung von Huber und Schmorell in Stadelheim auf den 13. Juli, 17 Uhr.[614] Grafs Rolle für die Ermittlungsbehörden fand bei der NSDAP in München kein Verständnis. Der Gauleiter gab nicht auf, drohte, ob »der Justiz schon der Vorwurf gemacht« werden müsse, »die Sache fast zwei Monate verzögert zu haben«.[615] Berlin reagierte auf den Druck und »ersuchte« die Justizanstalt, auch das letzte Todesurteil dieser Prozesse zu vollstrecken.[616] Am 12. Oktober, 17.03 Uhr wurde Willi Graf mit dem Fallbeil hingerichtet.

Die Exekution der engeren Gruppe der »Weissen Rose« vollzog sich in den absonderlichsten Formen betont korrekter, formaler Administration. Die bürokratische Maschinerie wurde ad finitum betrieben. Sie demaskiert die makabre Mentalität der Schreibtischtäter des NS-Regimes. Dessen Inhumanität offenbarte sich noch einmal in den Worten des Oberstaatsanwalts in München, als er den pünktlichen Vollzug der Todesurteile an Huber und Schmorell nach Berlin meldete: »Der Hinrichtungsvorgang dauerte vom Verlassen der Zelle an gerechnet 46 bzw. 44 Sekunden, von der Übergabe an den Scharfrichter bis zum Fall des Beiles 8 bzw. 9 Sekunden.« Mit derselben obszönen Verhöhnung berichteten die kruden Vollstrecker später über Grafs Exekution: 11 Sekunden.

Abschließend hieß es noch: »Zwischenfälle oder sonstige Vorkommnisse von Bedeutung sind nicht zu berichten.«[617]

9. Epilog

Der Widerstand der »Weissen Rose« ist einzigartig in der deutschen Geschichte. Sein legendärer Ruf verbindet sich mit der Aktion am späten Vormittag des 18. Februar 1943, als die Geschwister Scholl von einer Balustrade der Ludwig-Maximilian-Universität in München Flugblätter in den Lichthof warfen, die zur spektakulären Verhaftung durch die Gestapo und zur Verurteilung durch den »Volksgerichtshof« führte. Das NS-Regime, von einem tollwütigen Vernichtungswillen getrieben, schlug das öffentliche Aufbegehren brutal nieder.

Die Schatten, die der deutsche Nationalsozialismus wirft, bleiben Teil der Geschichte, der wir uns zu stellen haben. Der Widerstand gegen das Regime ruft Licht und Schatten dieser Vergangenheit in Erinnerung. Heute verkörpert die »Weisse Rose« im kollektiven Gedächtnis der Deutschen das bessere Deutschland. Ihre Aktionen gehören zu jenen Ereignissen des Widerstandes gegen den Nationalsozialismus, die für das freiheitliche Geschichtsbewußtsein und die Identität Jugendlicher in der Gegenwart von großer Bedeutung sind.

Die »Weisse Rose« erhielt ihren Namen nach den im Juni und Juli 1942 verschickten »Flugblättern der Weissen Rose« von Schmorell und Scholl. Jeder aus dem Kreis war eine unverwechselbare Gestalt mit faszinierenden Widersprüchen: eigenwillig, empfindsam, rebellisch und solidarisch. Die jungen Menschen hatten seit etwa 1939 im Rahmen des Medizinstudiums freundschaftliche Kontakte geknüpft und waren politisch hoch sensibilisiert. Der totalitäre Staat reglementierte ihren Alltag, versuchte den Verlauf ihres Lebens gleichmacherisch zu dirigieren und ihr Gewissen auszuschalten. Konflikte in der Schule, in den Jugendverbänden, im Arbeitsdienst, in den Kirchen, beim Wehrdienst, an der Universität und im privaten und öffentlichen Leben hatten ihnen den Charakter des NS-Regimes vor Augen geführt. Diese Konfrontation hatte mündig gemacht. Sie nahmen Willkür oder Repressalien nicht hin, erkannten die politische Dimension der Geschehnisse und die generelle Bedeutung der individuellen Erfahrung mit Unfreiheit und Unterdrückung. Sie wuchsen an der Sache, tauchten nicht in der Menge unter oder reagierten in wütendem, blindem Protest, sondern fanden für sich den Weg zum Gegenhalten und Widerstehen.

Sie waren religiös geprägt, ihre Ethik wurzelte in den Traditionen der christlichen Konfessionen. Im Kreis der »Weissen Rose« wurde der damaligen Neigung der Kirchen, sich gegenseitig auszugrenzen und zu mißtrauen, in bemerkenswert weitsichtiger Toleranz begegnet. Ihre politischen Auffassungen orientierten sich an humanistischen Grundsätzen: Individuelle Würde und Freiheit der Person waren für sie unverzichtbare Werte. Daher fanden sie die Kraft, die Kirchen als Institutionen in Staat und Gesellschaft an ihre Verantwortung für die Zerrüttung der politischen Verhältnisse zu mahnen.

Aus bürgerlichen Familien mit abendländischer Bildung kommend, liebten sie Literatur, Philosophie und Kunst. Erinnerungen, Tagebücher und Briefe, Gestapo-Protokolle und Gerichtsakten geben Aufschluß über das pluralistische Miteinander im Kreis der »Weissen Rose« und das Streben der Einzelnen, ihrem persönlichen Schicksal mit der rechten Tat und dem Ganzen nach dem Maße einer guten Ordnung Sinn zu verleihen.[618] Sie waren Einzelne, die in einer nichtorganisierten Gruppe »guter Menschen« das Ganze trugen. Viele – die Gestapo verhaftete weit mehr als fünfzig Personen – hatten seit Sommer 1942 die »Weisse Rose« mit begründet, getragen und gestärkt sowie an ihrer Entwicklung teilgehabt: sie finden sich im Begriff »Weisse Rose« subsumiert. Sie entdeckten die Gemeinsamkeit, die sie stärkte, und hörten, was zu hören war.[619]

Die »Weisse Rose« wollte keine Helden oder Märtyrer schaffen.

Den weiten Umkreis verband die feste Überzeugung von der Unmenschlichkeit des NS-Regimes. Der Kern der »Weissen Rose« riskierte das Leben für die Freiheit und die Würde des Menschen in einem auf Ordnung und Rechtsstaatlichkeit gegründeten Staat. In München wurden Willi Graf, Kurt Huber, Christoph Probst, Alexander Schmorell sowie Hans und Sophie Scholl Opfer der Gewalt der Unterdrückung des NS-Regimes und hingerichtet. Andere hatten ein ähnliches Risiko auf sich genommen, konnten aber das »Dritte Reich« überleben; auch sie erlitten die Qualen der Verfolgung und den Terror der Gestapo-Verhöre. Angst und Ausgrenzung, weil sie Volk und »Führer« durch einen Dolchstoß in den Rücken verraten hätten, prägten ihr Leben, bis nach dem Krieg Anerkennung die Verachtung verdrängte.

Denken und Handeln der »Weissen Rose« stehen für moralische Integrität, für Wahrhaftigkeit und Anstand. Wie nur wenige andere folgten sie dem Kompaß eines unbestechlichen Gewissens. Das inspirierte dazu, ihre Geschichte in Wort, Ton und Bild zur Legende zu stilisieren, die Helden mit dem Glanz ethischer Reinheit zu übermalen und sie auf einen Altar zu stellen. Solche Idealisierung verleitete dazu, die politischen Motive und vor allem die Realität des Nationalsozialismus auszublenden – als der Krieg zu Ende war.

Idee und Wirklichkeit müssen als Einheit genommen werden. Das Werk der »Weissen Rose« ist nicht ohne die Monate der Famulatur in der Wehrmacht zu begreifen. Der Widerstand im Winter 1942/43 steht in engem Zusammenhang mit den nationalsozialistischen Gewalttaten, denen die Sanitätsfeldwebel an der Ostfront wie in einem Brennglas – komprimiert und konzentriert – begegneten. Dies macht den Wert ihrer Erfahrungen aus: die der Gemordeten – Graf, Schmorell und Scholl – und die der Überlebenden – Furtwängler und Wittenstein. Die Fahrt von München über Warschau an die Front vor Moskau folgte der Blutspur von Terror und Repressalien, deren ungezählte Opfer sie mit Grauen sahen. Die Deportation der jüdischen Bevölkerung mit den Todeszügen in die Vernichtungslager führte ihnen die

Konsequenz der rassistischen Ideologie des Nationalsozialismus vor Augen. Wollte dieser den Juden das Kainszeichen der Minderwertigkeit aufdrücken, hing ihm nun selber das Menetekel der Verdammten an. Das »Entsetzen«, das sie am Tor zum Ghetto angesichts dieser Realität der »Endlösung der Judenfrage« packte, ließ die Worte verblassen, mit denen sie schon so eindringlich in den »Flugblättern der Weissen Rose« Abscheu und Aufklärung zu formulieren versucht hatten.

Jahrelang hatten sie Zweifel am Militär gehegt oder es idealisiert, nun wurden sie mit den Exzessen des Militarismus im Krieg konfrontiert. Die Sanitätsfeldwebel registrierten die Vernichtungspolitik außerhalb der Vernichtungslager. Die von der Wehrmacht zu verantwortende deutsche Besatzungsherrschaft im Bereich der Front deuteten sie als eine geplante Strategie der rücksichtslosen Zerstörung und Mißachtung jeglichen Menschenlebens. Die totale Kriegführung wurde auf die russische Zivilbevölkerung ausgedehnt, die unter dem aufoktroyierten System der Zwangsarbeit, der Verknappung der Nahrungsmittel und der Vernichtungspolitik im Partisanenkampf litt. Doch Opfer der totalen Kriegführung der Wehrmacht waren auch die deutschen Soldaten selbst, die schonungslos in aussichtslose Kämpfe getrieben wurden. Nach Stalingrad und im Zusammenhang mit dem 20. Juli begründeten viele Offiziere ihren Widerstand mit der Verantwortungslosigkeit der Führung der Wehrmacht; für die Sanitätsfeldwebel hatten Staat und Militär bereits im Herbst 1942 jegliche moralische Autorität verloren.

Die Mitglieder der »Weissen Rose« entlarvten mit wachem Geist den kollektiven Autoritätsglauben, erkannten, daß Willkür, Unrecht und Terror zur Diktatur des Bösen führen; tief erschüttert von den entsetzlichen Zügen der Barbarei, appellierten sie an die Gewissen ihrer Mitmenschen – setzten sich unerschrocken für die Werte einer demokratischen Zivilgesellschaft ein. Sie wollten nicht mehr »nur« Zweifel am Sinn dieses Krieges wecken und über die andauernde Vernichtung und Zerstörung aufklären, sondern auf befreiende Aktion drängen, damit in Frieden und Freiheit staatliche Macht demokratisch gebändigt werden könnte. Die Entschlossenheit, auf den Umsturz des »Dritten Reiches« hinzuwirken und an die Öffentlichkeit zu gehen, resultiert aus ihrer programmatisch fundierten und sehr grundlegend vorbereiteten politischen Ethik.

Die »Weisse Rose« steht für zivilen Widerstand, der in dem hochmilitarisierten NS-Regime in Uniform zum Tragen kam. Die Spannung zwischen Norm und Realität war für ihre Akteure unerträglich geworden. Sie plädierten für eine politische Kultur der Liberalität und Toleranz und fanden einen Konsens über wesentliche Grundwerte für Politik, Gesellschaft und Staat. Diese Ethik korrespondiert mit den programmatischen Grundlagen der Verfassung der Bundesrepublik. In den klärenden Diskussionen der »Weissen Rose« wurden ganze Bereiche des Grundgesetzes vorweggenommen: von der in der Präambel benannten Verantwortung vor Gott, der Würde des Menschen, der Garantie der kulturellen, religiösen, individuellen und sozialen Freiheitsrechte über das Friedensgebot bis hin zu den Grundsätzen des republikanischen, demokratischen und sozialen Rechtsstaates, der staatlicher Willkür Grenzen setzt.

Einige aus dem Kreis der »Weissen Rose« gingen über die Demokratie ohne Demokraten in der Weimarer Republik hinaus; ohne sich auf ein konkretes Modell festzulegen, stritten sie engagiert für eine freiheitlich-demokratische Verfassungsordnung. Die Werte ihrer »Staatsform« stehen in einer modernen grundrechtlichen Tradition, ihre Gedanken über Individuum und Gemeinwohl haben Bedeutung für die prinzipielle Diskussion über Aufgaben und Grenzen der Politik.

Der Widerstand der »Weissen Rose« wird manchmal mit tückischem Unterton belächelt oder, weil ihre Tat erfolglos und vergeblich gewesen sei, gar mit Absicht herabgewürdigt, so als ob Ideologie und Macht des NS-Regimes nur eine Chimäre gewesen seien. Jugendlicher Widerstand ist anders zu gewichten als der von Männern, die über Divisionen befehlen konnten. Natürlich ist er schwach. Seine Stärke ist die Idee und die Passion. Die Mitglieder

der »Weissen Rose« hatten keine Machtposition inne, aber sie nutzten die Kraft der Gesittung und die Macht des Wortes, um für Freiheit und Menschenwürde zu werben. »München leuchtet« (Thomas Mann) durch sie. Ihre Taten und Worte waren nicht vergeblich.

Die Erinnerung an die »Weisse Rose« setzt Maßstäbe für Menschlichkeit und Zivilcourage. Sie bietet »Anlaß für ein grundsätzliches Nachdenken über das Politische, über Ziele und Grenzen, Gefährdungen und Gefahren des Staates und der Gesellschaft, nicht zuletzt aber des Menschen im Spannungsfeld von Staat und Gesellschaft«[620]. Es ist an der Zeit, Akteure und Werk der »Weissen Rose« im Licht der freiheitlichen Vergangenheit Deutschlands zu würdigen und als eine die Epochen verbindende Tat zu achten. Bevor Hans Scholl das Haupt auf den Block legte, sprach er die Worte: »Es lebe die Freiheit!«[621]

Anhang

Literatur

Aicher, Otl, Innenseiten des Krieges, Frankfurt/M. 1985

Arendt, Hannah, Eichmann in Jerusalem. Ein Bericht von der Banalität des Bösen, München 1995

Bald, Detlef, Klotz, Johannes, Wette, Wolfram, Mythos Wehrmacht. Nachkriegsdebatten und Traditionspflege, Berlin 2001

Bauerreiß, Romuald, Erinnerungen an Hans Scholl, in: Rhaeten Herold, Jg. 21, Nr. 208

Besier, Gerhard, Ringshausen, Gerhard (Hg.), Bekenntnis, Widerstand, Martyrium. Von Barmen 1934 bis Plötzensee 1944, Göttingen 1986

Beyer, Achim, Urteil: 130 Jahre Zuchthaus. Jugendwiderstand in der DDR und der Prozeß gegen die ›Werdauer Oberschüler‹ 1951, Leipzig 2003

Blaha, Tatjana, Willi Graf und die Weiße Rose. Eine Rezeptionsgeschichte, München 2003

Brentano, Clemens, Sämtliche Werke und Briefe, Stuttgart, Berlin 1994, Bd. 10

Breyvogel, Wilfried (Hg.), Piraten, Swings und Junge Garde. Jugendwiderstand im Nationalsozialismus, Bonn 1991

B. Traven, Die weiße Rose, o. O. 1927

Bugs, Wolfgang, Unternehmen Aesculap. Die Studenten-Kompanien der Wehrmacht 1939–1945, Osnabrück 1995

Die Weiße Rose und das Erbe des eutschen Widerstandes. Münchner Gedächtnisvorlesungen, München 1993

Drobisch, Klaus (Hg.), Wir schweigen nicht! Die Geschwister Scholl und ihre Freunde. Eine Dokumentation über den antifaschistischen Kampf Münchner Studenten 1942/43, 4. Aufl., Berlin 1983

Eisele, Klaus, Lill, Rudolf (Hg.), Hochverrat? Neue Forschungen zur »Weißen Rose«, Veränderte Neuauflage, Konstanz 1999

Frei, Norbert, Vergangenheitspolitik. Die Anfänge der Bundesrepublik und die NS-Vergangenheit. München 1996

Frei, Norbert u. a. (Hg.), Geschichte vor Gericht. Historiker, Richter und die Suche nach Gerechtigkeit, München 2000

Frei, Norbert, Steinbacher, Sybille (Hg.), Beschweigen und Bekennen. Die deutsche Nachkriegsgesellschaft und der Holocaust, Göttingen 2001

Gerlach, Christian, Krieg, Ernährung, Völkermord. Forschungen zur deutschen Vernichtungspolitik im Zweiten Weltkrieg, Hamburg 1998

Gewalt und Gewissen. Willi Graf und die »Weiße Rose«. Eine Dokumentation von Klaus Vielhaber, Freiburg 1964

Giordano, Ralph, Wenn Hitler den Krieg gewonnen hätte. Die Pläne der Nazis nach dem Endsieg, München 1991

Guardini, Romano, Die Waage des Daseins, in: ders., Freiheit und Verantwortung. Die Weiße Rose – Zum Widerstand im »Dritten Reich«, Mainz 1997

Hamburger Institut für Sozialforschung (Hg.), Verbrechen der Wehrmacht. Dimensionen des Vernichtungskrieges 1941–1944, Hamburg 2002

Hamm-Brücher, Hildegard, Freiheit ist mehr als ein Wort. Eine Lebensbilanz 1921–1996, München 1996

Dies., »Zerreißt den Mantel der Gleichgültigkeit«. Die »Weiße Rose« und unsere Zeit, Berlin 1997

Hartmann, Christian, Massensterben oder Massenvernichtung? Sowjetische Kriegsgefangene im »Unternehmen Barbarossa«. Aus dem Tagebuch eines deutschen Lagerkommandanten, in: Vierteljahrshefte für Zeitgeschichte, Jg. 49, 2001

Heer, Hannes, Tote Zonen. Die deutsche Wehrmacht an der Ostfront, Hamburg 1999

Ders., Vom Verschwinden der Täter. Der Vernichtungskrieg fand statt, aber keiner war dabei, Berlin 2004

Ders., Naumann, Klaus (Hg.), Vernichtungskrieg. Verbrechen der Wehrmacht 1941–1944, Hamburg 1995

Heimbucher, Martin, Christusfriede – Weltfrieden. Dietrich Bonhoeffers kirchlicher und politischer Kampf gegen den Krieg Hitlers und seine theologische Begründung, Gütersloh 1997

Herbstrith, Waltraud (Hg.), Edith Stein, Annweiler 1986

Holler, Eckard, Hans Scholl und Sophie Scholl zwischen Hitlerjugend und dj.1.11, in: puls 22, Nov. 1999

Hilberg, Raul, Die Vernichtung der europäischen Juden, Bd. 2, Frankfurt/M. 1990

Hubatsch, Walther (Hg.), Hitlers Weisungen für die Kriegführung 1939–1945. Dokumente des Oberkommandos der Wehrmacht, 2. Aufl., Koblenz 1983

Huber, Clara (Hg.), Kurt Huber zum Gedächtnis. Bildnis eines Menschen, Denkers und Forschers, Regensburg 1947

Dies. (Hg.), »... der Tod ... war nicht vergebens«. Kurt Huber zum Gedächtnis, München 1986

Hürter, Johannes, Ein deutscher General an der Ostfront. Die Briefe und Tagebücher des Gotthard Heinrici 1941/42, Erfurt 2000

Jahnke, Karl Heinz, Weiße Rose contra Hakenkreuz. Der Widerstand der Geschwister Scholl und ihrer Freunde, Frankfurt/M. 1969

Ders., Zum antifaschistischen Widerstandskampf an der Münchner Universität in den Jahren 1942/43. Dem Andenken der Geschwister Scholl und ihrer Freunde, in: Wissenschaftliche Zeitschrift der Ernst-Moritz-Arndt-Universität Greifswald, Jg. XIV, 1965

Ders., Weiße Rose contra Hakenkreuz. Studenten im Widerstand 1942/43, Rostock 2003, S. Ders., Jugend unter der NS-Diktatur 1933–1945. Eine Dokumentation, Rostock 2003.

Jens, Inge (Hg.), Hans Scholl. Sophie Scholl. Briefe und Aufzeichnungen, Frankfurt/M. 1984

Kissener, Michael, Schäfers, Bernhard (Hg.), »Weitertragen«. Studien zur »Weißen Rose«. Festschrift für Anneliese Knoop-Graf zum 80. Geburtstag, Konstanz 2001

Knoop-Graf, Anneliese, »Jeder Einzelne trägt die ganze Verantwortung« – Willi Graf und die »Weiße Rose«, Berlin 1991

Dies., Jens, Inge (Hg.), Willi Graf. Briefe und Aufzeichnungen, Frankfurt/Main 1984 (erweitert 1994)

Krausnick, Helmut, Hitlers Einsatzgruppen. Die Truppen des Weltanschauungskrieges 1938–1942, Frankfurt/M. 1985

Leugers, Antonia, Deutscher Widerstand gegen den Nationalsozialismus, in: Neue Politische Literatur, Jg. 47, 2002

Lill, Rudolf (Hg.), Hochverrat? Die ›Weiße Rose‹ und ihr Umfeld, Konstanz 1993

Longerich, Peter, Die Ermordung der europäischen Juden, München 1989

Ders., Politik der Vernichtung. Eine Gesamtdarstellung der nationalsozialistischen Judenverfolgung, München 1998

Margolis-Edelmann, Alina, Als das Ghetto brannte. Eine Jugend in Warschau, Berlin 2000

Messerschmidt, Manfred, Was damals Recht war ... NS-Militär- und Strafjustiz im Vernichtungskrieg, Essen 1996

Militärgeschichtliches Forschungsamt (Hg.), Aufstand des Gewissens. Militärischer Widerstand gegen Hitler und das NS-Regime 1933–1945, 4. Aufl., Herford 1985

Melzer, Walther, Geschichte der 252. Infanterie-Division 1939–1945, Bad Nauheim 1960

Mommsen, Hans, Auschwitz, 17. Juli 1942. Der Weg zur europäischen »Endlösung der Judenfrage«, München 2002

Möller, Horst u. a. (Hg.), Die tödliche Utopie, München 2002

Nordhues, Paul, Durch Russen erfuhr die Kompanie vom Tod Hans Scholls. Erinnerungen an den Sanitätssoldaten und Führer der Widerstandsgruppe »Die Weiße Rose«, in: Hirschberg, Jg. 46, 11/1993

Pätzold, Kurt, Schwarz, Erika, »Auschwitz war für mich nur ein Bahnhof«. Franz Novak – der Transportoffizier Adolf Eichmanns, Berlin 1994

Petry, Christian, Studenten aufs Schafott. Die Weiße Rose und ihr Scheitern, München 1968

Rass, Christoph, »Menschenmaterial«: Deutsche Soldaten an der Ostfront. Innenansichten einer Infanteriedivision 1939–1945, Paderborn 2003

Reese, Willy Peter, »Mir selber seltsam fremd«. Die Unmenschlichkeit des Krieges. Rußland 1941–1944, hg. von Stefan Schmid, 3. Aufl., München 2003

Reemtsma, Jan Philipp, »Wie hätte ich mich verhalten?« und andere nicht nur deutsche Fragen, München 2001

Schneider, Michael C., Süß, Winfried, Keine Volksgenossen. Studentischer Widerstand der »Weißen Rose«, München 1993

Scholl, Inge, Die Weiße Rose, Frankfurt/M 1952 ff.; erweiterte Neuausgabe Frankfurt/M. 1982 ff.

Schüler, Barbara, »Im Geiste der Gemordeten ...«. Die »Weiße Rose« und ihre Wirkung in der Nachkriegszeit, Paderborn 2000

Siefken, Hinrich, Die »Weisse Rose« and Russia, in: German Life and Letters, 47, 1/1994.

Steffahn, Harald, Die Weiße Rose mit Selbstzeugnissen und Bilddokumenten, Reinbek 1992

Steinbach, Peter (Hg.), Widerstand. Ein Problem zwischen Theorie und Geschichte, Köln 1987

Ders., Tuchel, Johannes (Hg.), Widerstand gegen den Nationalsozialismus, Bonn 1994

Streit, Christian, Keine Kameraden. Die Wehrmacht und die sowjetischen Kriegsgefangenen 1941–1945, Stuttgart 1997

Tuchel, Johannes, Neues von der »Weißen Rose«? Kritische Überlegungen zu »Detlef Bald: Die Weiße Rose. Von der Front in den Widerstand«, in: POLHIST Nr. 15, Berlin 2003

Verhoeven, Michael, Mario Krebs, Die Weiße Rose. Der Widerstand Münchner Studenten gegen Hitler, Frankfurt/M. 1988

Ueberschär, Gerd R. (Hg.), NS-Verbrechen und der militärische Widerstand gegen Hitler, Darmstadt 2000

Umbreit, Hans, Die deutsche Herrschaft in den besetzten Gebieten 1942–1945, in: Das Deutsche Reich und der Zweite Weltkrieg, Bd. 5/2, Stuttgart 1999

Vinke, Hermann, Das kurze Leben der Sophie Scholl. Mit einem Interview mit Ilse Aichinger, 2. Aufl., Ravensburg 1987

Vossler, Karl, Gedenkrede für die Opfer an der Universität München, München 1947

Wagner, Hans-Ulrich (Hg.), Hans Leipelt und Marie-Luise Jahn. Studentischer Widerstand in der Zeit des Nationalsozialismus am Chemischen Staatslaboratorium der Universität München, München 2003

Weber, Edwin E., Sophie Scholl und das weibliche Reichsarbeitsdienstlager Krauchenwies, in: Zeitschrift für Hohenzollerische Geschichte, Bd. 34, 1998

Wegner, Bernd, Der Krieg gegen die Sowjetunion 1942/43, in: Boog, Horst u. a., Der globale Krieg. Die Ausweitung zum Weltkrieg und der Wechsel der Initiative 1941–1943, Stuttgart 1990

Wette, Wolfram Die Wehrmacht. Feindbilder, Vernichtungskrieg, Legenden, Frankfurt/M. 2002

Ders. (Hg.), Retter in Uniform. Handlungsspielräume im Vernichtungskrieg der Wehrmacht, Frankfurt/M. 2002

Ders. (Hg.), Zivilcourage. Empörte

Wittenstein, Jürgen, Die Münchener Studentenbewegung, in: Die Lupe, Bern 1948

Wolfrum, Edgar, Geschichtspolitik in der Bundesrepublik Deutschland. Der Weg zur bundesrepublikanischen Erinnerung 1948 bis 1990, Darmstadt 1999

Wulf, Joseph, Das Dritte Reich und seine Vollstrecker. Die Liquidation von 500 000 Juden im Ghetto Warschau, Berlin 1961

Ziegler, Armin, Widerstand in Sachen »Weiße Rose«. Kritische Anmerkungen zu dem Buch von Detlef Bald »Die Weiße Rose – Von der Front in den Widerstand«, Schönaich 2003

252. Infanterie-Division 1939–1945. Der Weg der Eichenlaub-Division in Bildern, hrsg. v. d. Such- und Hilfsgemeinschaft 252. Inf. Div., Saarbrücken (1987)

Anmerkungen

1 Thomas Mann, Deutsche Hörer, in: Reden und Aufsätze II, Frankfurt/M. 1965, S. 263.

2 StA M (Stadtarchiv München) NL Kurt Huber 26, 5 Bericht, Clara Huber, Vorladung am 15. Aug. 1943.

3 Peter Steinbach, Der Widerstand als Thema der politischen Zeitgeschichte, in: Gerhard Besier, Gerhard Ringshausen (Hg.), Bekenntnis, Widerstand, Martyrium, S. 12.

4 Vgl. Wilfried Breyvogel, Die Gruppe »Weiße Rose«. Anmerkungen zur Rezeptionsgeschichte und kritischen Rekonstruktion, in: ders. (Hg.), Piraten, Swings und Junge Garde, 159 ff.; vgl. der Vollständigkeit halber Tatjana Koop, Bibliographie zur Weißen Rose 1971

bis 1989, in: Eisele, Klaus, Lill, Rudolf (Hg.), Hochverrat? Neue Forschungen zur »Weißen Rose« (1999), S. 161 ff.

5 Niclas Berg, Der Holocaust in der Geschichtswissenschaft, in: Norbert Frei, Sybille Steinbacher (Hg.), Beschweigen und Bekennen. Die deutsche Nachkriegsgesellschaft und der Holocaust, S. 113.

6 Karl Vossler, Gedenkrede für die Opfer an der Universität München, S. 19.

7 Raphael Gross, Mächtige vor Gericht? Geschichte und historische Gerechtigkeit, in: Norbert Frei u. a. (Hg.), Geschichte vor Gericht. Historiker, Richter und die Suche nach Gerechtigkeit, S. 167.

8 Antonia Leugers, Deutscher Widerstand gegen den Nationalsozialismus, in: Neue Politische Literatur, 2002, S. 250.

9 Michael Kissener, Literatur zur *Weißen Rose* 1971–1992, in: Lill, Rudolf (Hg.), Hochverrat? Die ›Weiße Rose‹ und ihr Umfeld (1993), S. 159.

10 In der vom ZDF ausgestrahlten Fernsehsendung »Unsere Besten« und in der dazu veröffentlichten Publikation wurde diese Tendenz neu belebt. Vgl. Guido Knopp, Peter Ahrens (Hg.), Unsere Besten. Die 100 größten Deutschen. München 2003, S. 263 f.

11 Vgl. die einflußreichen Erinnerungen aus den frühen fünfziger Jahren von Inge Scholl, Die Weiße Rose, Frankfurt/M. 1952 ff.; Erweiterte Neuausgabe Frankfurt/M. 1982 ff.; Inge Jens (Hg.), Hans Scholl. Sophie Scholl. Briefe und Aufzeichnungen (im folgenden Hans Scholl, Sophie Scholl, Briefe).

12 Barbara Schüler, »Geistige Väter« der »Weißen Rose«: Carl Muth und Theodor Haecker als Mentoren der Geschwister Scholl, in: Eisele, Lill (Hg.), Hochverrat? Neue Forschungen zur »Weißen Rose« (1999), S. 109.

13 Vgl. Peter Steinbach, Johannes Tuchel, Von »Helden« und »halben Heiligen«. Darstellungen und Wahrnehmungen der Weißen Rose 1943–1948, in: Michael Kissener, Bernhard Schäfers (Hg.), »Weitertragen«. Studien zur »Weißen Rose«. Festschrift für Anneliese Knoop-Graf zum 80. Geburtstag, Konstanz 2001, S. 99.

14 Arno Klönne, Zur Traditionspflege nicht geeignet. Wie die deutsche Öffentlichkeit nach 1945 mit der Geschichte jugendlicher Opposition im »Dritten Reich« umging, in: Breyvogel (Hg.), Piraten …, S. 301.

15 IfZ (Institut für Zeitgeschichte) Fa 215, Bd. 3, 257 Aktennotiz. Betr.: Zweite Besprechung in Sachen Weiße Rose, 8. Febr. 1963 (angefertigt von F. V.).

16 Vgl. einige wichtige Beiträge: Gewalt und Gewissen. Willi Graf und die »Weiße Rose«. Eine Dokumentation von Klaus Vielhaber (im folgenden Gewalt und Gewissen); Anneliese Knoop-Graf, Inge Jens (Hg.), Willi Graf. Briefe und Aufzeichnungen (1994; im folgenden Willi Graf. Briefe und Aufzeichnungen); Anneliese Knoop-Graf, »Jeder Einzelne trägt die ganze Verantwortung« – Willi Graf und die »Weiße Rose«; dies., Willi Grafs Weg in den Widerstand, in: Peter Steinbach (Hg.), Widerstand. Ein Problem zwischen Theorie und Geschichte, S. 433 ff.

17 IfZ Fa 215, Bd. 3, 154 Pater Mauritius Schurr an A. Knoop-Graf, 10. Jan. 1963.

18 IfZ Fa 215, Bd. 3, 157 Mauritius Schurr an Dohrn, 1. Febr. 1963.

19 Es scheint ein fatales Dilemma der Angehörigen, Nahestehenden und Zeitzeugen zu sein, diese Entwicklung gesehen und aus Respekt oder Bescheidenheit hingenommen zu haben – sie aber letztendlich doch nicht wirklich annehmen zu können. Ein Ausdruck der Divergenzen unter den Nahestehenden der »Weissen Rose« ist, daß die konkurrierenden Familientraditionen in München in zwei Vereinen – der »Weiße Rose Stiftung e. V.« (mit besonderem Bezug zu den Familien Scholl und Graf) und dem »Weisse Rose Institut e. V.« (ausgehend von den Familien Huber, Probst, Schmorell sowie Furtwängler und Schultze-Jahn) – aufgehoben sind.

20 Vgl. Clara Huber (Hg.), Kurt Huber zum Gedächtnis. Bildnis eines Menschen, Denkers und Forschers; dies. (Hg.), »... der Tod ... war nicht vergebens«. Kurt Huber zum Gedächtnis.

21 Barbara Schüler, »Im Geiste der Gemordeten ...«. Die »Weiße Rose« und ihre Wirkung in der Nachkriegszeit, S. 202.

22 Johannes Tuchel, Neues von der »Weißen Rose«? Kritische Überlegungen zu »Detlef Bald: Die Weiße Rose. Von der Front in den Widerstand«, in: POLHIST Nr. 15, S. 3.

23 Armin Ziegler, Widerstand in Sachen »Weiße Rose«. Kritische Anmerkungen zu dem Buch von Detlef Bald »Die Weiße Rose – Von der Front in den Widerstand«, S. 1.

24 Inge Jens, Die »Weiße Rose«. Biographische und kulturelle Traditionen, in: Breyvogel (Hg.), Piraten ..., S. 206.

25 Ebenda, S. 207.

26 Vgl. Otl Aicher, Innenseiten des Krieges; ebenso Eckard Holler, Hans Scholl und Sophie Scholl zwischen Hitlerjugend und dj.1.11, in: puls 22, S. 27 ff.

27 Vgl. die Anmerkungen zu Hermann Krings in: Willi Graf. Briefe und Aufzeichnungen; vgl. Hermann Krings, Das Zeichen der Weißen Rose. Zur politischen Bedeutung des studentischen Widerstandes, in: Die Weiße Rose und das Erbe des deutschen Widerstandes. Münchner Gedächtnisvorlesungen, S. 45 ff.

28 Vgl. Hildegard Hamm-Brücher, »Zerreißt den Mantel der Gleichgültigkeit«. Die »Weiße Rose« und unsere Zeit, Einleitung.

29 Vgl. Wagner (Hg.), Hans Leipelt und Marie-Luise Jahn. Studentischer Widerstand in der Zeit des Nationalsozialismus am Chemischen Staatslaboratorium der Universität München.

30 Vgl. Jürgen Wittenstein, Die Münchener Studentenbewegung, in: Die Lupe, Bern 1948, S. 38.

31 Romuald Bauerreiß, Erinnerungen an Hans Scholl, in: Rhaeten Herold, Nr. 208, S. 6.

32 Mauritius Schurr, (Bericht vom) 5. Dezember 1985, in: Waltraud Herbstrith (Hg.), Edith Stein, S. 164.

33 IfZ Fa 215, Bd. 3, 168 Mauritius Schurr an Dohrn, 13. Februar 1963.

34 Scholl, Die Weiße Rose (1982), S. 88 f.

35 Diese Seiten persönlicher Prägung in einer Analyse zu berücksichtigen darf nicht zu der Verwechslung Anlaß geben, dies sei per se romantisch oder idealisierend.

36 Harald Steffahn, Die Weiße Rose mit Selbstzeugnissen und Bilddokumenten, S. 79.

37 Christian Petry, Studenten aufs Schafott. Die Weiße Rose und ihr Scheitern, S. 65. Petry vertrat diese These nach Kenntnis des kontroversen Ansatzes von Jahnke (vgl. hier ab Punkt 5 der Einleitung).

38 Breyvogel, Die Gruppe »Weiße Rose«, in ders. (Hg.), Piraten ..., S. 188.

39 Ziegler, Widerstand, S. 5; ähnlich auch Petry, Studenten, S. 65 ff.

40 Hamm-Brücher, Freiheit ist mehr als ein Wort, S. 64.

41 Wolfgang Bugs, Unternehmen Aesculap. Die Studenten-Kompanien der Wehrmacht 1939–1945, S. 62.

42 Vgl. Norbert Frei, Vergangenheitspolitik. Die Anfänge der Bundesrepublik und die NS-Vergangenheit; Edgar Wolfrum, Geschichtspolitik in der Bundesrepublik Deutschland. Der Weg zur bundesrepublikanischen Erinnerung 1948 bis 1990.

43 Militärgeschichtliches Forschungsamt (Hg.), Aufstand des Gewissens. Militärischer Widerstand gegen Hitler und das NS-Regime 1933–1945, S. 115 f.

44 Jahnke, Weisse Rose contra Hakenkreuz. Der Widerstand der Geschwister Scholl und ihrer Freunde, S. 25 ff.

45 Drobisch (Hg.), Wir schweigen nicht! Die Geschwister Scholl und ihre Freunde. Eine Dokumentation ..., S. 27.

46 Vgl. Bald, Klotz, Wette, Mythos Wehrmacht. Nachkriegsdebatten und Traditionspflege, S. 35 ff.

47 Noch zur ersten Auflage dieses Buches wurde angemerkt: »Die Sicht von Dr. Bald war die in der DDR vorherrschende.« (Ziegler, Widerstand, S. 5)

48 Karl Heinz Jahnke, Zum antifaschistischen Widerstandskampf an der Münchner Universität in den Jahren 1942/43, in: Wissenschaftliche Zeitschrift der Ernst-Moritz-Arndt-Universität Greifswald, 1965, S. 329 ff.

49 Ders., Weiße Rose contra Hakenkreuz, S. 20; vgl. auch ders., Jugend unter der NS-Diktatur 1933–1945. Eine Dokumentation.

50 I. Aicher-Scholl an K. H. Jahnke, 28. Nov. 1968 in: Jahnke, Weiße Rose contra Hakenkreuz, S. 108 f.

51 Petry, Studenten, S. 65 ff.

52 Christiane Moll, Alexander Schmorell im Spiegel unveröffentlichter Briefe, in: Eisele, Lill (Hg.), Hochverrat? Neue Forschungen zur »Weißen Rose« (1999), S. 160.

53 Christoph Rass, »Menschenmaterial«: Deutsche Soldaten an der Ostfront. Innenansichten einer Infanteriedivision 1939–1945, Paderborn 2003, S. 342; vgl. auch Willy Peter Reese, »Mir selber seltsam fremd«. Die Unmenschlichkeit des Krieges ...; vgl. auch Hannes Heer, Vom Verschwinden der Täter.

54 Die umfassende Aufarbeitung aller Belege über die Zeit an der Ostfront wurde kaum rezipiert, obwohl sie die Relevanz jener Erfahrungen aus den Quellen der Beteiligten nachwies. Leider wurde der vorzügliche Überblick an entlegener Stelle publiziert: Hinrich Sief-

ken, Die »Weisse Rose« and Russia, in: German Life and Letters, 1/1994, S. 13 ff.

55 Schneider, Süß, Keine Volksgenossen. Studentischer Widerstand der »Weißen Rose«, S. 29.

56 Christiane Moll, Die Weiße Rose, in: Steinbach, Tuchel (Hg.), Widerstand gegen den Nationalsozialismus, Bonn 1994, S. 466.

57 Tagebuch W. Graf, unveröffentlicht, 7. u. 8. April 1942.

58 Tagebuch W. Graf, unveröffentlicht, 31. Mai 1942.

59 Moll, Die Weiße Rose, S. 460.

60 Anneliese Knoop-Graf, Hochverräter? Willi Graf und die Ausweitung des Widerstandes, in: Lill (Hg.), Hochverrat? Die »Weiße Rose« und ihr Umfeld (1993), S. 74 (Bericht vom 5. Jan. 1943).

61 BA (Bundesarchiv Berlin) ZC 13226, 6 Gestapo München, Vernehmung A. Schmorell, 25. Febr. 1943.

62 Paul Nordhues, Durch Russen erfuhr die Kompanie vom Tod Hans Scholls. Erinnerungen an den Sanitätssoldaten und Führer der Widerstandsgruppe »Die Weiße Rose«, in: Hirschberg, 11/1993, S. 826.

63 Vgl. Hermann Vinke, Das kurze Leben der Sophie Scholl, S. 67 ff.

64 Vgl. S. xxx dieses Buches.

65 Achim Beyer, Urteil: 130 Jahre Zuchthaus. Jugendwiderstand in der DDR und der Prozeß gegen die ›Werdauer Oberschüler‹ 1951, S. 24.

66 Wittenstein hat »politische« Aufzeichnungen aus der Kriegszeit in verschlüsselter Form aufbewahrt, die er erst kürzlich ausformuliert hat. Diese im nachhinein rekonstruierten Texte werden im vorliegenden Buch nicht zitiert.

67 BA ZC 13267, Bd. 2, 22 Gestapo München, Vernehmung H. Scholl, 20. Febr. 1943.

68 BA NJ 1703, Bd. 33, 13 Der Ober Reichsanwalt beim Volksgerichtshof, Berlin 21. Febr. 1943.

69 B. Traven, Die weiße Rose, S. 284.

70 Vgl. Jakob und Wilhelm Grimm, Deutsches Wörterbuch, Leipzig 1893, Bd. 8, S. 1164 ff.

71 Clemens Brentano, Sämtliche Werke und Briefe, Bd. 10, S. 31 ff. (Zitate nur aus der 2. Romanze).

72 Vgl. Breyvogel (Hg.), Piraten …

73 BA ZC 13267, Bd. 3, 30 Gestapo München, Vernehmung S. Scholl, 20. Febr. 1943.

74 BA ZC 13267, Bd. 2, 8 Gestapo München, Vernehmung H. Scholl, 18. Febr. 1943.

75 Verordnung »Dienstliches Studium«, in: Bugs, Unternehmen Aesculap, S. 79.

76 BA-MA (Bundesarchiv-Militärarchiv, Freiburg) RH 12–23/v. 97, 71 Stabsarzt Prof. Dr. Schulten, Betr.: Ärztliche Weiterbildung, 8. Aug. 1942.

77 IfZ Fa 215, Bd. 3, 222 Bericht J. Wittenstein, Die Münchener Studentenbewegung, 7. Sept. 1964.

78 Die Personaldaten aller Personen (es sei denn, es werden andere Quellen genannt) sind zusammengestellt nach Auskunft der Deutschen Dienststelle, Berlin, Auskunft 2. März 2001, und den Angaben in IfZ Fa 215, Bd. 3.

79 BA ZC 13267, Bd. 2, 7 Gestapo München, Vernehmung H. Scholl, 18. Febr. 1943.

80 IfZ Fa 215, Bd. 2, 161 Hellmut Hartert an Frl. Scholl, 26. Febr. 1946.

81 Vgl. Mario Krebs, Die Geschichte der »Weißen Rose«, in: Verhoeven, Krebs, Die Weiße Rose, S. 74 f.

82 BA ZC 13226, 5 Gestapo München, Vernehmung A. Schmorell, 25. Febr. 1943.

83 Mitteilung H. Furtwängler, 9. Juli 2002.

84 BA ZC 13267, Bd. 15, 29 Gestapo München, Vernehmung G. Schertling, 2. April 1943.

85 H. Furtwängler an A. Grabert-Koch, 24. März 2002.

86 BA NJ 1704, Bd. 8, 9 ff. Gestapo München, Vernehmung W. Graf, 26. Febr. 1943.

87 Tagebuch W. Graf, unveröffentlicht, 22. Juni 1941.

88 Tagebuch W. Graf, unveröffentlicht, 17. Dez. 1941.

89 Brief vom 1. Febr. 1942, zitiert in Mario Krebs, Die Geschichte der »Weißen Rose«, in: Verhoeven, Krebs, Die Weiße Rose, S. 100.

90 Tagebuch W. Graf, unveröffentlicht, 7. u. 8. April 1942.

91 Tagebuch W. Graf, unveröffentlicht, 31. Mai 1942.

92 Tagebuch W. Graf, unveröffentlicht, 20. April 1942.

93 Blaha, Willi Graf und die Weiße Rose.

94 Gewalt und Gewissen. Willi Graf und die »Weiße Rose«, S. 66 (Brief, 28. April 1942).

95 Walter Jens, »... weitertragen, was wir begonnen haben.« Zur Erinnerung an Willi Graf, in: Willi Graf. Briefe und Aufzeichnungen, S. 13.

96 Inge Jens, Die »Weiße Rose«. Biographische und kulturelle Traditionen, in: Breyvogel (Hg.), Piraten ..., S. 215.

97 IfZ Fa 215, Bd. 3, 204 J. Wittenstein an H. Auerbach, 7. Sept. 1964.

98 Jürgen Wittenstein, The White Rose. Some Memories, Vortrag 11. Juli 1996, Jewish Federation, Los Angeles.

99 Mitteilung J. Wittenstein, 28. Sept. 2002.

100 Mitteilung J. Wittenstein, 28. Sept. 2002. Damit korrigiert er ausdrücklich die Angaben in: IfZ Fa 215, Bd. 3, 205 J. Wittenstein an H. Auerbach, 7. Sept. 1964.

101 BA ZC 13226, 12 Gestapo München, Vernehmung A. Schmorell, 25. Febr. 1943.

102 H. Furtwängler an A. Grabert-Koch, 24. März 2002.

103 STA (Staatsarchiv München; Staatsanwaltschaften) 1 Z 530, 117 Sondergericht 2, Urteil Eickemeyer u. a., 23. Juli 1943.

104 Mitteilung H. Furtwängler, 9. Juli 2002.

105 Tagebuch W. Graf, unveröffentlicht, 16. Mai 1942.

106 Tagebuch W. Graf, 6. Mai und 11. April 1942, in: Gewalt und Gewissen, S. 65 und 64.

107 Tagebuch W. Graf, 9. Nov. 1942, in: Gewalt und Gewissen, S. 85.

108 IfZ Fa 215, Bd. 2, 14 Bericht von Pater Romuald Bauerreis, St. Bonifaz, München.

109 Ebenda.

110 Tagebuch W. Graf, 15. Juli 1942, in: Gewalt und Gewissen, S. 71.

111 BA ZC 13267, Bd. 2, 42 Gestapo München, Vernehmung H. Scholl, 20. Febr. 1943.

112 BA ZC 13267, Bd. 2, 5 Gestapo München, Vernehmung H. Scholl, 18. Febr. 1943.

113 BA ZC 13267, Bd. 2, 50 Gestapo München, Vernehmung H. Scholl, 21. Febr. 1943.

114 BA ZC 13267, Bd. 2, 40 Gestapo München, Vernehmung H. Scholl, 20. Febr. 1943.

115 BA ZC 13267, Bd. 1, 22, 23 Verzeichnis der Anschriftenliste.

116 BA ZC 13267, Bd. 2, 41 Gestapo München, Vernehmung H. Scholl, 20. Febr. 1943.

117 BA ZC 13226, 7 Gestapo München, Vernehmung A. Schmorell, 25. Febr. 1943.

118 BA ZC 13267, Bd. 2, 50 Gestapo München, Vernehmung H. Scholl, 21. Febr. 1943.
119 BA ZC 13267, Bd. 2, 23 Gestapo München, Vernehmung H. Scholl, 18. Febr. 1943.
120 BA ZC 13226, 7 Gestapo München, Vernehmung A. Schmorell, 25. Febr. 1943.
121 BA ZC 13267, Bd. 3, 23 Gestapo München, Vernehmung S. Scholl, 20. Febr. 1943.
122 BA ZC 13226, 8 Gestapo München, Vernehmung A. Schmorell, 25. Febr. 1943.
123 BA NJ 1704, Bd. 6, 16 Gestapo München, Vernehmung T. Lafrenz, 15. März 1943.
124 BA ZC 13267, Bd. 3, 29 f. Gestapo München, Vernehmung S. Scholl, 20. Febr. 1943.
125 Vgl. Edwin E. Weber, Sophie Scholl und das weibliche Reichsarbeitsdienstlager Krauchenwies, in: Zeitschrift für Hohenzollerische Geschichte, Bd. 34, S. 207 ff.
126 Holler, Hans Scholl und Sophie Scholl zwischen Hitlerjugend und dj1.11, in: puls, 1999, S. 27 ff.
127 BA ZC 13267, Bd. 3, 3 Gestapo München, Vernehmung S. Scholl, 18. Febr. 1943.
128 BA ZC 13267, Bd. 3, 2 f. Gestapo München, Vernehmung S. Scholl, 18. Febr. 1943.
129 BA NJ 1704, Bd. 7, 4 Gestapo München, Ausführlicher Lebenslauf, 27. Febr. 1943.
130 Clara Huber (Hg.), »... der Tod ... war nicht vergebens«, S. 16.
131 BA NJ 1704, Bd. 7, 8 Gestapo München, Vernehmung K. Huber, 27. Febr. 1943.
132 STA 1 Z 530, 20 Gestapo München, Vernehmung M. Eickemeyer, 6. April 1943.
133 BA ZC 13267, Bd. 3, 8 Gestapo München, Vernehmung S. Scholl, 20. Febr. 1943.
134 BA ZC 13267, Bd. 15, 5 Gestapo München, Vernehmung K. Schüddekopf, 23. März 1943.
135 BA NJ 1704, Bd. 8, 30 Gestapo München (Protokolle), W. Graf. Politischer Lebenslauf (7. März 1943).
136 BA NJ 1704, Bd. 8, 26, 27 Gestapo München (Protokolle), W. Graf. Persönlicher Lebenslauf (7. März 1943).

137 STA 1 Z 530, 20 Gestapo München, Vernehmung M. Eickemeyer, 6. April 1943.
138 BA NJ 1704, Bd. 7, 7 Gestapo München, Vernehmung K. Huber, 27. Febr. 1943.
139 BA NJ 1704, Bd. 8, 5 Gestapo München, Vernehmung W. Graf, 19. Febr. 1943.
140 Barbara Schüler: »Geistige Väter« der »Weissen Rose«: Carl Muth und Theodor Haecker als Mentoren der Geschwister Scholl, in: Eisele, Lill (Hg.): Hochverrat? (1999), S. 120.
141 BA ZC 13267, Bd. 15, 5 Gestapo München, Vernehmung K. Schüddekopf, 23. März 1943.
142 IfZ Fa 215, Bd. 2, 14 Bericht von Pater Romuald Bauerreiß, St. Bonifaz, München.
143 BA ZC 13267, Bd. 2, 17 Gestapo München, Vernehmung H. Scholl, 20. Febr. 1943.
144 Ebenda, 18.
145 BA ZC 13267, Bd. 3, 3 Gestapo München, Vernehmung S. Scholl, 18. Febr. 1943.
146 BA NJ 1704, Bd. 7, 88 Gestapo München, Vernehmung K. Huber, 16. April 1943.
147 StA M NL Huber 19, 13 NSDAP, Ortsgruppe Gräfelfing, Aufnahmeantrag vom 19. April 1940.
148 Mitteilung H. Furtwängler, 9. Juli 2002.
149 BA NJ 1704, Bd. 7, 7 Gestapo München, Vernehmung K. Huber, 27. Febr. 1943.
150 BA NJ 1704, Bd. 7, 19 Gestapo München (Protokolle), Mein politisches Bekenntnis, selbst diktiert von K. Huber, 8. März 1943.
151 BA NJ 1704, Bd. 7, 12 Gestapo München, Vernehmung K. Huber, 27. Febr. 1943.
152 IfZ Fa 215, Bd. 2, 103 H. Auerbach: Gespräch mit Herrn Eickemeyer, 9. Juli 1964.
153 BA NJ 1704, Bd. 7, 8 Gestapo München, Vernehmung K. Huber, 27. Febr. 1943.
154 BA ZC 13267, Bd. 15, 30 Gestapo München, Vernehmung G. Schertling, 2. April 1943.
155 IfZ Fa 215, Bd. 2, 103 H. Auerbach: Gespräch mit Herrn Eickemeyer, 9. Juli 1964.

156 STA 1 Z 530, 24 Gestapo München, Vernehmung M. Eickemeyer, 9. April 1943

157 STA 1 Z 530, 113 Sondergericht 2 beim Landgericht München I, Urteil Eickemeyer u. a., 23. Juli 1943. Wie in Protokollen der Führung des Gouvernements festgehalten wurde, zielte die Politik Hans Franks darauf ab, Krakau zur »judenreinsten Stadt« Polens zu machen und Warschau »in absehbarer Zeit von der arbeitsunfähigen Judenlast« zu befreien. (Wulf, Das Dritte Reich und seine Vollstrecker, S. 326 u. 357.)

158 BA NJ 1704, Bd. 8, 16 Gestapo München, Vernehmung W. Graf, 1. März 1943.

159 BA ZC 13226, 6 Gestapo München, Vernehmung A. Schmorell, 25. Febr. 1943.

160 BA NJ 1704, Bd. 7, 8 Gestapo München, Vernehmung K. Huber, 27. Febr. 1943.

161 Mitteilung H. Furtwängler, 9. Juli 2002.

162 BA NJ 1704, Bd. 6, 13 Gestapo München, Vernehmung T. Lafrenz, 15. März 1943.

163 Ebenda, 15.

164 STA 1 Z 530, 1 Gestapo München, Betreff: Hochverratssache Scholl, 27. April 1943.

165 BA ZC 13267, Bd. 3, 15 Gestapo München, Vernehmung S. Scholl, 20. Febr. 1943.

166 BA ZC 13226, 8 Gestapo München, Vernehmung A. Schmorell, 25. Febr. 1943.

167 BA ZC 13267, Bd. 2, 40 Gestapo München, Vernehmung H. Scholl, 20. Febr. 1943.

168 BA ZC 13226, 7 Gestapo München, Vernehmung A. Schmorell, 25. Febr. 1943.

169 BA ZC 13267, Bd. 2, 26 Gestapo München, Vernehmung H. Scholl, 21. Febr. 1943; Scholl ordnete hier die Passagen der Flugblätter jeweils nach der Urheberschaft zu.

170 Mitteilung H. Furtwängler, 9. Juli 2002.

171 Ebenda.

172 BA ZC 13226, 7 Gestapo München, Vernehmung A. Schmorell, 25. Febr. 1943.

173 BA ZC 13267, Bd. 2, 50 Gestapo München, Vernehmung H. Scholl, 21. Febr. 1943.

174 BA ZC 13226, 7 Gestapo München, Vernehmung A. Schmorell, 25. Febr. 1943.
175 BA ZC 13267, Bd. 2, 40 Gestapo München, Vernehmung H. Scholl, 20. Febr. 1943.
176 Tagebuch W. Graf, 22. Juli 1942, in: Gewalt und Gewissen, S. 72.
177 Tagebuch W. Graf, 23. Juli 1942, in: Gewalt und Gewissen, S. 72.
178 J. Wittenstein an seine Mutter, 21. Juli 1942.
179 Hinweis in: Gewalt und Gewissen, S. 276.
180 Mitteilung H. Furtwängler, 9. Juli 2002.
181 H. Scholl an seine Eltern, 27. Juli 1942, in: Hans Scholl, Sophie Scholl, Briefe und Aufzeichnungen, S. 83.
182 J. Wittenstein an seine Mutter, 27. Juli u. 31. Juli 1942.
183 W. Graf an M. Herfeldt, 12. Juni 1941, in: Willi Graf. Briefe und Aufzeichnungen, S. 123.
184 Hilberg, Die Vernichtung der europäischen Juden, Bd. 2, S. 511. Ich folge gerne der Aussage, es sei »noch nicht endgültig geklärt«, welche Einheiten in Warschau eingesetzt waren (Tuchel, Neues, S. 13). Wie Hilberg und andere angeben, handelte es sich um das 22. und 272. lettische Bataillon. Vgl. Hans-Joachim Neufeldt/Jürgen Huck/Georg Tessin, Zur Geschichte der Ordnungspolizei 1936–1945, Koblenz 1957, II. Teil, S. 102 und 107.
185 Tagebuch J. Wittenstein, 27. Juli 1942. Die Kritik an der Aussage des Tagebuches von Wittenstein, Ukrainer seien hier eingesetzt gewesen (Tuchel, Neues, S. 14), kann nicht überzeugen, da der herangezogene Beleg (Gerichtsurteil von 1976) über die Ukrainer ausdrücklich die Aussage enthält »Es ist möglich, dass sie bereits vor dem 6. 8. 1942 in Warschau eintrafen«. Nach dem Tagebuch von Wittenstein war das der Fall.
186 Ebenda.
187 Zitat aus dem Befehl in: Longerich, Die Ermordung der europäischen Juden, S. 201 f.
188 Wulf, Das Dritte Reich und seine Vollstrecker, S. 357 u. 362.
189 Ebenda, S. 283.
190 Pätzold, Schwarz, »Auschwitz war für mich nur ein Bahnhof«. Franz Novak …, S. 93.
191 Wulf, Das Dritte Reich und seine Vollstrecker, S. 282.
192 Hilberg, Die Vernichtung der europäischen Juden, Bd. 2, S. 513.

193 Pätzold, Schwarz, »Auschwitz war für mich nur ein Bahnhof«, Franz Novak ..., S. 30.

194 Wulf, Das Dritte Reich und seine Vollstrecker, S. 242 ff.

195 Alina Margolis-Edelmann, Als das Ghetto brannte. Eine Jugend in Warschau, Berlin 2000, S. 53.

196 Tagebuch J. Wittenstein, 27. Juli 1942.

197 Tagebuch W. Graf, 26. Juli 1942, in: Gewalt und Gewissen, S. 73.

198 Tagebuch J. Wittenstein, 27. Juli 1942.

199 J. Wittenstein an seine Mutter, 28. Juli 1942.

200 Vgl. die entsprechenden Beobachtungen von Giordano, Wenn Hitler den Krieg gewonnen hätte, S. 317.

201 StA M NL Huber 19, 17 Scholl, Schmorell, Graf, Furtwängler an K. Huber, Rußland, 17. Aug. 1942.

202 Tagebuch W. Graf, 27. Juli 1942, in: Gewalt und Gewissen, S. 73.

203 Krausnick, Hitlers Einsatzgruppen. Die Truppen des Weltanschauungskrieges 1938–1942, S. 179.

204 Wolfram Wette, Die Wehrmacht. Feindbilder, Vernichtungskrieg, Legenden, Frankfurt/M. 2002, S. 110.

205 Peter Steinkamp, Die Haltung der Hitlergegner Generalfeldmarschall Wilhelm Ritter von Leeb und Generaloberst Erich Hoepner zur verbrecherischen Kriegführung, in: Ueberschär (Hg.), NS-Verbrechen und der militärische Widerstand gegen Hitler, S. 50.

206 Helmut Krausnick, Hitlers Einsatzgruppen, S. 178 (Eintragung aus dem Kriegstagebuch, 3. Juli 1941).

207 Mommsen, Auschwitz, 17. Juli 1942. Der Weg zur europäischen »Endlösung der Judenfrage«, S. 126.

208 Longerich, Politik der Vernichtung. Eine Gesamtdarstellung der nationalsozialistischen Judenverfolgung, S. 407.

209 Tagebuch W. Graf, 29. Juli 1942, in: Gewalt und Gewissen, S. 73.

210 Arno Lustiger, Feldwebel Anton Schmid. Judenretter in Wilna 1941–1942, in: Wette (Hg.), Retter in Uniform. Handlungsspielräume im Vernichtungskrieg der Wehrmacht, S. 45 ff.

211 Arendt, Eichmann in Jerusalem, S. 275 f.

212 Tagebuch H. Scholl, 31. Juli 1942, in: Hans Scholl, Sophie Scholl, Briefe und Aufzeichnungen, S. 114.

213 Hilberg, Die Vernichtung der europäischen Juden, Bd. 2, S. 318.

214 Christian Hartmann, Massensterben oder Massenvernichtung? Sowjetische Kriegsgefangene im »Unternehmen Barbarossa«, in:

»Vierteljahrshefte für Zeitgeschichte«, Jg. 49, 2001, S. 117; vgl. Möller u. a. (Hg.), Die tödliche Utopie, S. 249.

215 BA-MA M Sg 1–257 Tagebuch Gutschmidt, 30. Mai 1942.

216 Tagebuch W. Graf, 1. Aug. 1942, in: Gewalt und Gewissen, S. 73.

217 BA-MA RH 26–252, 96 Anlage 222, 252. Division, Divisionsbefehl Nr. 142, 16. Juli 1942.

218 BA-MA RH 26–252/171 Divisions Verpflegungs Amt, Versorgungsleistungen, 1. 1.–31. 12. 1942.

219 IfZ Fa 215, Bd. 2, 146 Gesprächsnotiz mit H. Furtwängler, angefertigt von A. Auerbach, 7. Aug. 1964.

220 W. Graf an M. Herfeldt, 29. Aug. 1942, in: Willi Graf. Briefe und Aufzeichnungen, S. 167.

221 BA NJ 1704, Bd. 8, 14, Gestapo München, Vernehmung W. Graf, 27. Febr. 1943.

222 Tagebuch W. Graf, 2. Aug. 1942, in: Gewalt und Gewissen, S. 73.

223 J. Wittenstein an seine Mutter, 4. Aug. 1942.

224 Tagebuch J. Wittenstein, 4. Aug. 1942.

225 BA-MA RH 26–252, 96 Anlage 223, Generalkommando IX. Armeekorps an 252. Inf. Div., 18. Juli 1942.

226 BA NJ 1704, Bd. 8, 29 Gestapo München, Vernehmung W. Graf, Persönlicher Lebenslauf, 7. März 1943.

227 Tagebuch W. Graf, unveröffentlicht (Ende Januar 1942).

228 Tagebuch J. Wittenstein, 4. Aug. 1942.

229 BA-MA RH 26–252/169 Evgl. Divisionspfarrer, Bericht 1. Jan. bis 31. März 42, 9. April 1942.

230 BA-MA RH 26–252/169 Tätigkeitsbericht der Abt. IVb der 252.Inf.Div., 15. Febr. 1942.

231 BA-MA RH 26–252/169, 7 u. 14 Tätigkeitsbericht der Abt. IVb der 252.Inf.Div., 30. April und 30. Juni 1942.

232 BA-MA RH 26–252/171 Div. Verpflegungsamt 252, Bericht, 22. Juli 1942.

233 BA NJ 1704, Bd. 8, 9 Gestapo München, Vernehmung W. Graf, 26. Febr. 1943.

234 Tagebuch W. Graf, 3. Aug. 1942, in: Willi Graf. Briefe und Aufzeichnungen, S. 47.

235 BA-MA RH 26–252/169, 17 Tätigkeitsbericht der Abt. IVb der 252.Inf.Div., 13. Aug. 1942.

236 Tagebuch W. Graf, 4. Aug. 1942, in: Willi Graf. Briefe und Aufzeichnungen, S. 47.

237 W. Graf an M. Herfeldt, 29. Aug. 1942, in: Willi Graf. Briefe und Aufzeichnungen, S. 167.

238 Tagebuch W. Graf, 4. Aug. 1942, in: Willi Graf. Briefe und Aufzeichnungen, S. 47.

239 IfZ Fa 215, Bd. 3, 128 A. Schmorell an seine Eltern, 5. Aug. 1942.

240 Tagebuch J. Wittenstein, 4. Aug. 1942.

241 Mitteilung H. Furtwängler, 9. Juli 2002.

242 BA-MA RH 26–252/169, 16 Tätigkeitsbericht der Abt. IVb der 252. Inf. Div., 4. Aug. 1942.

243 Tagebuch J. Wittenstein, 9. Aug. 1942.

244 BA-MA RH 26–252, 96 Anlage 229, III./I. R. 461 Bericht über den Einsatz des Bataillons vom 3. 8.–14. 8., 17. Aug. 1942.

245 Mitteilung H. Furtwängler, 9. Juli 2002.

246 IfZ Fa 215, Bd. 3, 128 A. Schmorell an seine Eltern, 5. August 1942.

247 W. Graf an W. Kastner, 8. Nov. 1942, in: Willi Graf. Briefe und Aufzeichnungen, S. 171.

248 Tagebuch J. Wittenstein, 9. Aug. 1942.

249 J. Wittenstein an seine Mutter, 12. Aug. 1942.

250 Tagebuch H. Scholl, 16. Aug. 1942, in: Hans Scholl, Sophie Scholl, Briefe und Aufzeichnungen, S. 118.

251 BA-MA RH 26–252/169, 18 Tätigkeitsbericht der Abt. IVb der 252.Inf.Div., 31. Aug. 1942.

252 Mitteilung H. Furtwängler, 9. Juli 2002.

253 Vgl. Tagebuch W. Graf, 10. Aug. 1942, in: Willi Graf. Briefe und Aufzeichnungen, S. 48.

254 BA-MA RH 26–252/169, 17 u. 18 (Angaben für August und September 1942)

255 BA-MA RH 26–252/169, 16 Tätigkeitsbericht der Abt. IVb der 252.Inf.Div., 11. und 12. Aug. 1942.

256 Tagebuch W. Graf, 19. Aug. 1942, in: Willi Graf. Briefe und Aufzeichnungen, S. 50.

257 Tagebuch W. Graf, 25. Aug. 1942, in: Willi Graf. Briefe und Aufzeichnungen, S. 51.

258 W. Graf an Marita Herfeldt, 29. Aug. 1942, in: Willi Graf. Briefe und Aufzeichnungen, S. 167.

259 BA-MA RH 26–252/169 Kath. Divisions-Pfarrer, Tätigkeitsbericht, 1. 1.–31. 12. 42, 7. Jan. 1943.

260 BA-MA RH 26–252/169 Ev. Divisionspfarrer, Tätigkeitsbericht, 1. Juli – 30. Sept., 9. Okt. 1942.

261 Tagebuch H. Scholl, 28. Aug. 1942, in: Hans Scholl, Sophie Scholl, Briefe und Aufzeichnungen, S. 127.

262 Tagebuch H. Scholl, 17. Aug. 1942, in: Hans Scholl, Sophie Scholl, Briefe und Aufzeichnungen, S. 118.

263 Tagebuch W. Graf, 13. Aug. 1942, in: Willi Graf. Briefe und Aufzeichnungen, S. 49.

264 Tagebuch W. Graf, 14. Aug. 1942, in: Willi Graf. Briefe und Aufzeichnungen, S. 49.

265 Tagebuch W. Graf, 31. Aug. 1942, in: Willi Graf. Briefe und Aufzeichnungen, S. 53.

266 Mitteilung H. Furtwängler, 9. Juli 2002.

267 Tagebuch W. Graf, 1. Sept. 1942, in: Gewalt und Gewissen, S. 75.

268 BA-MA RH 26–252, 96 Anlage 220, I/Inf. Regt, 461, Kurzbericht, 22. Juli 1942.

269 BA-MA RH 26–252, 96 Anlage 213, Schlußbericht der I/461, 18. Juli 1942.

270 BA-MA RH 26–252, 96 Anlage 220, I/Inf. Regt. 461, Kurzbericht, 22. Juli 1942.

271 Vgl. Bernd Wegner, Der Krieg gegen die Sowjetunion 1942/43, in: Boog u. a., Der globale Krieg …, S. 910 ff.

272 BA-MA RH 26–252, 96 Anlagen 227, 228 I./Inf. Regt. 461 Gefechtsberichte, 9. Aug., 12. Aug. 1942.

273 BA-MA RH 26–252, 96 Anlage 229 III./Inf. Regt. 461 Bericht über den Einsatz des Bataillons vom 3. 8.–14. 8.

274 BA-MA RH 26–252, 96 Anlage 229 b (Nachruf auf Major W. G.).

275 BA-MA RH 26–252, 96 Anlage 231, III./Inf. Regt. 461 Ausfallmeldung 6. 8.–19. 8. 1942.

276 BA-MA RH 26–252, 96 Anlage 232, III./Inf. Regt. 461 (Bericht).

277 BA-MA RH 26–252, 96 Anlage 233 Kriegsbericht, H. Henke (Anfang Sept. 1942).

278 Mitteilung H. Furtwängler, 9. Juli 2002.

279 BA-MA RH 26–252, 96 Anlage 229 III./Inf. Regt. 461 Bericht, 17. Aug. 1942.

280 Mitteilung H. Furtwängler, 9. Juli 2002.

281 BA-MA RH 26–252, 96 Anlage 233, 252. Inf. Div., Kommandeur, Divisions Tagesbefehl Nr. 77, 3. Sept. 1942 (Ritterkreuz für Oberst Friedrich Karst).

282 BA-MA RH 26–252, 96 Anlage 212 Divisions-Tagesbefehl Nr. 5, 13. Juni 1942.

283 Tagebuch W. Graf, 3. u. 4. Sept. 1942, in: Gewalt und Gewissen, S. 77.

284 Tagebuch W. Graf, 25. und 27. Sept. 1942, in: Gewalt und Gewissen, S. 79.

285 Wegner, Der Krieg gegen die Sowjetuinon, in: Boog u. a., Der globale Krieg …, S. 909.

286 Wegner, Der Krieg gegen die Sowjetunion, in: Boog u. a., Der globale Krieg …, S. 910.

287 BA-MA RH 26–252, 97 Anlage 255a Zustandsmeldung, 27. Okt. 1942, das Regiment hatte statt 1914 nur 1163 Soldaten.

288 BA-MA RH 26–252/165 Kriegstagebuch der 252 ID., Ib, 5. Sept. 1942.

289 Tagebuch H. Scholl, 5. Sept. 1942, in: Hans Scholl, Sophie Scholl, Briefe und Aufzeichnungen, S. 129.

290 BA-MA RH 26–252/172 Tätigkeitsberichte, Ib, 1.–31. Sept. 1942.

291 BA-MA RH 26–252, 97 Anlage 254 a, Inf. Regt. 461, Regimentsbefehl Nr. 46, 10. Okt. 1942.

292 BA-MA RH 26–252, 96 Anlage 216 Gründe für die Kampfkraft der roten Armee.

293 BA-MA RH 26–252, 97 Anlage 255 a, Inf. Regt. 461, Regimentsbefehl Nr. 47.

294 BA-MA RH 26–252, 169 Anlage 1d Tätigkeitsbericht der Abt. IVb der 252. Inf. Div., 2. Dez. 1942.

295 Tagebuch W. Graf, 30. Sept. 1942, in: Gewalt und Gewissen, S. 79.

296 Tagebuch W. Graf, 30. Sept. 1942, in: Gewalt und Gewissen, S. 79.

297 Tagebuch W. Graf, 2. Okt. 1942, in: Gewalt und Gewissen, S. 79.

298 BA-MA RH 26–252/171 Div. Verpflegungsamt, Kopfstärkemeldung, 22. Juli 1942.

299 BA-MA RH 26–252,171 Div. Verpflegungsamt 252, Kopfstärkemeldung, 27. Juli 1942.

300 BA-MA RH 26–252,171 Divisionsintendant, Verpflegungsdienste, 1. Aug. 1942.

301 J. Wittenstein an seine Mutter, 31. Okt. 1942.

302 BA-MA RH 26–252,172 Tätigkeitsbericht der Abt. V, Juli, 1. Aug. 1942.

303 BA-MA RH 26–252,172, Tätigkeitsbericht der Abt. V, 17. Juli 1942.

304 BA-MA RH 26–252/172 Tätigkeitsbericht der Abt. V, August, 1. Sept. 1942.

305 Tagebuch W. Graf, 4. Okt. 1942, in: Gewalt und Gewissen, S. 80.

306 W. Graf an Walter Kastner, 8. Nov. 1942, in: Willi Graf. Briefe und Aufzeichnungen, S. 171.

307 BA-MA RH 26–252, 169, 21 Tätigkeitsbericht der Abt. IVb der 252. Inf.Div., 20. Okt. 1942.

308 J. Wittenstein an seine Mutter, 15. Sept. 1942.

309 Tagebuch W. Graf, 2. Aug. 1942, in: Gewalt und Gewissen, S. 73.

310 Johannes Hürter, Ein deutscher General an der Ostfront. Die Briefe und Tagebücher des Gotthard Heinrici 1941/42, Erfurt 2000, S. 47.

311 Richtlinien für die Führung der Wirtschaft in den neubesetzten Gebieten, 2. Mai 1941, zitiert in: Hamburger Institut für Sozialforschung (Hg.), Verbrechen der Wehrmacht. Dimensionen des Vernichtungskrieges 1941–1944, S. 68.

312 Gerlach, Krieg, Ernährung, Völkermord. Forschungen zur deutschen Vernichtungspolitik im Zweiten Weltkrieg, S. 17.

313 BA-MA RH 26–252, 171 Divisionsintendant, Notizen (Ende August 1942).

314 BA-MA RH 26–252, 171 Div. Verpflegungsamt 252, Landesausnutzung, 22. Juli 1942.

315 Der Tagesablauf der zur Zwangsarbeit verpflichteten Russen war streng reglementiert, ab 4 Uhr 30 Aufstehen, eine Stunde später »Abmarsch« der »Kolonnen« zur Arbeit. Ihre Verpflegung und das »Arbeitsgerät« hatten sie selbst zu stellen. Unter Aufsicht von Wachpersonal kehrten sie am frühen Nachmittag zurück, sie durften sich nur bis Beginn der Sperrzeiten um 17 Uhr innerhalb eines Dorfes oder in den Lagern bewegen. BA-MA RH 2 6–252, 171 Div. Verpflegungsamt 252, 22. Juli 1942.

316 BA-MA RH 26–252, 171 Div. Verpflegungsamt 252, 27. Juli 1942.

317 BA-MA RH 26–252, 171 Div. Verpflegungsamt 252, 22. Juli 1942.

318 BA-MA RH 26–252, 96 Anlage 207a, Tätigkeitsbericht über das Wirtschaftskommando, 3. Sept. 1942.

319 BA-MA RH 26–252, 171 Divisionsintendant, 252. Division: Bericht über Besuche bei Wirtschaftstruppenteilen, 14. Febr. 1942.

320 BA-MA RH 26–252, 171 Divisionsintendant, Bericht, 31. Juli 1942.

321 BA-MA RH 26–252, 143 252. Infanterie-Division, Betr.: Arbeitseinsatz von Kriegsgefangenen und Zivilbevölkerung, 25. Okt. 1942.

322 BA-MA RH 26–252, 171 Divisionsintendant, Notiz, 1. Aug. 1942.

323 BA-MA RH 26–252, 171 Divisionsintendant: Beitrag über Besuch bei Wirtschaftstruppenteilen, 15. Sept. 1942.

324 J. Wittenstein an seine Mutter, 12. Aug. 1942.

325 J. Wittenstein an seine Mutter, 6. Aug. 1942.

326 J. Wittenstein an seine Mutter, 12. Aug. 1942.

327 BA-MA RH 26–252, 166 Div. Landwirtschafts-Offizier: Die Landwirtschaft im Gebiet der 252. I. D. im Jahr 1942, 21. Jan. 1943.

328 BA-MA RH 26–252, 166 Div. Landwirtschafts-Offizier: Die Landwirtschaft im Gebiet der 252. I. D. im Jahr 1942, 21. Jan. 1943.

329 BA-MA RH 26–252, 171 Divisionsintendant, Beitrag für den Versorgungsbefehl, 17. Okt. 1942.

330 BA-MA RH 26–252, 171 Divisionsintendant, Rundschreiben, 4. Aug. 1942.

331 BA-MA RH 26–252, 166, 194 Div.-Landwirtschafts-Offizier, Die Landwirtschaft im Gebiet der 252. I. D. im Jahr 1942, 21. Jan. 1943.

332 BA-MA RH 26–252, 171 Divisionsintendant, Beitrag zu den besonderen Anforderungen für die Versorgung, 9. Aug. 1942.

333 BA-MA RH 26–252, 166, 194 252. Inf.-Division, Betr. Winterbevorratung, 15. Nov. 1942

334 BA-MA RH 26–252, 171 Divisionsintendant an Armeeintendant, 15. Aug. 1942.

335 Mitteilung H. Furtwängler, 9. Juli 2002.

336 BA-MA RH 26–252, 169 Kriegsgerichtsrat, Tätigkeitsbericht für das Jahr 1942, 12. Jan. 1943.

337 BA-MA RH 26–252, 171 Divisionsintendant, Beiträge für die besonderen Anforderungen für die Versorgung, 14. September 1942.

338 Scholl berichtete verdrossen von verregneten, »aussichtslos im dämmerigen Halblicht des Bunkers« verbrachten Tagen: »Der Bunker

ist nicht wasserdicht; aber das monotone Fallen der Wassertropfen erhöht die Behaglichkeit, wie auch der Rauch, der die Decke schwärzt. (…) Im Halbdunkel verderbe ich mir die Augen.« (Tagebuch H. Scholl, 16. Aug. 1942, in: Hans Scholl, Sophie Scholl, Briefe und Aufzeichnungen, S. 118 f.)

339 BA-MA RH 26–252/171 Divisionsintendant an Armeeintendant, 15. Aug. 1942.

340 BA-MA RH 26–252, 97 Anlage 242, Inf. Regt. 461 an 252. Division, 21. Sept. 1942.

341 BA-MA RH 26–252/165 Kriegstagebuch der 252. ID., Ib (Tägliche Eintragungen).

342 BA-MA RH 26–252, 166, 194252. Inf.-Division, Betr.: Winterbevorratung, 15. Nov. 1942.

343 BA-MA RH 26–252, 97 Anlage 246, Inf. Rgt. 461 an 252. Inf. Division, 21. Sept. 1942.

344 J. Wittenstein an seine Mutter, 5. Okt. 1942.

345 BA-MA RH 26–252, 97 Anlage 254, Inf. Rgt. 461: Stimmungsbericht an 252. Inf. Division, 9. Okt. 1942.

346 BA-MA RH 26–252, 171 Divisionsintendant, Beitrag für den Versorgungsbefehl, 18. Sept. 1942.

347 BA-MA RH 26–252, 171 Div. Verpflegungsamt, Beitrag, 21. Dez. 1942.

348 BA-MA RH 26–252, 171 Divisionsintendant an Armeeintendant PzA. O.K 3, 30. Nov. 1942.

349 BA-MA RH 26–252, 171 Div. Verpflegungsamt, Beitrag für die besonderen Anordnungen für die Versorgung, 26. Sept. 1942.

350 BA-MA RH 26–252, 166, 143252. Inf.-Division. Betr.: Arbeitseinsatz von Kriegsgefangenen und Zivilbevölkerung, 25. Okt. 1942, geheim.

351 Mitteilung H. Furtwängler, 9. Juli 2002.

352 BA-MA RH 26–252 Div.-Landwirtschafts-Offizier: Die Landwirtschaft im Gebiet der 252. I. D. im Jahr 1942, 21. Jan. 1943.

353 BA-MA RH 26–252, 169 Tätigkeitsbericht der Abt. IVb der 252.Inf.Div., 25. Juni 1942.

354 Streit, Keine Kameraden. Die Wehrmacht und die sowjetischen Kriegsgefangenen 1941–1945, S. 142.

355 BA-MA RH 12–23, 167 Oberfeldarzt Prof. Gutzeit, Bericht über die Dienstreise (1942).

356 BA-MA RH 12–23, 214, S. 23 Oberfeldarzt Prof. Gutzeit, Bericht über die Dienstreise (1942); ebenso BA-MA M Sg 1–257 Tagebuch Gutschmidt, 30. Mai 1942.

357 Tagebücher Heinrici, 25. April 1941, in: Hürter, Ein deutscher General an der Ostfront, S. 56.

358 BA-MA RH 26–252, 166, 143252. Inf.-Division, Betr.: Arbeitseinsatz von Kriegsgefangenen und Zivilbevölkerung, 25. Okt. 1942, geheim.

359 BA-MA RH 26–252, 172 Feld-Gendarmerie-Trupp 252, Tätigkeitsbericht 1.–31. 8. 42, 1. Sept. 1942.

360 BA-MA RH 26–252, 166, 194 Div.-Landwirtschafts-Offizier, Die Landwirtschaft im Gebiet der 252. I. D. im Jahr 1942, 21. Jan. 1943.

361 BA-MA RH 26–252, 167 Fernschreiben IX AK an 252. InfDiv Ib, 3. Nov. 1942.

362 BA-MA RH 26–252, 168252. I. D. Ib an IX. A. K., 16. Okt. 1942.

363 Ausarbeitung über »Die Jugendarbeit in den besetzten Gebieten«, zitiert bei Gerlach, Morde, S. 1087.

364 BA-MA RH 26–252, 166, 143252. Inf.-Division, Betr.: Arbeitseinsatz von Kriegsgefangenen und Zivilbevölkerung, 25. Okt. 1942, geheim.

365 BA-MA RH 26–252, 172 Feld-Gendarmerie-Trupp 252, Tätigkeitsbericht 1.–31. 10. 42, 2. Nov. 1942.

366 BA-MA RH 26–252, 97 Anlage 252, Inf. Regt. 461, Regimentsbefehl Nr. 46, geheim, 2. Okt. 1942.

367 BA-MA RH 26–252, 168252. I. D. Ib an IX. A. K., 9. Nov. 1942.

368 BA-MA RH 26–252, 168252. I. D. Ib an StadtKdr. Gshatsk, 24. Okt. 1942.

369 BA-MA RH 26–252, 166252. Inf.-Division. Betr.: Verwaltung des rückwärtigen Kriegsgebietes, 28. Mai 1942.

370 BA-MA RH 26–252, 166 Div.-Landwirtschafts-Offizier, Die Landwirtschaft im Gebiet der 252. I. D. im Jahr 1942, 21. Jan. 1943.

371 Zitate aus dem Erfahrungsbericht bei Gerlach, Morde, S. 889.

372 Hannes Heer, Die Logik des Vernichtungskrieges. Wehrmacht und Partisanenkampf, in: Heer, Naumann (Hg.), Vernichtungskrieg. Verbrechen der Wehrmacht 1941–1944, S. 120.

373 BA-MA RH 26–252, 82 ID Kriegstagebuch, 1. Sept. u. 12. Sept. 1941.

374 BA-MA RH 26–252, 82252. ID Tagesmeldung, 26. Juli u. 17. Aug. 1941.

375 BA-MA RH 26–252, 89 Eingreifgruppe Anderssen (252. ID), Tätigkeitsbericht, 19. Sept. 1941.

376 Tagebuch W. Graf, 30. Juli 1942, in: Willi Graf. Briefe und Aufzeichnungen, S. 45.

377 J. Wittenstein an seine Mutter, 31. Juli 1942.

378 J. Wittenstein an seine Mutter, 2. Aug. 1942.

379 BA-MA RH 26–252, 172 Feldpostamt 252, Tätigkeitsbericht für Monat August 42, 3. Sept. 1942.

380 Vgl. Gerlach, Morde, S. 860 ff.

381 H. Scholl an seine Eltern, 7. Aug. 1942, in: Hans Scholl, Sophie Scholl, Briefe und Aufzeichnungen, S. 85.

382 Ebenda, S. 84.

383 BA-MA RH 26–252, 172 Feld-Gendarmerie-Trupp 252, Tätigkeitsbericht, 1.–30. 9. 42, 1.0kt. 1942.

384 J. Wittenstein an seine Mutter, 11. Aug. 1942.

385 J. Wittenstein an seine Mutter, 13. Aug. 1942.

386 BA-MA RH 26–252, 172 Feld-Gendarmerie-Trupp 252, Tätigkeitsbericht, 1.–30. 9. 42, 1. Okt. 1942.

387 Hürter, Ein deutscher General an der Ostfront, S. 78, 158.

388 BA-MA RH 26–252, 172 Feld-Gendarmerie-Trupp 252, Tätigkeitsbericht, 1. Okt. 1942.

389 BA-MA RH 26–252, 172 Feld-Gendarmerie-Trupp 252, Tätigkeitsbericht, 1.–30. 9. 42, 1. Okt. 1942.

390 BA-MA RH 26–252, 172 Feld-Gendarmerie-Trupp 252, Tätigkeitsbericht, 1.–31. 10. 42, 1. Nov. 1942.

391 Umbreit, Die deutsche Herrschaft in den besetzten Gebieten 1942–1945, in: Das Deutsche Reich und der Zweite Weltkrieg, Bd. 5/2, Stuttgart 1999, S. 163.

392 Weisung Nr. 46. Richtlinien für die verstärkte Bekämpfung des Bandenunwesens im Osten, 18. 8. 42, in: Hubatsch (Hg.), Hitlers Weisungen für die Kriegführung, S. 202.

393 Weisung Nr. 46 a, Geheime Kommandosache, 18. Okt. 42, in: Hubatsch (Hg.), Hitlers Weisungen für die Kriegführung, S. 206.

394 Weisung 46 b, 18. Okt. 1942, in: Walter Hubatsch (Hg.), Hitlers Weisungen, S. 209.

395 Messerschmidt, Was damals Recht war ... NS-Militär- und Strafjustiz im Vernichtungskrieg, S. 180 f.; zur Bandenbekämpfung bei Gžatsk vgl. Heer, Tote Zonen, S. 48 ff.

396 BA-MA RH 26–252, 165 Kriegstagebuch der 252. ID., Ib, 15. Aug. 1942.

397 BA-MA RH 26–252, 172 Feld-Gendarmerie-Trupp, 1.–31. 8. 42, 1. Sept. 1942; hier: 25./26. Aug. 1942.

398 BA-MA RH 26–252, 167 Fernschreiben IX AK an 252.Inf.Div. Ib, 27. Sept. 1942.

399 Melzer, Geschichte der 252. Infanterie-Division 1939–1945, S. 148.

400 BA-MA RH 26–252, 167 Fernschreiben IX AK an 252.Inf.Div. Ib, 27. Sept. 1942.

401 BA-MA RH 26–252, 97, Anlage 254a, Inf Rgt 461, Reg-befehl Nr. 46, 11. Okt. 1942.

402 Weisung Nr. 46 b, Geheime Kommandosache, 18. 10. 42, in: Hubatsch (Hg.), Hitlers Weisungen, S. 207.

403 252. Infanterie-Division 1939–1945. Der Weg der Eichenlaub-Division in Bildern, hrsg. v. d. Such- und Hilfsgemeinschaft 252. Inf. Div., Saarbrücken (1987), S. 78.

404 J. Wittenstein an seine Mutter, 1. Aug. 1942.

405 Tagebuch W. Graf, 2. Aug. 1942, in: Gewalt und Gewissen, S. 73.

406 Mitteilung H. Furtwängler, 9. Juli 2002.

407 IfZ Fa 215, Bd. 3, 128 A. Schmorell an seine Eltern, 5. Aug. 1942.

408 A. Schmorell an L. Ramdohr, 7. Aug. 1942.

409 BA-MA RH 26–252, 169 Tätigkeitsbericht der Abt. IV b der 252. Inf. Div.; z. B. 29. Nov. 1942 oder 19. Dez. 1942. (Über die Verteilung solchen Personals vom Dulag 184 zur Versorgung der Wehrmacht).

410 H. Furtwängler an Neuthart, 9. Sept. 1984.

411 W. Graf an M. Herfeldt, 29. Aug. 1942, in: Willi Graf. Briefe und Aufzeichnungen, S. 167.

412 IfZ Fa 215, Bd. 3, 129 A. Schmorell an seine Eltern, 28. Aug. 1942.

413 IfZ Fa 215, Bd. 3, 128 A. Schmorell an seine Eltern, 5. Aug. 1942.

414 BA-MA RH 26–252, 172 Feld-Gendarmerie 252, Tätigkeitsbericht für Monat August, 1. Sept. 1942.

415 Tagebuch W. Graf, 2. Aug. 1942, in: Gewalt und Gewissen, S. 73.

416 BA-MA RH 26–252, 167 Fernschreiben, HK, IX. Armeekorps, 16. Nov. 1942.

417 J. Wittenstein an seine Mutter, 12. Aug. 1942.

418 J. Wittenstein an seine Mutter, 15. Sept. 1942.

419 BA-MA RH 26–252, 167 Fernschreiben IX AK an 252. Inf. Div. Ib, 3. Nov. 1942.

420 BA-MA RH 26–252, 172 Feld-Gendarmerie 252, Tätigkeitsbericht für Monat Oktober, 2. Nov. 1942.

421 BA-MA RH 26–252, 96 Anlage 224252. Inf. Division, Divisions-Feindnachrichtenblatt, 23. Juli 1942.

422 BA-MA RH 26–252, 169 Kriegsgerichtsrat, Tätigkeitsbericht für das Jahr 1942, 12. Jan. 1943.

423 J. Wittenstein an seine Mutter, 13. Aug. 1942.

424 Richtlinien für die verstärkte Bekämpfung des Bandenunwesens im Osten, 18. Aug. 1942, in: Hubatsch (Hg.), Hitlers Weisungen, S. 202.

425 Tagebuch W. Graf, 4. Nov. 1942, in: Gewalt und Gewissen, S. 84.

426 Tagebuch W. Graf, 22. Aug. 1942, in: Gewalt und Gewissen, S. 75.

427 Tagebuch W. Graf, 30. Aug. 1942, in: Gewalt und Gewissen, S. 75.

428 Tagebuch W. Graf, 14. Okt. 1942, in: Gewalt und Gewissen, S. 82.

429 Tagebuch W. Graf, 14. Okt. 1942, in: Willi Graf. Briefe und Aufzeichnungen, S. 65.

430 Tagebuch W. Graf, 20. Okt. 1942, in: Willi Graf. Briefe und Aufzeichnungen, S. 67.

431 Tagebuch H. Scholl, 30. Juli 1942, in: Hans Scholl, Sophie Scholl, Briefe und Aufzeichnungen, S. 113.

432 Tagebuch J. Wittenstein, 4. Aug. 1942.

433 J. Wittenstein an seine Mutter, 4. Aug. 1942.

434 BA CZ 13226, 6 Gestapo München, Vernehmung A. Schmorell, 24. Febr. 1943.

435 A. Schmorell an L. Ramdohr, 7. Aug. 1942, zitiert in: Hinrich Siefken, »Die Weiße Rose« and Russia, in: German Life and Letters, 47, 1/1994, S. 13 ff., S. 19.

436 Mitteilung von E. Schmorell, 5. Juli 2002.

437 BA ZC 13226, 6 Gestapo München, Vernehmung A. Schmorell, 25. Febr. 1943.

438 BA ZC 13226, 17 Gestapo München, Vernehmung A. Schmorell, 26. Febr. 1943.

439 BA ZC 13226, 6 Gestapo München, Vernehmung A. Schmorell, 25. Febr. 1943.

440 J. Wittenstein an seine Mutter, 13. u. 21. Sept. 1942.

441 A. Schmorell an seine Eltern, 5. Aug. 1942.

442 A. Schmorell an A. Probst, 14. April 1941, zitiert in: Siefken, »Die Weiße Rose«, German Life and Letters, 47, 1/1994, S. 13 ff., S. 32.

443 IfZ Fa 215, Bd. 3, 129 A. Schmorell an seine Eltern, 28. Aug. 1942.
444 Tagebuch J. Wittenstein, 20. Aug. 1942.
445 Tagebuch H. Scholl, 9. Aug. 1942, in: Hans Scholl, Sophie Scholl, Briefe und Aufzeichnungen, S. 115.
446 Tagebuch W. Graf, 23. Aug. 1942, in: Gewalt und Gewissen, S. 75.
447 Tagebuch H. Scholl, 30. Juli 1942, in: Hans Scholl, Sophie Scholl, Briefe und Aufzeichnungen, S. 113.
448 Tagebuch J. Wittenstein, 25. Auf. 1942.
449 A. Schmorell an L. Ramdohr, 7. Aug. 1942.
450 J. Wittenstein an seine Mutter, 31. Okt. 1942.
451 IfZ Fa 215, Bd. 3 H. Scholl an J. Söhngen, 11. Sept. 1942.
452 Tagebuch H. Scholl, 5. Sept. 1942, in: Hans Scholl, Sophie Scholl, Briefe und Aufzeichnungen, S. 129.
453 Tagebuch H. Scholl, 22. Aug. 1942, in: Hans Scholl, Sophie Scholl, Briefe und Aufzeichnungen, S. 124.
454 Tagebuch J. Wittenstein, 25. Aug. 1942.
455 Ebenda.
456 Tagebuch H. Scholl, 30. Juli 1942, in: Hans Scholl, Sophie Scholl, Briefe und Aufzeichnungen, S. 113.
457 Tagebuch H. Scholl, 28. Aug. 1942, in: Hans Scholl, Sophie Scholl, Briefe und Aufzeichnungen, S. 128.
458 Tagebuch H. Scholl, 5. Sept. 1942, in: Hans Scholl, Sophie Scholl, Briefe und Aufzeichnungen, S. 128 f.
459 Tagebuch H. Scholl, 22. Aug. 1942, in: Hans Scholl, Sophie Scholl, Briefe und Aufzeichnungen, S. 124 f.
460 BA ZC 13267, Bd. 2, 12 Gestapo München, Vernehmung H. Scholl, 18. Febr. 1943.
461 BA NJ 1704, Bd. 8, 29 Gestapo München, Vernehmung W. Graf, Persönlicher Lebenslauf (März 1942).
462 Tagebuch H. Scholl, 31. Juli 1942, in: Hans Scholl, Sophie Scholl, Briefe und Aufzeichnungen, S. 114.
463 Tagebuch H. Scholl, 5. Sept. 1942, in: Hans Scholl, Sophie Scholl, Briefe und Aufzeichnungen, S. 129.
464 BA ZC 13226, 31 Gestapo München, A. Schmorell, Politisches Bekenntnis, 8. März 1943.
465 A. Schmorell an L. Ramdohr, 7. Aug. 1942.
466 BA ZC 13226, 13 Gestapo München, Vernehmung A. Schmorell, 26. Febr. 1943.

467 BA NJ 1704, Bd. 8, 32 u. 35 Gestapo München, Vernehmung W. Graf, 16. u. 23. März 1943.

468 Tagebuch W. Graf, 17. Jan. 1942, in: Gewalt und Gewissen, S. 61.

469 Tagebuch H. Scholl, 11. Sept. 1942, in: Hans Scholl, Sophie Scholl, Briefe und Aufzeichnungen, S. 129.

470 Brief von W. Graf, 8. Okt. 1942, zitiert in: Karl Heinz Jahnke, Weiße Rose contra Hakenkreuz, S. 32.

471 BA ZC 13226, 13 Gestapo München, Vernehmung A. Schmorell, 26. Febr. 1943.

472 Brief von W. Graf, 24. Sept. 1942, in: Gewalt und Gewissen, S. 78.

473 Tagebuch W. Graf, 5. Nov. 1942, in: Willi Graf. Briefe und Aufzeichnungen, S. 72.

474 Mitteilung H. Furtwängler, 9. Juli 2002.

475 Tagebuch W. Graf, 30. Okt. und 2. Nov. 1942, in: Gewalt und Gewissen, S. 83.

476 Tagebuch W. Graf, 6. Nov. 1942, in: Gewalt und Gewissen, S.87.

477 BA ZC 13267, Bd. 2, 25 Gestapo München, Vernehmung H. Scholl, 21. Febr. 1943.

478 BA NJ 1704, Bd. 8, 29 Gestapo München, Vernehmung W. Graf, Persönlicher Lebenslauf.

479 BA ZC 13226, 8 Gestapo München, Vernehmung A. Schmorell, 25. Febr. 1943.

480 Tagebuch W. Graf, 10. Dez. 1942, in: Gewalt und Gewissen, S. 88.

481 Tagebuch W. Graf, 8. Dez. 1942, in: Gewalt und Gewissen, S. 87.

482 Mitteilung von J. Wittenstein, mehrfach 2003.

483 BA ZC 13267, Bd. 4, 4 Gestapo München, Vernehmung C. Probst, 20. Febr. 1943.

484 Tagebuch W. Graf, 17. Dez. 1942, in: Gewalt und Gewissen, S. 89.

485 BA NJ 1704, Bd. 7, 7 Gestapo München, Vernehmung K. Huber, 27. Febr. 1943.

486 BA NJ 1704, Bd. 7, 9 Gestapo München, Vernehmung K. Huber, 27. Febr. 1943.

487 BA NJ 1704, Bd. 7, 8 Gestapo München, Vernehmung K. Huber, 27. Febr. 1943.

488 S. Scholl an F. Hartnagel, 7. Nov. 1942, in: Hans Scholl, Sophie Scholl, Briefe und Aufzeichnungen, S. 278 f.

489 BA ZC 13267, Bd. 3, 12 Gestapo München, Vernehmung S. Scholl, 20. Febr. 1943.

490 BA ZC 13226, 12 Gestapo München, Vernehmung A. Schmorell, 25. Febr. 1943.

491 BA NJ 1704, Bd. 8, 13 Gestapo München, Vernehmung W. Graf, 26. Febr. 1943.

492 BA ZC 13267, Bd. 7, 5 Gestapo München, Vernehmung E. Grimminger, 3. März 1943.

493 Tagebuch W. Graf, 23. Dez. 1942, in: Gewalt und Gewissen, S. 90.

494 BA NJ 1704, Bd. 7, 9 Gestapo München, Vernehmung K. Huber, 27. Febr. 1943.

495 Ebenda.

496 A. Schmorell an Nelly, 9. Dez. 1942.

497 BA NJ 1704, Bd. 8, 14 Gestapo München, Vernehmung W. Graf, 27. Febr. 1943.

498 BA NJ 1704, Bd. 8, 30 Gestapo München, Vernehmung W. Graf, Politischer Lebenslauf (März. 1943).

499 BA ZC 13267, Bd. 15, 33 Gestapo München, Vernehmung G. Schertling, 18. Febr. 1943.

500 BA ZC 13267, Bd. 3, 3 Gestapo München, Vernehmung S. Scholl, 18. Febr. 1943.

501 BA ZC 13226, 17 Gestapo München, Vernehmung A. Schmorell, 26. Febr. 1943.

502 STA 1 Z 530, 117 Sondergericht 2, Landgericht München I, Urteil gegen Eickemeyer u. a., 23. Juli 1943.

503 BA NJ 1704, Bd. 7, 7 Gestapo München, Vernehmung K. Huber, 27. Febr. 1943; zu weiteren religiösen und konfessionellen Fragen vgl. Schüler, »Im Geist«, passim.

504 BA NJ 1704, Bd. 8, 30 Gestapo München, Vernehmung W. Graf, Politischer Lebenslauf (März 1943).

505 BA NJ 1704, Bd. 8, 28 Gestapo München, Vernehmung W. Graf, Persönlicher Lebenslauf (März 1943).

506 BA ZC 13267, Bd. 2, 18 Gestapo München, Vernehmung H. Scholl, 20. Febr. 1943.

507 STA 1 Z 530, 23 Gestapo München, Vernehmung M. Eickemeyer, 6. April 1943.

508 STA 1 Z 530, 37 Gestapo München, Vernehmung W. Geyer, 10. April 1943.

509 STA 1 Z 530, 45 Gestapo München, Vernehmung H. Dohrn, 2. April 1943.

510 STA 1 Z 530, 115 Sondergericht 2 beim Landgericht München I, Urteil Eickemeyer u. a., 23. Juli 1943.

511 Vgl. dazu ausführlich Heimbucher, Christusfriede – Weltfrieden. Dietrich Bonhoeffers kirchlicher und politischer Kampf gegen den Krieg Hitlers und seine theologische Begründung, S. 76 ff.

512 BA ZC 13267, Bd. 3, 12 Gestapo München, Vernehmung S. Scholl, 20. Febr. 1943.

513 BA NJ 1704, Bd. 8, 30 Gestapo München, Vernehmung W. Graf, Politischer Lebenslauf (März 1943).

514 BA NJ 1704, Bd. 8, 29 Gestapo München, Vernehmung W. Graf, Persönlicher Lebenslauf (März 1943).

515 BA NJ 1704, Bd. 7, 121 Sondergericht 2 beim Landgericht München I, Urteil, 28. April 1943.

516 BA NJ 1704, Bd. 7, 88 Gestapo München, Vernehmung K. Huber, 16. April 1943.

517 BA NJ 1704, Bd. 7, 7 Gestapo München, Vernehmung K. Huber, 27. Febr. 1943.

518 BA NJ 1704, Bd. 8, 32 Gestapo München, Vernehmung W. Graf, 16. März 1943.

519 BA ZC 13226, 13 Gestapo München, Vernehmung A. Schmorell, 26. Febr. 1943.

520 BA ZC 13226, 30 Gestapo München, Vernehmung A. Schmorell, Politisches Bekenntnis, 8. März 1943.

521 BA ZC 13267, Bd. 3, 10 Gestapo München, Vernehmung S. Scholl, 20. Febr. 1943.

522 BA ZC 13267, Bd. 2, 21 Gestapo München, Vernehmung H. Scholl, 20. Febr. 1943.

523 BA NJ 1704, Bd. 7, 19 Gestapo München, Vernehmung K. Huber, Mein politisches Bekenntnis, 8. März 1943.

524 BA ZC 13226, 30 Gestapo München, Vernehmung A. Schmorell, Politisches Bekenntnis, 8. März 1943.

525 STA 1 Z 530, 26 Gestapo München, Vernehmung M. Eickemeyer, 6. April 1943.

526 BA NJ 1704, Bd. 8, 10 Gestapo München, Vernehmung W. Graf, 26. Febr. 1943.

527 STA 1 Z 530, 35 Gestapo München, Vernehmung W. Geyer, 5. April 1943.

528 BA ZC 13267, Bd. 3, 10 Gestapo München, Vernehmung S. Scholl, 20. Febr. 1943.

529 BA ZC 13267, Bd. 3, 8 Gestapo München, Vernehmung S. Scholl, 20. Febr. 1943.

530 BA NJ 1704, Bd. 7, 9 Gestapo München, Vernehmung K. Huber, 27. Febr. 1943.

531 BA ZC 13226, 18 Gestapo München, Vernehmung A. Schmorell, 1. März 1943.

532 BA ZC 13267, Bd. 3, 8 Gestapo München, Vernehmung S. Scholl, 20. Febr. 1943.

533 BA NJ 1704, Bd. 8, 10 Gestapo München, Vernehmung W. Graf, 26. Febr. 1943.

534 BA NJ 1704, Bd. 7, 15 Gestapo München, Vernehmung K. Huber, 2. März 1943.

535 BA ZC 13226, 18 Gestapo München, Vernehmung A. Schmorell, 1. März 1943.

536 BA NJ 1704, Bd. 8, 34 Gestapo München, Vernehmung W. Graf, 16. März 1943.

537 BA NJ 1704, Bd. 7, 15 Gestapo München, Vernehmung K. Huber, 2. März 1943.

538 BA NJ 1704, Bd. 8, 20 Gestapo München, Vernehmung W. Graf, 2. März 1943.

539 BA ZC 13226, 21 Gestapo München, Vernehmung A. Schmorell, 11. März 1943.

540 BA ZC 13226, 20 Gestapo München, Vernehmung A. Schmorell, 1. März 1943.

541 BA NJ 1704, Bd. 8, 10 Gestapo München, Vernehmung W. Graf, 26. Febr. 1943.

542 BA ZC 13226, 8 Gestapo München, Vernehmung A. Schmorell, 25. Febr. 1943.

543 BA ZC 13267, Bd. 2, 15 Gestapo München, Vernehmung H. Scholl, 18. Febr. 1943. Sophie Scholl bestätigte die Angaben ihres Bruders: sie nannte für Salzburg und Linz je 200, für Wien 1000 und für Frankfurt die Zahl 300, in: BA ZC 13267, Bd. 3, 9 (20. Febr. 1943).

544 BA ZC 13226, 8 Gestapo München, Vernehmung A. Schmorell, 25. Febr. 1943.

545 BA ZC 13267, Bd. 3, 9 Gestapo München, Vernehmung S. Scholl, 20. Febr. 1943; Hans Scholl gab an, Sophie habe in Augsburg und

Stuttgart »etwa 2000 versandbereite Flugblätter« per Post aufgegeben, in: BA ZC 13267, Bd. 2, 16 (20. Febr. 1943); vgl. Blatt 15 f. Eventuell schließt diese Zahl den Versand in Österreich ein.

546 Mitteilung von H. Hirzel, 30. April 2003.

547 BA ZC 13267, Bd. 2, 20 Gestapo München, Vernehmung H. Scholl, 20. Febr. 1943.

548 BA NJ 1704, Bd. 8, 11 Gestapo München, Vernehmung W. Graf, 26. Febr. 1943.

549 BA ZC 13267, Bd. 2, 13 Gestapo München, Vernehmung H. Scholl, 18. Febr. 1943.

550 BA ZC 13267, Bd. 3, 9 Gestapo München, Vernehmung S. Scholl, 20. Febr. 1943.

551 BA ZC 13267, Bd. 2, 18 Gestapo München, Vernehmung H. Scholl, 20. Febr. 1943.

552 BA ZC 13226, 10 Gestapo München, Vernehmung A. Schmorell, 25. Febr. 1943.

553 BA ZC 13267, Bd. 3, 14 Gestapo München, Vernehmung S. Scholl, 20. Febr. 1943.

554 BA NJ 1704, Bd. 8, 22 Gestapo München, Vernehmung W. Graf, 2. März 1943.

555 BA ZC 13226, 11 Gestapo München, Vernehmung A. Schmorell, 25. Febr. 1943.

556 BA NJ 1704, Bd. 8, 12 Gestapo München, Vernehmung W. Graf, 26. Febr. 1943.

557 BA ZC 13267, Bd. 2, 20 Gestapo München, Vernehmung H. Scholl, 20. Febr. 1943.

558 BA ZB II 67, 8 Gestapo München, Vernehmung H. Bauer, 5. März 1943.

559 Mitteilung H. Furtwängler, 9. Juli 2002.

560 BA ZC 13267, Bd. 2, 23 Gestapo München, Vernehmung H. Scholl, 20. Febr. 1943.

561 Münchner Neueste Nachrichten, 15. Jan. 1943.

562 BA NJ 1704, Bd., 7, 10 Gestapo München, Vernehmung K. Huber, 27. Febr. 1943.

563 StA M NL Huber 42, 9 R. H. an K. Huber, 18. März 1941.

564 StA M NL Huber 42, 36 K. B. an K. Huber, 10. Juli 1941.

565 StA M NL Huber 43, 4, 18, 42 R. G. an K. Huber, 15. Febr. 1942; F. M. an K. Huber, 7. April u. 25. Nov. 1942

566 Mitteilung H. Furtwängler, 9. Juli 2002.

567 BA NJ 1704, Bd. 7, 13 Gestapo München, Vernehmung K. Huber, 1. März 1943.

568 BA NJ 1704, Bd. 7, 10 Gestapo München, Vernehmung K. Huber, 27. Febr. 1943.

569 Mitteilung H. Furtwängler, 9. Juli 2002.

570 BA ZC 13267, Bd. 4, 4 Gestapo München, Vernehmung C. Probst, 20. Febr. 1943.

571 StA M NL Huber 69, 3 K. Huber an K. A. von Müller, 18. April 1943.

572 BA ZC 13267, Bd. 3, 14 Gestapo München, Vernehmung S. Scholl, 20. Febr. 1943.

573 BA ZC 13226, 19 Gestapo München, Vernehmung A. Schmorell, 1. März 1943.

574 BA NJ 1704, Bd. 7, 13 Gestapo München, Vernehmung K. Huber, 1. März 1943, vgl. Blatt 11 (27. Febr.).

575 BA ZC 13226, 9 Gestapo München, Vernehmung A. Schmorell, 25. Febr. 1943.

576 BA NJ 1704, Bd. 8, 11 Gestapo München, Vernehmung W. Graf, 26. Febr. 1943; vgl. Vernehmung S. Scholl, Blatt 10, 13.

577 BA ZC 13226, 10 Gestapo München, Vernehmung A. Schmorell, 25. Febr. 1943.

578 BA ZC 13267, Bd. 2, 14 Gestapo München, Vernehmung H. Scholl, 18. Febr. 1943.

579 BA ZC 13267, Bd. 3, 10 Gestapo München, Vernehmung S. Scholl, 20. Febr. 1943.

580 BA ZC 13226, 12 Gestapo München, Vernehmung A. Schmorell, 25. Febr. 1943.

581 BA ZC 13267, Bd. 5, 6 Gestapo München, Vernehmung C. Probst, 20. Febr. 1943.

582 BA ZC 13267, Bd. 5, 8 Gestapo München, Vernehmung C. Probst, 21. Febr. 1943.

583 BA ZC 13267, Bd. 5, 4 u. 6 Gestapo München, Vernehmung C. Probst, 20. Febr. 1943

584 BA ZC 13267, Bd. 2, 8 u. 14 Gestapo München, Vernehmung H. Scholl, 18. Febr. 1943.

585 BA ZC 13267, Bd. 4, 7 Gestapo München, Vernehmung C. Probst, 21. Febr. 1943.

586 BA NJ 1704, Bd. 7, 13 Gestapo München, Vernehmung K. Huber, 1. März 1943.
587 BA ZC 13267, Bd. 5, 8 Gestapo München, Vernehmung C. Probst, 20. Febr. 1943
588 StA M NL Huber 69, 3 K. Huber an K. A. von Müller, 18. April 1943.
589 BA ZC 13267, Bd. 3, 14 Gestapo München, Vernehmung S. Scholl, 20. Febr. 1943.
590 BA ZC 13226, 12 Gestapo München, Vernehmung A. Schmorell, 25. Februar 1943.
591 BA NJ 1703, Bd. 33, 5 Vermerk, 18. Februar 1943.
592 BA ZC 13267, Bd. 5, 8 Gestapo München, Vernehmung C. Probst, 20. Februar 1943.
593 BA NJ 1703, Bd. 33, 3 Oberstaatsanwalt München an Reichs-Ministerium der Justiz, 5. Febr. 1943.
594 BA ZC 13267, Bd. 2, 18 Gestapo München, Vernehmung H. Scholl, 20. Febr. 1943.
595 BA NJ 1703, Bd. 33, 6 Vermerk für den Minister, 19. Februar 1943.
596 BA NJ 1703, Bd. 33, 7 Vermerk, 20. Febr. 1943.
597 BA NJ 1703, Bd. 33, 17 Der Oberreichsanwalt beim Volksgerichtshof, 21. Febr. 1943.
598 BA ZR 929 A.2, 267 Meldeblatt, Staatspolizeistelle Breslau, 1. März 1943.
599 BA ZC 13226, 4 Gestapo München, Vernehmung A. Schmorell, 25. Febr. 1943.
600 Mitteilung H. Furtwängler, 9. Juli 2002.
601 BA NJ 1703, Bd. 33, 211. Vermerk, 27. Febr. 1943.
602 BA NJ 1704, Bd. 3, 9 Vermerk, 27. Febr. 1943.
603 BA NJ 1703, Bd. 33, 20 Vermerk, 1. März 1943.
604 BA NJ 1703, Bd. 33, 212. Vermerk, 27. Febr. 1943.
605 BA NJ 1703, Bd. 33, 33 NSDAP an Reichsministerium der Justiz, 18. März 1943.
606 StA M NL Huber, 198, 9 Clara Huber, Kurt Hubers Schicksalsweg (o. J.).
607 BA NJ 1704, Bd. 13 NSDAP München-Oberbayern, 21. Mai 1943.
608 BA NJ 1704, Bd. 12 Kanzlei des Führers der NSDAP an Reichsministerium der Justiz, 24. Mai 1943.

609 BA NJ 1703, Bd. 33, 125 Vermerk vom 17. Juni, abgezeichnet von Thierack am 21. Juni 1943.

610 BA NJ 1703, Bd. 33, 125 Mitteilung an Gauleiter Giesler, 21. Juni 1943.

611 BA NJ 1703, Bd. 33, 141 Vermerk, 22. Juni 1943

612 BA NJ 1703, Bd. 33, 128 OKW an Oberreichsanwalt beim Volksgerichtshof, 29. Juni 1943.

613 BA NJ 1703, Bd. 33, 123 Oberreichsanwalt an Reichsministerium der Justiz, 5. Juni 1943.

614 BA NJ 1704, Bd. 19, 9 Oberstaatsanwalt München I an Reichsministerium der Justiz, 8. Juli 1943.

615 BA NJ 1703, Bd. 33, 143 NSDAP an Reichsministerium der Justiz, 23. Juli 1943.

616 BA NJ 1704, Bd. 21, 8 Vermerk, 29. Sept. 1943.

617 BA NJ 1703, Bd. 33, 131 Oberstaatsanwalt München I an Reichsministerium der Justiz, 15. Juli 1943.

618 Guardini, Die Waage des Daseins, in: ders., Freiheit und Verantwortung. Die Weiße Rose – Zum Widerstand im »Dritten Reich«, S. 7 ff. (Rede vom 4. Nov. 1945).

619 Reemtsma, »Wie hätte ich mich verhalten?« und andere nicht nur deutsche Fragen.

620 Peter Steinbach, »Erinnern – aktives Gedenken. Annäherungen an den Widerstand, in: Die Weiße Rose und das Erbe des deutschen Widerstandes. Münchner Gedächtnisvorlesungen, S. 132.

621 IfZ Fas 215, Bericht von Pfarrer Karl Alt.

Die Flugblätter der Weissen Rose

Flugblätter der Weissen Rose I

Nichts ist eines Kulturvolkes unwürdiger, als sich ohne Widerstand von einer verantwortungslosen und dunklen Trieben ergebenen Herrscherclique »regieren« zu lassen. Ist es nicht so, dass sich jeder ehrliche Deutsche heute seiner Regierung schämt, und wer von uns ahnt das Ausmass der Schmach, die über uns und unsere Kinder kommen wird, wenn einst der Schleier von unseren Augen gefallen ist und die grauenvollsten und jegliches Mass unendlich überschreitenden Verbrechen ans Tageslicht treten? Wenn das deutsche Volk schon so in seinem tiefsten Wesen korrumpiert und zerfallen ist, dass es ohne eine Hand zu regen, im leichtsinnigen Vertrauen auf eine fragwürdige Gesetzmässigkeit der Geschichte, das Höchste, das ein Mensch besitzt, und das ihn über jede andere Kreatur erhöht, nämlich den freien Willen, preisgibt, die Freiheit das Menschen preisgibt, selbst mit einzugreifen in das Rad der Geschichte und es seiner vernünftigen Entscheidung unterzuordnen, wenn die Deutschen so jeder Individualität bar, schon so sehr zur geistlosen und feigen Masse geworden sind, dann, ja dann verdienen sie den Untergang.

Goethe spricht von den Deutschen als einem tragischen Volke, gleich dem der Juden und Griechen, aber heute hat es eher den Anschein, als sei es eine seichte, willenlose Herde von Mitläufern, denen das Mark aus dem Innersten gesogen und nun ihres Kerns beraubt, bereit sind sich in den Untergang hetzen zu lassen. Es scheint so – aber es ist nicht so; vielmehr hat man in langsamer, trügerischer, systematischer Vergewaltigung jeden einzelnen in ein geistiges Gefängnis gesteckt, und erst, als er darin gefesselt lag, wurde er sich des Verhängnisses bewusst. Wenige nur erkannten das drohende Verderben, und der Lohn für ihr heroisches Mahnen war der Tod. Ueber das Schicksal dieser Menschen wird noch zu reden sein.

Wenn jeder wartet, bis der Andere anfängt, werden die Boten der rächenden Nemesis unaufhaltsam näher und näher rücken, dann wird auch das letzte Opfer sinnlos in den Rachen des unersättlichen Dämons geworfen sein. Daher muss jeder Einzelne seiner Verantwortung als Mitglied der christlichen und abendländischen Kultur bewusst in dieser letzten Stunde sich wehren soviel er kann, arbeiten wider die Geisel der Menschheit, wider den Faschismus und jedes ihm ähnliche System des absoluten Staates. Leistet passiven Widerstand – W i d e r s t a n d – wo immer Ihr auch seid, verhindert das Weiterlaufen dieser ateistischen Kriegsmaschine, ehe es zu spät ist, ehe die letzten Städte ein Trümmerhaufen sind, gleich Köln, und ehe die letzte Jugend des Volkes irgendwo für die Hybris eines Untermenschen verblutet ist. Vergesst nicht, dass ein jedes Volk diejenige Regierung verdient, die es erträgt!

(...)

Wie bitten Sie, dieses Blatt mit möglichst vielen Durchschlägen abzuschreiben und weiter zu verteilen!

Flugblätter der Weissen Rose II

Man kann sich mit dem Nationalsozialismus geistig nicht auseinandersetzen, weil er ungeistig ist. Es ist falsch, wenn man von einer nationalistischen Weltanschauung spricht, denn wenn es diese gäbe, müsste man versuchen, sie mit geistigen Mitteln zu beweisen oder zu bekämpfen – die Wirklichkeit aber bietet uns ein völlig anderes Bild: schon in ihrem ersten Keim war diese Bewegung auf den Betrug des Mitmenschen angewiesen, schon damals war sie im Innersten verfault und konnte sich nur durch die stete Lüge retten. Schreibt doch Hitler selbst in einer frühen Auflage »seines« Buches (ein Buch, das in dem übelsten Deutsch geschrieben worden ist, das ich je gelesen habe; dennoch ist es von dem Volke der Dichter und Denker zur Bibel erhoben worden): »Man glaubt nicht, wie man ein Volk betrügen muss, um es zu regieren.« Wenn sich nun am Anfang dieses Krebsgeschwür des Deutschen Volkes noch nicht allzusehr bemerkbar gemacht hatte, so nur deshalb, weil noch gute Kräfte genug am Werk waren, es zurückzuhalten. Wie es aber grösser und grösser wurde und schliesslich mittels einer letzten gemeinen Korruption zur Macht kam, das Geschwür gleichsam aufbrach und den ganzen Körper besudelte, versteckte sich die Mehrzahl der früheren Gegner, flüchtete die deutsche Intelligenz in ein Kellerloch, um dort als Nachtschattengewächs, dem Licht und der Sonne verborgen, allmählich zu ersticken. Jetzt stehen wir vor dem Ende. Jetzt kommt es darauf an, sich gegenseitig wiederzufinden, aufzuklären von Mensch zu Mensch, immer daran zu denken und sich keine Ruhe zu geben, bis auch der letzte von der äussersten Notwendigkeit seines Kämpfens wider dieses System überzeugt ist. Wenn so eine Welle des Aufruhrs durch das Land geht, wenn »es in der Luft liegt«, wenn viele mitmachen, dann kann in einer letzten, gewaltigen Anstrengung dieses System abgeschüttelt werden. Ein Ende mit Schrecken ist immer noch besser, als ein Schrecken ohne Ende.

Es ist uns nicht gegeben, ein endgültiges Urteil über den Sinn unserer Geschichte zu fällen. Aber wenn diese Katastrophe uns zum Heile dienen soll, so doch nur dadurch: Durch das Leid gereinigt zu werden, aus der tiefsten Nacht heraus das Licht zu ersehnen, sich aufzuraffen und endlich mitzuhelfen, das Joch abzuschütteln, das die Welt bedrückt.

Nicht über die Judenfrage wollen wir in diesem Blatte schreiben, keine Verteidigungsrede verfassen – nein nur als Beispiel wollen wir die Tatsache kurz anführen, die Tatsache, dass seit der Eroberung Polens dreihunderttausend Juden in diesem Land auf bestialischste Art ermordet worden sind. Hier sehen wir das fürchterlichste Verbrechen an der Würde des Menschen, ein Verbrechen, dem sich kein ähnliches in der ganzen Menschengeschichte an die Seite stellen kann. Auch die Juden sind doch Menschen – man mag sich zur Judenfrage stellen wie man will – und an Menschen wurde solches verübt. Vielleicht sagt jemand, die Juden hätten ein solches Schicksal verdient; diese Behauptung wäre eine ungeheure Anmassung; aber angenommen, es sagte jemand dies, wie stellt er sich dann zu der Tatsache, dass die gesamte polnische adelige Jugend vernichtet worden ist (Gebe Gott, dass sie es noch nicht ist!)? Auf welche Art, fragen sie, ist solches geschehen? Alle männlichen Sprösslinge aus adeligen Geschlechtern zwischen 15 und 20 Jahren wurden in Konzentrationslager nach Deutschland zu Zwangsarbeit, alle Mädchen gleichen Alters nach Norwegen in die Bordelle der SS verschleppt! Wozu wir dies Ihnen alles erzählen, da Sie es schon selber wissen, wenn nicht diese, so andere gleich schwere Verbrechen des fürchterlichen Untermenschentums? Weil hier eine Frage berührt wird, die uns alle zutiefst angeht und allen zu denken geben m u s s Warum verhält sich das deutsche Volk angesichts all dieser scheusslichsten, menschenunwürdigsten Verbrechen so apathisch? Kaum irgendjemand macht sich Gedanken darüber. Die Tatsache wird als solche hingenommen und ad acta gelegt. Und wieder schläft das deutsche Volk in seinem stumpfen, blöden Schlaf weiter und gibt diesen faschistischen Verbrechern Mut und Gelegenheit weiterzuwüten – und diese tun es. Sollte dies ein Zeichen dafür sein, dass die Deutschen in ihren primitivsten menschlichen Gefühlen verroht sind, dass keine Saite in ihnen schrill aufschreit im Angesicht solcher Taten, dass sie in einen tödlichen Schlaf versunken sind, aus dem es kein Erwachen mehr gibt, nie, niemals? Es scheint so und ist es bestimmt, wenn der Deutsche nicht endlich aus dieser Dumpfheit auffährt, wenn er nicht protestiert, wo immer er nur kann gegen diese Verbrecherklique, wenn er mit diesen Hunderttausenden von Opfern nicht mitleidet. Und nicht nur Mitleid muss er empfinden, nein, noch viel mehr: M i t s c h u l d. Denn er gibt durch sein apatisches Verhalten diesen dunklen Menschen erst die Möglichkeit so zu handeln, er leidet diese »Regierung«, die eine so unendliche Schuld auf sich geladen hat, ja er ist doch selbst schuld daran, dass sie überhaupt entstehen konnte! Ein jeder will sich von einer solchen Mitschuld freisprechen, ein jeder tut es und schläft dann wieder mit ruhigstem, besten Gewissen. Aber er kann sich nicht freisprechen, ein jeder ist s c h u l d i g , s c h u l d i g, s c h u l d i g! Doch ist es noch nicht zu spät, diese abscheulichste aller Missgeburten von Regierungen aus der Welt schaffen, um nicht noch mehr Schuld auf sich zu laden. Jetzt, da uns in den letzten Jahren die Augen vollkommen geöffnet worden sind, da wir wissen, mit wem wir es zu tun haben, jetzt ist es allerhöchste Zeit, diese braune Horde auszurotten. Bis zum Ausbruch des Krieges war der grösste Teil des deutschen Volkes geblendet, die Nationalsozialisten zeigten sich nicht in ihrer wahren Gestalt, doch jetzt, da man sie erkannt hat, muss es die einzige und höchste Pflicht, ja heiligste Pflicht eines jeden Deutschen sein, diese Bestien zu vertilgen!

»Der, des Verwaltung unauffällig ist, des Volk ist froh. Der, des Verwaltung aufdringlich ist, des Volk ist gebrochen.

Elend, ach, ist es, worauf Glück sich aufbaut. Glück, ach, verschleiert nur Elend. Wo soll das hinaus? Das Ende ist nicht abzusehen. Das Geordnete verkehrt sich in Unordnung, das Gute verkehrt sich in Schlechtes.

Das Volk gerät in Verwirrung. Ist es nicht so täglich seit langem?

Daher ist der Hohe Mensch rechteckig, aber er stösst nicht an, er ist kantig, aber verletzt nicht, er ist aufrecht, aber nicht schroff. Er ist klar, aber will nicht glänzen.« Lao-tse.

»Wer unternimmt, das Reich zu beherrschen, und es nach seiner Willkür zu gestalten; ich sehe ihn sein Ziel nicht erreichen; das ist alles.« »Das Reich ist ein lebendiger Organismus; es kann nicht gemacht werden, wahrlich! Wer daran machen will, verdirbt es, wer sich seiner bemächtigen will, verliert es.«

Daher: »Von den Wesen gehen manche vorauf, andere folgen ihnen, manche atmen warm, manche kalt, manche sind stark, manche schwach, manche erlangen Fülle, andere unterliegen.«

»Der Hohe Mensch daher lässt ab von Uebertriebenheit, lässt ab von Ueberhebung, lässt ab von Uebergriffen« Lao-tse.

Wir bitten, diese Schrift mit möglichst vielen Durchschlägen abzuschreiben und weiterzuverteilen.

Flugblätter der Weissen Rose III

»Salus publica suprema lex.«

Alle idealen Staatsformen sind Utopien. Ein Staat kann nicht rein theoretisch konstruiert werden, sondern er muss ebenso wachsen, reifen wie der einzelne Mensch. Aber es ist nicht zu vergessen, dass am Anfang einer jeden Kultur die Vorform des Staates vorhanden war. Die Familie ist so alt, wie die Menschen selbst und aus diesem anfänglichen Zusammensein hat sich der vernunftbegabte Mensch einen Staat geschaffen, dessen Grund die Gerechtigkeit und dessen höchstes Gesetz das Wohl Aller sein soll. Der Staat soll eine Analogie der göttlichen Ordnung darstellen, und die höchste aller Utopien, die civitas Dei ist das Vorbild, dem er sich letzten Endes nähern soll. Wir wollen hier nicht urteilen über die verschiedenen möglichen Staatsformen, die Demokratie, die konstitutionelle Monarchie, das Königtum usw. Nur eines will eindeutig und klar herausgehoben werden: jeder einzelne Mensch hat einen Anspruch auf einen brauchbaren und gerechten Staat, der die Freiheit des Einzelnen als auch das Wohl der Gesamtheit, sichert. Denn der Mensch soll nach Gottes Willen frei und unabhängig im Zusammenleben und Zusammenwirken der staatlichen Gemeinschaft sein natürliches Ziel, sein irdisches Glück in Selbstständigkeit und Selbsttätigkeit zu erreichen suchen.

Unser heutiger »Staat« aber ist die Diktatur des Bösen. »Das wissen wir schon lange,« höre ich Dich einwenden, »und wir haben es nicht nötig, dass uns dies hier noch einmal vorgehalten wird.« Aber, frage ich Dich, wenn Ihr das wisst, warum regt ihr euch nicht, warum duldet ihr, dass diese Gewalthaber Schritt für Schritt offen und im Verborgenen eine Domäne eures

Rechtes nach der anderen rauben, bis eines Tages nichts, aber auch gar nichts übrigbleiben wird, als ein mechanisiertes Staatsgetriebe, kommandiert von Verbrechern und Säufern? Ist euer Geist schon so sehr der Vergewaltigung unterlegen, dass ihr vergesst, dass es nicht nur euer Recht, sondern eure s i t t l i c h e P f l i c h t ist, dieses System zu beseitigen? Wenn aber ein Mensch nicht mehr die Kraft aufbringt, sein Recht zu fordern, dann muss er mit absoluter Notwendigkeit untergehen. Wir würden es verdienen, in alle Welt verstreut zu werden, wie der Staub vor dem Winde, wenn wir uns in dieser zwölften Stunde nicht aufrafften und endlich den Mut aufbrächten, der uns seither gefehlt hat. Verbergt nicht eure Feigheit unter dem Mantel der Klugheit! Denn mit jedem Tag, da ihr noch zögert, da ihr dieser Ausgeburt der Hölle nicht widersteht, wächst eure Schuld gleich einer parabolischen Kurve höher und immer höher.

Viele, vielleicht die meisten Leser dieser Blätter sind sich darüber nicht klar, wie sie einen Widerstand ausüben sollen. Sie sehen keine Möglichkeiten. Wir wollen versuchen Ihnen zu zeigen, dass ein jeder in der Lage ist, etwas beizutragen zum Sturz dieses Systems. Nicht durch individualistische Gegnerschaft, in der Art verbitterter Einsiedler, wird es möglich werden, den Boden für einen Sturz dieser »Regierung« reif zu machen oder gar den Umsturz möglichst bald herbeizuführen, sondern nur durch die Zusammenarbeit vieler überzeugter, tatkräftiger Menschen, Menschen, die sich einig sind, mit welchen Mitteln sie ihr Ziel erreichen können. Wir haben keine reiche Auswahl an solchen Mitteln, nur ein einziges steht uns zur Verfügung – der p a s s i v e W i d e r s t a n d .

Der Sinn und das Ziel des passiven Widerstandes ist, den Nationalsozialismus zu Fall zu bringen und in diesem Kampf ist vor keinem Weg, vor keiner Tat zurückzuschrecken, mögen sie auf Gebieten liegen, auf welchen sie auch wollen. A n a l l e n Stellen muss der Nationalsozialismus angegriffen werden, an denen er nur angreifbar ist. Ein Ende muss diesem Unstaat möglichst bald bereitet werden – ein Sieg des faschistischen Deutschland in diesem Kriege hätte unabsehbare, fürchterliche Folgen. Nicht der militärische Sieg über den Bolschewismus darf die erste Sorge für jeden Deutschen sein, sondern die Niederlage der Nationalsozialisten. Dies muss unbedingt an erster Stelle stehn. Die grössere Notwendigkeit dieser letzteren Forderung werden wir Ihnen in einem unserer nächsten Blätter beweisen.

Und jetzt muss sich ein jeder entschiedene Gegner des Nationalsozialismus die Frage vorlegen: Wie kann er gegen den gegenwärtigen »Staat« am wirksamsten ankämpfen, wie ihm die empfindlichsten Schläge beibringen? Durch den passiven Widerstand – zweifellos. Es ist klar, dass wir unmöglich für jeden Einzelnen Richtlinien für sein Verhalten geben können, nur allgemein andeuten können wir, den Weg zur Verwirklichung muss jeder selber finden.

S a b o t a g e in den Rüstungs- und kriegswichtigen Betrieben, Sabotage in allen Versammlungen, Kundgebungen, Festlichkeiten, Organisationen, die durch die nat.soz. Partei ins Leben gerufen werden. Verhinderung des reibungslosen Ablaufs der Kriegsmaschine (einer Maschine, die nur für einen Krieg arbeitet, der a l l e i n um die Rettung und Erhaltung der nat.soz. Partei und Diktatur geht.) S a b o t a g e auf allen wissenschaftlichen und geistigen Gebieten, die für eine Fortführung des gegenwärtigen Krieges tätig sind – sei es in Universitäten, Hochschulen, Laboratorien, Forschungsanstalten, technischen Büros. S a b o t a g e in allen Veranstaltungen kultureller Art, die das »Ansehen« der Faschisten im Volke heben könnten. S a b o t a g e in allen Zweigen der bildenden Künste, die nur im geringsten im Zusammenhang mit dem Nationalsozialismus stehen und ihm dienen. S a b o t a g e in allem Schrifttum, allen Zeitungen, die im Solde der »Regierung« stehen, für ihre Ideen, für die Verbreitung der braunen Lüge, kämpfen. Opfert nicht einen Pfennig bei Strassensammlungen (auch wenn sie unter dem Deckmantel wohltätiger Zwecke durchgeführt werden. Denn dies ist nur eine Tarnung. In Wirklichkeit kommt das Ergebnis weder dem Roten Kreuz noch den Notleidenden zugute. Die Regierung braucht dies Geld nicht, ist auf diese Sammlungen finanziell nicht angewiesen – die Druckmaschinen laufen ja ununterbrochen und stellen jede beliebige Menge von Papiergeld her. Das Volk muss aber dauernd in Spannung gehalten werden, nie darf der Druck der Kandare nachlassen! Gebt nichts für die Metall-Spinnstoff- und andere Sammlungen. Sucht alle Bekannte auch aus den unteren Volksschichten, von der Sinnlosigkeit einer Fortführung, von der Aussichtslosigkeit dieses Krieges, von der geistigen und wirtschaftlichen Versklavung, von der Zerstörung aller sittlichen und religiösen Werte durch den Nationalsozialismus zu überzeugen und zum p a s s i v e n W i d e r s t a n d zu veranlassen!

Aristoteles, »Ueber die Politik«: ... »Ferner gehört es (zum Wesen der Tyrannis) dahin zu streben, dass ja nichts verborgen bleibe, was irgend ein Untertan spricht oder tut, sondern überall Späher ihn belauschen ... ferner alle Welt miteinander zu verhetzen und Freunde mit Freunden zu verfeinden und das Volk mit den Vornehmen und die Reichen unter sich. Sodann gehört es zu solchen tyrannischen Massregeln, die Untertanen arm zu machen, damit die Leibwache besoldet werden kann, und sie, mit der Sorge um ihren täglichen Erwrb beschäftigt, keine Zeit und Musse haben, Verschwörungen anzustiften. ... Ferner aber auch solche hohe Einkommensteuern, wie die in Syrakus auferlegten, denn unter Dionysios hatten die Bürger dieses Staates in fünf Jahren glücklich ihr ganzes Vermögen in Steuern ausgegeben. Und auch beständig Kriege zu erregen ist der Tyrann geneigt ...«

Bitte vervielfältigen und weitergeben!!!

Flugblätter der Weissen Rose IV

Es ist eine alte Weisheit, die man Kindern immer wieder aufs neue predigt, dass wer nicht hören will, fühlen muss. Ein kluges Kind wird sich aber die Finger nur einmal am heissen Ofen verbrennen.

In den vergangenen Wochen hatte Hitler sowohl in Afrika, als auch in Russland Erfolge zu verzeichnen. Die Folge davon war, dass der Optimismus auf der einen, die Bestürzung und der Pessimismus auf der anderen Seite des Volkes mit einer der deutschen Trägheit unvergleichlichen Schnelligkeit anstieg. Allenthalben hörte man unter den Gegnern Hitlers, also unter dem besseren Teil des Volkes, Klagerufe, Worte der Enttäuschung und der Entmutigung, die nicht selten in dem Ausruf endigten: »Sollte nun Hitler doch ...?«

Indessen ist der deutsche Angriff auf Aegypten zum Stillstand gekommen, Rommel muss in einer gefährlich exponierten Lage verharren – aber noch geht der Vormarsch im Osten weiter. Dieser scheinbare Erfolg ist unter den grauenhaftesten Opfern erkauft worden, sodass er schon nicht mehr als vorteilhaft bezeichnet werden kann. Wir warnen daher vor j e d e m Optimismus.

Wer hat die Toten gezählt, Hitler oder Göbbels – wohl keiner von beiden. Täglich fallen in Russland Tausende. Es ist die Zeit der Ernte, und der Schnitter fährt mit vollem Zug in die reife Saat. Die Trauer kehrt ein in die Hütten der Heimat, und niemand ist da, der die Tränen der Mütter trocknet. Hitler aber belügt die, deren teuerstes Gut er geraubt und in den sinnlosen Tod getrieben hat.

Jedes Wort, das aus Hitlers Munde kommt, ist Lüge: Wenn er Frieden sagt, meint er den Krieg, und wenn er in frevelhaftester Weise den Namen des Allmächtigen nennt, meint er die Macht des Bösen, den gefallenen Engel, den Satan. Sein Mund ist der stinkende Rachen der Hölle und seine Macht ist im Grunde verworfen. Wohl muss man mit rationalen Mitteln den Kampf wider den nationalsozialistischen Terrorstaat führen; wer aber heute noch an der realen Existenz der dämonischen Mächte zweifelt, hat den metaphysischen Hintergrund dieses Krieges bei weitem nicht begriffen. Hinter dem konkreten, hinter dem sinnlich Wahrnehmbaren, hinter allen sachlichen logischen Ueberlegungen, steht das Irrationale, d. i. der Kampf wider den Dämon, wider den Boten des Antichrists. Ueberall und zu allen Zeiten haben die Dämonen im Dunkeln gelauert auf die Stunde, da der Mensch schwach wird, da er seine ihm von Gott auf Freiheit gegründete Stellung im ordo eigenmächtig verlässt, da er dem Druck des Bösen nachgibt, sich von den Mächten höherer Ordnung loslöst und so, nachdem er den ersten Schritt freiwillig getan, zum zweiten und dritten und immer mehr getrieben wird mit rasend steigender Geschwindigkeit – überall und zu allen Zeiten der höchsten Not sind Menschen aufgestanden, Propheten, Heilige, die ihre Freiheit gewahrt hatten, die auf den Einzigen Gott hinwiesen und mit seiner Hilfe das Volk zur Umkehr mahnten. Wohl ist der Mensch frei, aber er ist wehrlos wider das Böse ohne den wahren Gott, er ist wie ein Schiff ohne Ruder, dem Sturme preisgegeben, wie ein Säugling ohne Mutter, wie eine Wolke, die sich auflöst.

Gibt es, so frage ich Dich, der Du ein Christ bist, gibt es in diesem Ringen um die Erhaltung Deiner höchsten Güter ein Zögern, ein Spiel mit Intrigen, ein Hinausschieben der Entscheidung in der Hoffnung, dass ein anderer die Waffen erhebt, um Dich zu verteidigen? Hat Dir nicht Gott selbst die Kraft und den Mut gegeben zu kämpfen? Wir *müssen* das Böse dort angreifen, wo es am mächtigsten ist, und es ist am mächtigsten in der Macht Hitlers.

»Ich wandte mich und sah an alles Unrecht, das geschah unter der Sonne; und siehe, da waren Tränen derer, so Unrecht litten und hatten keinen Tröster; und die ihnen Unrecht taten, waren zu mächtig, dass sie keinen Tröster haben konnten.

Da lobte ich die Toten, die schon gestorben waren, mehr denn die Lebendigen, die noch das Leben hatten ...« (Sprüche)

Novalis: »Wahrhafte Anarchie ist das Zeugungselement der Religion. Aus der Vernichtung alles Positiven hebt sie ihr glorreiches Haupt als neue Weltstifterin empor ... Wenn Europa wieder erwachen wollte, wenn ein

Staat der Staaten, eine politische Wissenschaftslehre uns bevorstände! Sollte etwa die Hierarchie ... das Prinzip des Staatenvereins sein? ... Es wird solange Blut über Europa strömen, bis die Nationen ihren fürchterlichen Wahnsinn gewahr werden, der sie im Kreis herumtreibt, und von heiliger Musik getroffen und besänftigt, zu ehemaligen Altären in bunter Vermischung treten, Werke des Friedens vornehmen und ein grosses Friedensfest auf den rauchenden Walstätten mit heissen Tränen gefeiert wird. Nur die Religion kann Europa wieder aufwecken und das Völkerrecht sichern und die Christenheit mit neuer Herrlichkeit sichtbar auf Erden in ihr friedenstiftendes Amt installieren.«

Wir weisen eindrücklich darauf hin, dass die Weisse Rose nicht im Solde einer ausländischen Macht steht. Obgleich wir wissen, dass die nationalsozialistische Macht militärisch gebrochen werden muss, suchen wir eine Erneuerung des schwerverwundeten deutschen Geistes von Innen her zu erreichen. Dieser Wiedergeburt muss aber die klare Erkenntnis aller Schuld, die das deutsche Volk auf sich geladen hat, und ein rücksichtsloser Kampf gegen Hitler und seine allzuvielen Helfershelfer, Parteimitglieder, Quislinge usw. vorausgehen. Mit aller Brutalität muss die Kluft zwischen dem besseren Teil des Volkes und allem, was mit dem Nationalsozialismus zusammenhängt, aufgerissen werden. Für Hitler und seine Anhänger gibt es auf dieser Erde keine Strafe, die ihren Taten gerecht wäre. Aber aus Liebe zu kommenden Generationen muss nach Beendigung des Krieges ein Exempel statuiert werden, daß niemand auch nur die geringste Lust je verspüren sollte, Aehnliches aufs neue zu versuchen. Vergesst auch nicht die kleinen Schurken dieses Systems, merkt Euch die Namen, aufdass keiner entkomme! Es soll ihnen nicht gelingen, in letzter Minute noch nach all diesen Scheusslichkeiten die Fahne zu wechseln und so zu tun, als ob nichts gewesen wäre!

Zu Ihrer Beruhigung möchten wir noch hinzufügen, dass die Adressen der Leser der Weissen Rose nirgendwo schriftlich niedergelegt sind. Die Adressen sind willkürlich Adressbüchern entnommen.

Wir schweigen nicht, wir sind Euer böses Gewissen, die Weisse Rose lässt Euch keine Ruhe!

Bitte vervielfältigen und weitersenden!

Flugblätter der Widerstandsbewegung in Deutschland.

Aufruf an alle Deutsche!

Der Krieg geht seinem sicheren Ende entgegen. Wie im Jahre 1918 versucht die deutsche Regierung alle Aufmerksamkeit auf die wachsende U-Bootgefahr zu lenken, während im Osten die Armeen unaufhörlich zurückströmen, im Westen die Invasion erwartet wird. Die Rüstung Amerikas hat ihren Höhepunkt noch nicht erreicht, aber heute schon übertrifft sie alles in der Geschichte seither Dagewesene. Mit mathematischer Sicherheit führt Hitler das deutsche Volk in den Abgrund. Hitler kann den Krieg nicht gewinnen, nur noch verlängern! Seine und seiner Helfer Schuld hat jedes Mass unendlich überschritten. Die gerechte Strafe rückt näher und näher!

Was aber tut das deutsche Volk? Es sieht nicht und es hört nicht. Blindlings folgt es seinen Verführern ins Verderben. Sieg um jeden Preis, haben sie auf ihre Fahne geschrieben. Ich kämpfe bis zum letzten Mann, sagt Hitler – indes ist der Krieg bereits verloren.

Deutsche! Wollt Ihr und Eure Kinder dasselbe Schicksal erleiden, das den Juden widerfahren ist? Wollt Ihr mit dem gleichen Masse gemessen werden, wie Eure Verführer? Sollen wir auf ewig das von aller Welt gehasste und ausgestossene Volk sein? Nein! Darum trennt Euch von dem nationalsozialistischen Untermenschentum! Beweist durch die Tat, dass Ihr anders denkt! Ein neuer Befreiungskrieg bricht an. Der bessere Teil des Volkes kämpft auf unserer Seite. Zerreisst den Mantel der Gleichgültigkeit, den Ihr um Euer Herz gelegt! Entscheidet Euch, eh' es zu spät ist!

Glaubt nicht der nationalsozialistischen Propaganda, die Euch den Bolschewistenschreck in die Glieder gejagt hat! Glaubt nicht, dass Deutschlands Heil mit dem Sieg des Nationalsozialismus auf Gedeih und Verderben verbunden sei! Ein Verbrechertum kann keinen deutschen Sieg erringen. Trennt Euch rechtzeitig von allem, was mit dem Nationalsozialismus zusammenhängt! Nachher wird ein schreckliches, aber gerechtes Gericht kommen über die, so sich feig und unentschlossen verborgen hielten.

Was lehrt uns der Ausgang dieses Krieges, der nie ein nationaler war?

Der imperialistische Machtgedanke muss, von welcher Seite er auch kommen möge, für alle Zeit unschädlich gemacht werden. Ein einseitiger preussischer Militarismus darf nie mehr zur Macht gelangen. Nur in grosszügiger Zusammenarbeit der europäischen Völker kann der Boden geschaffen werden, auf welchem ein neuer Aufbau möglich sein wird. Jede zentralistische Gewalt, wie sie der preussische Staat in Deutschland und Europa auszuüben versucht hat, muss im Keime erstickt werden. Das kommende Deutschland kann nur föderalistisch sein. Nur eine gesunde föderalistische Staatenordnung vermag heute noch das geschwächte Europa mit neuem Leben zu erfüllen. Die Arbeiterschaft muss durch einen vernünftigen Sozialismus aus ihrem Zustand niedrigster Sklaverei befreit werden. Das Truggebilde der autarken Wirtschaft muss in Europa verschwinden. Jedes Volk, jeder Einzelne hat ein Recht auf die Güter der Welt!

Freiheit der Rede, Freiheit des Bekenntnisses, Schutz des einzelnen Bürgers vor der Willkür verbrecherischer Gewaltstaaten, das sind die Grundlagen des neuen Europa.

Unterstützt die Widerstandsbewegung, verbreitet die Flugblätter!

Kommilitoninnen! Kommilitonen!

Erschüttert steht unser Volk vor dem Untergang der Männer von Stalingrad. Dreihundertdreissigtausend deutsche Männer hat die geniale Strategie des Weltkriegsgefreiten sinn- und verantwortungslos in Tod und Verderben gehetzt. Führer, wir danken dir!

Es gärt im deutschen Volk: Wollen wir weiter einem Dilettanten das Schicksal unserer Armeen anvertrauen? Wollen wir den niedrigen Machtinstinken einer Parteiclique den Rest der deutschen Jugend opfern? Nimmermehr.

Der Tag der Abrechnung ist gekommen, der Abrechnung unserer deutschen Jugend mit der verabscheuungswürdigsten Tyrannis, die unser Volk je erduldet hat. Im Namen der ganzen deutschen Jugend fordern wir von dem Staat Adolf Hitlers die persönliche Freiheit, das kostbarste Gut des Deutschen zurück, um das er uns in der erbärmlichsten Weise betrogen hat.

In einem Staat rücksichtsloser Knebelung jeder freien Meinungsäusserung sind wir aufgewachsen. HJ, SA, SS haben uns in den fruchtbarsten

Bildungsjahren unseres Lebens zu uniformieren, zu revolutionieren, zu narkotisieren versucht. »Weltanschauliche Schulung« hiess die verächtliche Methode, das aufkeimende Selbstdenken und Selbstwerten in einem Nebel leerer Phrasen zu ersticken. Eine Führerauslese, wie sie teuflischer und bornierter zugleich nicht gedacht werden kann, zieht ihre künftigen Parteibonzen auf Ordensburgen zu gottlosen, schamlosen und gewissenlosen Ausbeutern und Mordbuben heran, zur blinden, stupiden Führergefolgschaft. Wir »Arbeiter des Geistes« wären gerade recht, dieser neuen Herrenschicht den Knüppel zu machen. Frontkämpfer werden von Studentenführern und Gauleiteraspiranten wie Schuljungen gemassregelt, Gauleiter greifen mit geilen Spässen den Studentinnen an die Ehre. Deutsche Studentinnen haben an der Münchner Hochschule auf die Besudelung ihrer Ehre eine würdige Antwort gegeben, deutsche Studenten haben sich für ihre Kameradinnen eingesetzt und standgehalten. Das ist ein Anfang zur Erkämpfung unserer freien Selbstbestimmung, ohne die geistige Werte nicht geschaffen werden können. Unser Dank gilt den tapferen Kameradinnen und Kameraden, die mit leuchtendem Beispiel vorangegangen sind!

Es gibt für uns nur eine Parole: Kampf gegen die Partei! Heraus aus den Parteigliederungen, in denen man uns politisch weiter mundtot halten will! Heraus aus den Hörsälen der SS-Unter- oder Oberführer und Parteikriecher! Es geht uns um die wahre Wissenschaft und echte Geistesfreiheit! Kein Drohmittel kann uns schrecken, auch nicht die Schliessung unserer Hochschulen. Es gilt den Kampf jedes einzelnen von uns um unsere Zukunft, unsere Freiheit und Ehre in einem seiner sittlichen Verantwortung bewussten Staatswesen.

Freiheit und Ehre! Zehn lange Jahre haben Hitler und seine Genossen die beiden herrlichen deutsche Worte bis zum Ekel ausgequetscht, abgedroschen, verdreht, wie es nur Dilettanten vermögen, die die höchsten Werte einer Nation vor die Säue werfen. Was ihnen Freiheit und Ehre gilt, haben sie in zehn Jahren der Zerstörung aller materiellen und geistigen Freiheit, aller sittlichen Substanz im deutschen Volk genugsam gezeigt. Auch dem dümmsten Deutschen hat das furchtbare Blutbad die Augen geöffnet, das sie im Namen von Freiheit und Ehre der deutschen Nation in ganz Europa angerichtet haben und täglich neu anrichten. Der deutsche Name bleibt für immer geschändet, wenn nicht die deutsche Jugend endlich aufsteht, rächt und sühnt zugleich, seine Peiniger zerschmettert und ein neues, geistiges Europa aufrichtet.

Studentinnen! Studenten! Auf uns sieht das sieht das deutsche Volk! Von uns erwartet es, wie 1813 die Brechung des Napoleonischen, so 1943 die Brechung des nationalsozialistischen Terrors aus der Macht des Geistes.

Beresina und Stalingrad flammen im Osten auf, die Toten von Stalingrad beschwören uns!

»Frisch auf, mein Volk, die Flammenzeichen rauchen!«

Unser Volk steht im Aufbruch gegen die Verknechtung Europas durch den Nationalsozialismus, im neuen gläubigen Durchbruch von Freiheit und Ehre!

Hinweis: Der Entwurf eines weiteren Flugblattes wurde bei der Verhaftung von Hans Scholl von der Gestapo entdeckt. Der Verfasser war Christoph Probst. Er hat den Text in der Haft weitgehend rekonstruiert. Das Faksimile findet sich in diesem Buch auf den Seiten 178 und 179.

Bildnachweis

Privatbesitz Wolfgang Huber, Riedering-Söllhuben: S. 54
Privatbesitz Anneliese Knoop-Graf, Bühl: S. 44

Alle anderen Fotos: © Jürgen Wittenstein, Santa Barbara

Faksimiles:
Bundesarchiv, Berlin
NJ 1704, Bd. 33 Bl. 141: S. 190
NJ 1704, Bd. 33 Bl. 154: S. 191
ZC 13267, Bd. 4, Bl. 7 und 7,1: S. 178 f.

Karten:
Bundesarchiv-Militärarchiv, Freiburg: S. 86 und 101

Personenregister